現代英国政治の基礎理論

Modern Government and Politics in Britain and Europe

倉島 隆

三和書籍

序文

英国政治の問題は、多様な形で日本の政治的議論に導入されている。周知の如く、日本政治の基本的な制度的枠組みは立憲君主制にして自由民主主義的議院内閣制である。さらに日本政治の基本的難点のうちの一つは、イタリアとともに政治腐敗にあるともみなされる。それを解決するモデルとして英国政治のそれが日本の政策決定関係者達によって採用されてきた。それ自体は必ずしも間違いとはいえない。とはいえ多くの解説者達によって指摘された如く、問題も多い。例えば、英国政治の歴史過程や政治文化の長所や短所についての不十分な理解、あるいはその極端な神話化とそれと全く逆なその排斥論なども存在してきた。

筆者は、それらが基本的な英国政治についての理解が不足していると考える。これはきわめて重大な問題であり、人間の有限さを考慮すると、即座の全面解決とはいかない問題であるかもしれぬ。それにも関わらずそうした限界を意識しながら、我々はそれを正確にして包括的な理解を為す努力を重ねる必要がある。

筆者は一九八七年に初めて単身で、英国において二ヵ月間の研究滞在を経験した。それを含めて筆者は昨年三月までの一年間の研究生活をはじめとして僅か二年半程度の経験しかしていない。それにも関わらず、その昨年の一年間は、英国政治を一通り実感したことも事実である。S・イングルはその一年間の英国政治を概観して次のように結論付ける。「九月一一日とその余波を除き、二〇〇一年における英国で最も重要な出来事を選択することはきわめて困難である。六月の総選挙は確かに記憶に長くとどめるようなものではなかった。口蹄疫病事件は記憶に長く残るであろうが、その選挙の記憶は色あせるであろう。多くの情感をもって想起する公的人物ないし政治解説者などほとんどいないような一年であった。実のところ、二〇〇一年の政治は約束がきわめて少なく、遂行も少ない年であった(1)」。一般に政治を研究する者は通常、総選挙となるとわくわくするものである。しかし今回の選挙についての事前予想では二四パーセントも与党が勝利をうるとした。野党第一党の保守党は不人気で、ブレア党首の現政権の優位が動かない状況にあった。その選挙結果によれば、労働党の四百議席を上回る勝利に終わったが、与党が得た総得票数はきわめて少なく、口の悪いマスコミは、今までの勝利政党と比較するときわめて少ない正統性しかもたないと批判していた(その裏返しは勝利が決まっているので自分が投票するまでもないと考えた有権者も多かったであろうが(2))。さらに口蹄疫病危機によるこの国の状況が農業・観光などの分野で大きな収縮状態にあったことから判断して、国家にとって最も重要な政治的行事である選挙を二ヵ月も延期せざるをえない局面にもあった。とはいえ英国民が現実の政治に全て満足しているわけでもないことも事実であったろう。これは日本の現在の小泉政権を支持する割合が五割以上となっている局面から考えると、両国における共通性ともみてとれる。それはマスコミ対策が上手なブレア流と小泉流の手法についてもあてはまろう。他方、ブレア政権はその首相が重要な政策として位置付ける英国の統一通貨ユーロへの加盟について、その争点としては避けている側面は、争点隠しと言えるものであろう。こうした筆者の印象とその総括論調は、類似しているようである。

いずれにせよ、現実の国内政治は、日英間において先進国での自由民主主義政治という点では、六割程度共通な側面であると考えられよう。残りの四割の差違が大きな問題となろう。

それはさておき、我々は本書の基本的内容について一言せねばならぬ。本書の中心的骨組みは、政治学本論の支柱といわれる政治機構に関わる。その意味からこの分野は、国家の基本法の問題が主要な概念枠組のうちの一つとされている。ゆえに従来の政治制度がこの分野における本体部分を構成しよう。当然のことであるが、それと政治機構論は同一ではない。筆者の立場は、後者が更に広範な体系的視野を有するものであるとみなす。従来、日本の学問分野では憲法学とはかなりの部分で政治制度論と重なる故に、憲法学者達がこの分野をリードした側面は否定できず、政治学者がそれを前者に任せる傾向があった。

しかしながら、この政治機構論を主として研究する立場から彼らの説明を検討すると、英国政治学の領域まで踏み込んでいることに気付く。このことは、従来の日本の政治学の後進性を示すものと思われる。筆者は、こうした問題意識から逆に、重複する政治学の立場から他の分野へと切り込む必要を感じている。

本書の内容は確かに、政治機構に関するものが多い。本書の視角は主として政治学総論的であるゆえ、それは必ずしも特殊とみなすべきではないのである。但し、そう主張する場合には本書において、第一部における二つの章を加えることが最小限必要となろう。第二部は本書の中心部分を構成し、かつ現代英国政治機構の本体に関わる。第三部は、英国における政治機構研究の特殊部分を扱う。即ち、第四章はそのEU機構への適用の問題と関わり、第五章は英国の政治機構に起源を辿るけれども、半大統領概念を欧州全体にあてはまる諸国のシステムに適用しうる可能性を探る（当然ながら大統領を有する諸国に限定されるけれども）。

我々は、こうした政治なり政治機構に関する説明や理論を叩き台としつつ、政治の問題を再考することを目指すものである。

（1）Stephen Ingle,Politics:The Year that Promised Little and Delivered, in *Parliamentary Affairs*, vol.55（no.2）, April,2002,pp.203-218.

（2）例えば『タイムズ』紙（二〇〇一年五月一〇日付）における世論調査（MORI）によれば、与党が五四%、保守党三〇%、自民党一三%、その他三%であった。六月七日の結果は、投票率五九・四%で、与党は四一三議席（得票率四〇・七%）、保守党は一六六（三一・七%）、自民党は五二（一八・三%）などである。総議席は六五九である（http://www.electionworld.org/election/unitedkingdom.htm）。

（二〇〇三年一月一日）

現代英国政治の基礎理論　目次

第三部　現代英国における政治機構理論研究

第一部　現代英国政治の基本問題

第一章　英国における「政治研究」再考
――J・キングダムの説明を中心に――

はじめに

本章で我々は、常に政治学において基本問題とされる事柄をとりあげる。それは、この章題「英国における『政治研究』再考」に示してある。そこにおける主たる問題は政治とは何か、及び政治学とは何かである。英国と冠したのは著者がその文献なり、その第一次的重要性をその国に見出していることによる。つまり、米国政治学が今日主流的であるが、その系統は英国の学問的潮流に沿っているものとみなすからである。例えば、H・ラズウェルらがロックなどからその権威を援用している(1)ことなどから明らかであろう。特に本章で問題としたいのは政治概念や「政治学の学問的性質」に関することである。これらの問題は政治学者の数ほど多く（大げさに言えば）論じられているかもしれぬ。それにも関わらず、それは、政治学におけるアルファにしてオメガである側面をもつ事柄でもある。こうした視野からやや時代が古いかもしれぬが、その基本問題について米国の政治学者であるD・アプターの重みのある言及を示してみよう。

「政治の固有な研究は、人間達が自分達が理解した諸原理に従って自分達自身の政体をつくりうると信じるとき、はじまったのである。最初の発見は、宇宙がもはや神々の領域ではないとされたとき、古代ギリシヤで起こった。自然界の現実は学問として理解できるようになった。最初にプラトン、次にアリアトテレスは人間の事柄に理性原理をあてはめる事によって、人々が自ら統治できるという概念を進めた。学問と理性との関連は、以来ずうっとあれやこれやの仕方で政治において重要であり続けている。今日の世界の窮状の全て（その多くは合理性を脅すように思える）にも関わらず、政治における学問と理性は集合的希望に関する我々の唯一の形態を表わす。この希望は明らかでないときもある。あなた方は最大限の人口増加が世界のなかの最貧地域で起こったとき、どのような合理性が我々を救うことができるのかを尋ねるかもしれぬ。どのように我々は財産所有関係を再定義するのか。生産手段のコントロールがすぐれて私有財産権から国家ないし労働者達へと移行するとき、個人の地位はどこにあるのか。政治学は変化の諸結果を予測しようと試みる。我々の思考に立ちはだかる諸問題は人口増加・産業社会の転換・貧困国と富裕国との緊張の増大・かつて特定の社会に限定された諸問題の世界的規模の出現・階級差違の崩壊・都市化の巨大化・新しい情報社会・拡大する核能力の地域規模的背景に対抗するあらゆる種類の諸機関の民主化に影響を及ぼす可能性である。これらのディレンマは合理的思考に関する我々の能力を試すばかりでなく、こうしたディレンマは、そうした思考が以前よりも迅速にして正確であることを要するのである。学問としての政治学はこれらの諸問題全てと対峙するが、それらと歩調を保ち得ないことがしばしばある。単一の方法ないし理論が含まれた諸要素全てを十分に把握することなど期待できないのである（2）」。

この中でアプターは政治学の由来が人間が自ら政体をつくろうとすることから始まったと説き起した。古代アテナイ期の哲学者達が人間の事項に自治をあてはめる理念を展開したと示し、かつ政治について学問と合理性原理の重要性を強調した。最後にそれらに立ちはだかる諸問題（二〇〇二年末の現在にもおおよそあてはまる諸問題）とその学問的限界を列挙している。やや長い引用となったが、政治研究の本質的な事柄を簡潔な形式で表現している部分と我々はみなしたい。

いずれにせよ、こうした政治研究についての標準的テクストとして一定の評価を得ているジョン・キングダムの『英国における政府と政治(3)』によるその序章の説明を叩き台として、我々はその問題を再考察することとしたい。そうすれば、我々が主として視野に入れている日英米などの政治学の入口に立つことがある程度可能となろう。

J・キングダムは、その「序論」において次のようにその内容をカバーする。

政治によって影響されぬ人などいない。きわめて広範に言えば、政治とは人々がある社会でともに生活することを組織立てる仕方に関するものである。生活の正に質を形成する（保健・富・教育・道徳について）重要な集合的諸決定は、彼等の性質において全て本質的には政治的である。政治について研究し、かつ話すことは、我々が求めるよき生活の必要な部分である。こうする権利を否定することは、抑圧の最初の兆候のうちの一つである。本章は、その主題の本来的な性質と、その研究と結びつけられた用語や概念を熟考することを目論む。それらは権力・権威・正統性・国家・及び社会を含む。最後にキングダムは政治に関する実際上の研究と取り組む(4)と宣する。

第一節　政治概念

第一項　政治に出くわすこと

人間の社会生活は静穏な経験ではない。人々は大抵のこと（教育・核兵器・国民保健制度〈ＮＨＳ〉・人種・性別・欧州連合〈ＥＵ〉・遺伝子工学・南北分裂・北アイルランドの将来など無限に）で一致し、かつ不一致にできるように思える。パブやクラブにおいて議論の相違が主張されるし、国会議員達は選出されて国会で議論を続ける。宗教的指導者達でさえ、その議論に入り、『国家における信仰』という英国国教会の一九八五年報告書は信仰の国内の衰退と怠慢についての告発であった。

人々は議論するばかりでなく暴力にも頼る。今日我々はデモ・人種暴動・警察に対する攻撃・警察による攻撃・及び激しいストライキを見ている。我々は人々が自分達の権利のためにさえ戦う場合に流血や死者を見ている。死ぬ気でいる人もいる。一九一三年にエミリー・ワイルディング・デイヴィスンはダービーにおいて君主の馬の蹄で放り出されて自ら死に至り、またある婦人達は自分達が投票権を欲する故、英国の牢獄で自ら死に至ることで脅した。一九九五年二月、動物の権利運動家であるジル・フィップスは輸出用子牛を運搬するトラックの車輪の下で殉死した。人々及び政府でさえも仕掛けられた爆弾及び射殺政策が証明するように、自分達の信念のために人を殺すだろう。全てを通じてマスメディアの動じない目は見張り、報じ、かつかき立てるのである。

これらの広範に異なる行動類型（大小のもの・重大なものと些細なものを含み、かつ国内外でもとを辿り、かつ通常の人々と国会・官庁街及び法学院といった大きな国家機関内で、或いは街路や工場において繰返しうる）は次の一つのこと以外にほとんど共有しうるものをもたない。即ち、数え切れぬ他のこうした事例に加え、そうしたものは「政治における事柄」と認められる以外に。もし我々がこの主題を真剣に研究するならば、多くの途方に暮れる複雑な秩序をつくり、かつ政治として知られた活動のエッセンスを濾過しようとする必要がある。この事は決して容易ではなく、学者達は政治の定義を論争し続ける。

政治は次のような人間存在のうちのいくつかの基本的事実から生じる。即ち、人々は一般的には共に生きることに決める（実のところ生き残りのために必要とみなす）し、人々はどのように社会が組織されるべきなのかについてや、社会が形成する諸決定の性質について彼等の意見では無数な仕方で異なる。対立の源は諸個人が利己的にして貪欲であり、決して自分達の領分には満足し得ないという簡明な事実か、或いは諸個人が大きな道徳的な諸問題について異なった意見をもつということかのいずれかであり得よう。対立は世界の資源が有限である（誰も彼ないし彼女が望み得る全てをもちうるものではない）故に、かつ道徳的諸問題についての意見の範囲が制限なしである故に不可避である。

しかしながら我々は「政治とは何か」という基本的問題に直接取り組むとき、我々は簡明な回答を与えることが困難であることがわかる。政治は妥協の技術・権威の行使・権力の獲得・疑わしい策略形態と多様にみなし得る。定義についてのこれらの諸範疇のうちのあるものが正しく、他のものが誤りであるという事は事実ではない。むしろ政治は多面的な概念であって、多様な角度から観察される場合にのみ理解されるのである。

第二項　妥協としての政治（可能なものの技術）

「可能なものの技術」としての政治はよく知られるが、なぞめいた定義（その原作者は多様に帰される）であり、それが有名な古代アテナイの哲学者アリストテレス（三八四〜三二二ＢＣ）の時代以来、西洋の精神に魅力をもっている参加過程や合意を見出す過程としての政治に関する特定の見解を要約する故、その関連性をもつ。現代の思想家達の間ではそれはＢ・クリックによって次の如く最も雄弁に表現される。即ち、「政治というものは必要悪であるばかりでなく、現実主義的『善』である。政治活動は道徳的活動の一類型であり、それは自由な活動であり、それは発明的・柔軟的・享受的・及び人間的なのである」(B. Crick, 1964, p.141)。

しかしながら、もしこうした見解が厳格に信じられるならば、政治学者達にとって暴力・二枚舌・及び利己心からなる現実世界で研究する事がほとんど重大でなくなろう。しかしこの定義は次の諸理由ゆえ、重要である。即ち、それは政治についての純粋なエッセンスを定義付け、倫理的理想として存在し、現実世界のシステムが判断され得る尺度ゆえに。

妥協及び懐柔的活動としての政治の見方はそれが主権観念と反対であり、かつ中央権力機構による支配観念とは反対であることを示唆しよう。これはたとえそれが諸当事者達の間で達せられた合意（ないし契約）観念同然であるにしても、諸対立がある支配的な権威なくしては調停できないゆえに誤まりである。これは次の定義へと導く。

第三項　権威としての政治

D・イーストンは有力な米国の政治学者であり、政治が「諸価値の権威的配分」に関わると論じた（1953, p.129）。権威は、その社会に影響を与える諸決定を為すある人々ないし諸機関（君主ないし政府）の権利である。銃をもつ婦人、或いは大きな財布をもつ男性は、自分達自身の道を進み得るが、従う人々が不平感をもってそうするならば、権威をもたないことになるだろう。こうした支配は不安定であり、服従させられた人々は自分達が自分達の好機会を察するとき反抗が予期できる。権威は正統性から引き出される。

［一］正統性

ある政府が正統性を享受するとき、人々は自分達がこうして支配されることが正しいと信じる故に服従するであろう。これはいかなる政治制度の成功にとっても鍵であるし、力によって権力を得る軍事独裁がなぜ民主主義的文民支配の出現をまもなく求めつつあるのかの理由を説明する。

［二］権威の諸形態

偉大なM・ウェーバー（一八六四―一九二〇）は次の如き三つの権威を区別した。即ち、(1)合理的な合法的支配（例えば憲法や選挙のような規範的支配によって与えられる）。(2)伝統的支配（〈世襲君主制の如き〉歴史・慣習によって与えられる）。(3)カリスマ的支配（指導者の個人的資質が大衆の確信及び追従さえ鼓舞するところで）。

もちろんある政府が正統性を享有するということは、それがよき政府であると必ずしも含意しないし、正統性は人々の意識にただあるに過ぎない。かくして政治体制は人々の教育・福祉などのために政策形成にかなりな時とエネルギーを費すのではなく、態度形成（正統化過程）に時とエネルギーを費すのである。我々は英国の政治生活の多くがこの目的に役立つとみなす。例えば、エリザベス二世がカンタベリ大司教によって冠せられたとき、英国民は古き君主達が神の意志の表明として自分達の地上の権力をあらわそうと努める伝統を証言したのである。

権威行使が政治の一部であることが明らかである一方、これはむしろ法律的割り切り主義的表現を示す。諸政府はいつも正統性をもつことが期待し得るとは限らず、複雑な社会においてその時の政府に反対する諸要素が存在するだろう。それらは政府を問いつめ、立ちはだかり、かつそれを破壊することにさえも努める。諸政府は大衆をあざむく事によって、かつ武力によって自らを維持することを目論むことができる。これは、政治における最も中心的概念のうちの一つ（権力）の分析に導く。

第四項　権力《パワー》としての政治

H・ラズウェル（一九三六）は自らの著作『政治（誰が何をいつどのように得るのか）』という題名で記憶に残るキャッチフレーズをこの学問に与えた。ここでは政治のエッセンスが権力であり、かつ進行するものの大部分を得る人々は、権力《パワー》をもつ人々である。権力はその反対にも関わらず、ある望まれた効果を生み出す能力として定義付けられる。権威は権力の一形態であるが、世界を一見することは今日、多くの体制が例えば富・男女別・物理的強制力や暴力といったより粗っぽい形態に基く。

純粋な権力集中は我々をして政府のわなを越えて、その権力の背後の影のコーナーへとつれていく。政府の権威はしばしば空虚な法的権限に過ぎず、権力が欲されるとき、欲されるものを得るリアルな権力は他のところに存在する。国家のわなのみを研究することで満足するものもいるけれども、その裁判が虹の曖昧な端にあるイエローブリックロードにしばしば類似しているが、ビッグ氏を合憲判決とせしめるために、権力のリアルな源を捜し出すことが政治分析の中心的な任務となろう。

我々は、後に政治研究への最も重要なアプローチがリアルな権力があるところでの仮説のまわりに集中すると本章で発見することになる。そのリアルな権力は人々・その人々のうちのいくらか・特定な人種・男性・軍隊・有能な人々・富裕な人々・貴族制・国会・内閣・首相・公務員制・マスメディア・知的職業階級・産業の支配人達・資本を支配する人々などにあるのか。或いはリアルな権力は、米国の如き超大国・NATOの如き国際機構・或いは多くの諸国の人々を小さく見せる予算をもつ有力な超国家的企業とともに、国家の領土の外側にあるのか。我々は権力（富の如き）が不均衡に配分されることに気付くであろうし、一方が多くもつけれども、他方がほとんどもたぬことに気付く事になろう。

第五項　策略としての政治

「政治的」という用語についての人々の使用は、個人的な利得を確保（通常、地位ないし職）することが一般的に目論まれた、疑しくして変わりやすい行動を表わす。シェークスピアの劇曲の多くは、エノック・パウェルが次のように一九五〇年代のＢＢＣのシリーズで言い得る如く、政治における陰謀にある。即ち、「舞台はコートと通常呼ばれるが、今では彼等はそれを内閣と呼ぶけれども、その特徴は全てシェークスピアにある……ただその衣装は時代遅れである」と。こうした活動は巨視的レベル（支配者と被治者との間で）と同様に、微視的レベルで（政府組織内で）行うことができる。

第六項　政治学者達は何を研究するのか。

諸個人や諸集団は、生活する大部分の諸階層において目的と手段について不一致である。そこには宗教集団・労働組合・クラブ・学校・大学・企業・家族などをはじめとしてこうした対立を解決できる数え切れない諸機関が存在する。これは、それらが政治的諸機関であることを含意するのか。実のところある学者達は小さな社会の政治を研究し、かつ通常心理学的視野を採用するが、政治学者達にとっての注目の特定な焦点は国家（きわめて特殊にしてユニークで、かつ深く重要な社会編成）である。

第七項　国　家

国家というものは政体《ガバメント》の目的のために形成された社会である。古代ギリシャ人達は都市国家（ギリシャ語のポリスから国制《ポリティ》と称せられるときもある）について話した。今日我々は、比較的最近の構成である国民国家について話す。哲学者達は国家の性質について論じ、ヘーゲルは倫理の最高度の表現として特に形而上学的意味を国家に与え、国家への忠誠を通してのみ、国家における奉仕によってのみ、諸個人は十全に自ら自覚し得ようと言う。一般的に国家は次のような特質をもつ社会であると理解される(Lasswell and Kaplan, 1950, p.181)。即ち、(1)明確に定められた領土。(2)正統的政府。(3)その領土内の主権。(4)国際法において他の諸国によって承認された存在。(5)「ペルソナ(その名称中で、国家は条約をつくり、かつ実際上の人間から独立した権利や義務をもつ)。かくして我々はあれこれする国家について語る。即ち、国民を起訴(国家の起訴)、福祉を提供(福祉国家)、それに反する者を処罰(国家反逆罪)、秘密を保持(国家機密)、市民達を教育(国家教育)することなど。(6)恒常的継続性(支配者達は変化し得るが、国家は存在し続け、かつその関わりや責任には何らの変更ももたらさない)。(7)普遍性(国家の管轄権内で生きる人々全て〈外交官にとっていくつかの例外が存在する〉はその規則に服する)。他の諸結社(いわばスポーツクラブないし教会)とは異なり、成員達は国家の管轄権から選択的除外を行う権利をもたない(成員達が転住するのでなければ、この場合には彼等はまもなく他の国家の管轄下にあることになろうが)。(8)成員達に抗して武力や強制力を行使する権限。ウェーバーはこれを全ての他の組織から国家を区別する、国家の最も著しい特徴とみなした。他の担い手達(いわばディスコ・教員・或いは親達の外部で影響力をもつもの)が力を行使するならば、彼等は法に自ら服することに気付くが、国家は合法的に投獄でき、いやがらせを為し得、時には殺すことができる。これから国家は国家装置を作動することが巨大にして脅威的権力を受け取っていることが明確になる。

今日、経済・テクノロジー・及び現代の武器の恐怖を通じての地球規模化過程が国民国家概念を危険にも時代遅れにせしめると論じるものもいる。

第八項　政体ないし政府（Government）

政体観念は政治学の核心にある。実のところ、ある種の政体をもたぬ社会など今まで見出されていない（Mair, 1970）。政体は多様な形態を為し得る。それは立憲制的（法によって制限される）であり得、絶対制的（法によって制限されぬ）であり得、原始制的（部族に対する族長）であり得、或いは多元制的（その役割を共有するいくつかの機関）であり得る。アリストテレスに従えば、支配者数について政体形態をグループ化することが慣例である。かくして君主政体（一人による支配）貴族政体（啓蒙化された少数者による支配）・及び民衆政体（人々全て〈デモス〉による支配）を区別する。とはいえ、これらの各々は腐敗した異形へと実際上傾きがちであると言いえよう（[図一・一]）。

支配者の数	純粋形態		腐敗形態
一　人	君主政体	現実世界における悪化の自然的過程	専制政体
少　数	貴族政体		寡頭政体
多　数	民衆政体		暴民政体

図１・１　政体《ガバメント》形態

[1]　政体と自利心

政体形態の致命的悪化は権力の腐敗する影響力に通常帰される。それはその社会の利益よりもむしろ自分達自身の利益で行動するとみなす人々を導く。歴史家アクトン卿（一八三四～一九〇二）は次の如く記憶に残る形で観察した。即ち、「権力は腐敗する傾向があり、かつ絶対的権力は絶対的に腐敗する。偉人達はほとんどいつも悪人である」。

人間の利己的傾向は、多くの政治思想にとっての出発点を形成する厳しい真理である。その主要な争点は共通善と政府の必要性とを調和化しつつある。スコットランドの哲学者D・ヒューム（一七一一―七六）は次の如く論じた。即ち、「各人はならずものと想定されるし、私利以外の他の目的をもたないのである」と。そして国家にとって、その腐敗する傾向を禁じる政体形態を工夫することが重要であると論じた。「共和制的・自由な政体は、もし憲法によって規定された、特定な抑制とコントロールが公共善のために行動するのに現実的には何らの影響力ももたず、かつ悪人達についてさえその利益において為さなかったならば、明らかな愚となっているだろう」(D. Hume, 1882 edition, pp.6)。

一九世紀の哲学的急進主義者達は、人間行動を理解する鍵として自利の個人の追求を理解した。この観念は、我々の現代の諸制度の多くを形成するのにきわめて影響力をもったのである。

〔2〕政府《ガバメント》と政治《ポリティックス》

政府は諸制度が最も基本的な形態とのみ理解する原始社会においてさえ、必然的に政治を伴なうであろう。先進社会において政治は政府機構《マシーナリィ》の形式上の機能のまわりにあるとしばしばみなされる（政府機構を支配し、その決定に影響を与え、それを改革し、かつ公職にある人々を変えるなど）。しかしながら、政治が諸制度の世界に独占的に属するものではないことは重要である。産業の執行委員会室からクラブ・パブ・及び洗濯屋まで政治は人々が集まり、自分達の怒り・希望・及び懸念を集め、かつ表現し、かつ諸事件に影響を与える彼等の可能性を評価する時はいつでも見出される。

第九項　国家と政府

国家と政府は概念上、区別される。英国では、政府において何らの実効的役割を果たさない女王の地位は、国家元首であり、その区別を強調する。実際上の目的のために英国政府は国会から引かれたおよそ一〇〇くらいの閣僚・大臣・副大臣・及び彼らの多様な補佐官達の集成とみなされる。対照的に国家はきわめて広範な一組の諸制度（公務員制・イングランド銀行・地方自治体・保健機関・多様な準自治機関・国有産業・司法機関・軍隊及び警察機関）を含むとみなされる。更に進めれば、マスメディア・資本主義的経済機関や労働組合を含めることになろう（Middlemass, 1979）。

第一〇項　政治的なものと非政治的なもの

もし政治が多様な諸利益を調和化するまわりに存在するならば、それが多くの表明をもたなければならぬ事が明らかになろうし、実のところ何らの生活領域も本質的には非政治的とみなし得ぬ。この思想が特に混乱しているとみなす人々もいるし、「政治から教育（或いは保健、或いは権力機構に携わるなど）をとり出す」要請をきくことは一般的である。政治からあるものがとり出されるならば、それはどこへ進むのか。我々は、政治が相異や対立が調停、権威や権力の行使を通じて解決される過程であるとみなしている。しかしながら、政治はこうした相異を解決する唯一の手段ではないのであり、次のような特に重要な三つの選択肢が存在する。(1)経済的市場は価格を設定し、かつ誰が何を得るのかを決定するように、供給と需要勢力を認める。(2)合理的決定形成を通じて、専門家達は「最善の」解決に達する場合の賛否を勘案する。(3)暴力は不満者・非所有者・或いは貪欲者達をして自分達が物理力によって望むものをとろうと試みることを可能にせしめる。これらは全てそれぞれが制約をもつけれども、今日の英国で存在する。

第一一項　現実的に政治を越えた世界など存在するのか。

キングダムは自らのその説明において次のことが明らかになろうという。即ち、改革者達は自分達が市場ないし専門家達にそれをわたす事によって、政治のさもしい世界からその問題を取り出しつつあると信じるとき、自分達は自ら思い違いをすることが明らかになろうと。同様に暴力が政治の一部ではないという観念は、非現実主義的である。かくして政治的なものとは何かを定義付けるとき、我々はその問題の本質によって導れるのではなく、人々がそれに反応する仕方によって導れるのである。もし我々は政治が多様な諸利益を調整することに関するものであることを受け入れるならば、万事が政治的になりうるということになろう。政治の外に存在すると信じるものがいるという世界は、アリスが鏡を通じて進むときに彼女によって発見されるものの如くアクセスできぬように、幻想の国である（5）。

第二節　政治学について

第一項　政治学はマスター・サイエンス（基本となる学問）なのか。

西洋文明史を通じて、政治についての深い諸問題に自分達の精神をあてはめている巨人達のパンテオンによって政治思想の偉大な伝統がそこを貫ぬく。この主題は多くの大ドラマ・文学・及び芸術の要素でもある。アリストテレスは政治学をマスターサイエンスと記述した。そして彼は自分が意味付けたことを知るのは困難であるという。我々が我々の生活において、社会においてなす全ては学問・芸術が政治によって影響されるだろうし、政治を通じてこそ社会的存在の全体性が組織立てられるのである。

政治学者達は白衣を着けておらず、顕微鏡によって凝視せず、或いは試験管を運んだりはしない。政治学は現実に科学であるのか。政治学は、例えば物理学のような学問と結びつけられた、体系的で、秩序立てられ、予測的定理を生み出し得るのか。これは新しい問題ではないのである。多くの古代ギリシヤの都市国家の諸国制の有名な分類で自らを関わらせたアリストテレスの著作は、自然科学における自らの著作の如く体系的にして「科学的」であるだけであった。しかしながら、物理学におけるガリレオやニュートンの到来は物理学を正確性・統一性・及び予測の新しい領域へともち込むように思える発展へと導いた。

しかし一連の政治理論（物理学の法則と類似する社会と政治の法則）を構築しようと試みる社会科学者達がいる。K・マルクス（一八一八―八三）はこれらのうちの一人であった。論理実証主義（否認し得る声明のみが意味があり得るとみなす哲学学派）の影響下で、戦後の時代は経験的な観察に関する注意深い技術や方法の使用による厳格な理論的定理へと、この学問を操る政治学者によって更新された努力を経験したのである。「自然」科学の客観的な観察方法を真似ねるこの努力から、政治学者達は人類学と心理学とこの政治学をより緊密につなごうと努めた。この動きは行動論と称されたし、その諸結果のうちの一つは観察し得、或いはより特定的には計量可能なものへの関心の集中であった。これについての問題は諸研究の多くが（態度調査から投票統計まで）しばしば厄介であったし、本質的には陳腐なときもあった。彼等は例えば権力とは何か、政治は現実にどこに存在するのか、なぜ国家は戦争へと進むのか、なぜ豊かさの中で飢餓で死ぬのか、といったような現実には大きな政治問題と取り組まなかったのである。

M・ウェーバーをはじめとして他の者達は、民と組織がこうして研究し得るという観念には懐疑的であった。人間は世界を推論し、解釈し、人々が試験管における思考しない分子として最もよく扱われる定理はたとえ滑稽でないにしても、疑わしいのである。ウェーバーは人間の諸問題の研究が、自らが verstehen（分かる）と称した理解のより深いレベルを与えるために、理性・動機・及び感情を勘案すべきであると論じたのである。

今日、ウェーバーの議論を否定するものはきわめて少なかろう。皮肉にも諸自然科学が知られないものへと更に推進するように、それらはより正確なものよりもむしろ正確でないものに出くわし、かつ社会科学と長く対立している気まぐれに反映する「不確かな原理」・「曖昧な論理」・及び「混沌理論」を構成せざるを得ない。しかし行動論は次のような有益な遺産を残している。即ち、政治学者達は、どれくらい多くの天使達が針の点に均衡し得るのかについて論じた中世のスコラ学者達のごとき、抽象や形而上学の最高位であまりにも長くとどまることを彼等の精神にもはや認め得ないという。かくして政治学という現代の学問は、多くのアプローチを組み合せ、かつ多様な焦点と方法論と相互に関連付けられた数多くの下位学問を含む。

(1)「政治理論」は、法・国家・代表制・統治形態などをはじめとする政治制度についての諸理論を検討する。

(2)「政治哲学」は、例えば自由・正義・平等・及び権利の意味付けといった主要な問題に対する高度に一般化された回答を探究する。究極的に政治哲学は「よき生活」の本質とは何か、国家はこれを促進するために何をせねばならぬのか、といった全てのうちで最も大きな問題と取り組む。

(3)「政治的イデオロギー」は、国家が組織される仕方についての諸観念に関わる。

(4)「政治経済学」は、経済システムにおける国家を検討する。それは我々をして経済勢力のもつ力と、地球規模的経済の作用へと導く。

(5)「政治社会学」は、政治の理解についての社会的世界へとより多く観察する。これはどのように政治的態度が形成され、かつどのようにそれらが権力をもつ人々によって影響されるのかの仕方に関わる。それも階級形成とエリート達をはじめとする、社会階層化を研究する。

(6)「政治制度《インスティチューション》」は、国家の公式上の機構《マシーナリィ》（多くの政治活動の主要な布置）へと学者達を導く。

(7)「政策研究」は、政府の政策形成過程に焦点をあて、かつ権力分析に中心的に関わる。

(8)「比較政治」は、諸国からなる諸集団についての広範な検討から引き出された、政治に関する一般化を探究する。それは概念的には直線的であるけれども、実際にはきわめて意欲をくじき得る。

(9)「国際関係」は、諸国家が戦争と平和について相互に関係付ける仕方を研究する。

第二項　学際的視野

政治学は上記で概述された下位学問を含むばかりでなく、それ自体が多学問的であり、マッグパイプの如くそれは広範な他の諸学問を引くのである。社会科学は単一にして複雑な現実を研究し、かつ異なった諸学問は特定の諸局面についての顕微鏡的研究を容易にするために区画された人工的領域である。しかしながらこれは、我々が視野を狭くした見地を採用するならば理解を妨げる可能性もある。

かくしてキングダムの説明は政治学の領域に根差すけれども、他の諸観点には開かれている。それは例えば、政治システムに作用する諸勢力の多くが証券取引きからか、ホームレスの窮状から源を辿ろうが辿るまいが、起源上では経済的であるという避けられない事実をもつ。英国憲法を理解するためには我々は法律的視野を必要とする。これは公式上の憲法へと生を営む、権力の均衡の理解に味を与えなければならない。教育・文化・階級・人種・性別に関わる社会学という学問（その全ては多くの政治活動をかき立てる）も中心的地位をもつ。これを基礎付けているのは、歴史次元である。発展類型を理解することなくその現在を理解することはほとんど不可能である。我々は、きっちりとした年代記的序論によって歴史的視野を採用してはいない。我々は、今日の政治が過去の木の上のただのはかない花に過ぎぬ故にそうするのである。

また政治に対して重要な地理的次元が存在する。国内には地域的運営の争点が存在し、世界には巨大企業（その多くは諸国よりも富裕である）と同様に、先進諸国と発展途上諸国によって集められた地球規模経済が存在する。世界経済を越えて軍事力・政治同盟の均衡に影響を与える政治秩序があり、かつ国境と関係なく地球規模的生態系が存在し、現代世界における諸国の相互依存を強調する。狭い学問的アプローチを拒絶することによってのみ、政治研究は「マスター・サイエンス（基本となる学問）」という名称を鼓舞し得るのである。

第三項　その立派な外形の間からの出現

政治学者は、他の全ての前の現実世界に注意深くなければならぬし、マキアベリのように上記で観察された如く政治において多くが策略についてである故、より深い現実を探究してその外観をむきはがそうと努めなければならぬ。正統的な自由民主主義的伝統における著述家達は、自分達が美しい静穏な家としてみなすことを記述する傾向を裏切る。きわめて多く敬意を表する訪問者達の如く、彼等は華麗な外形と内部の立派なおおいや家具を称賛するのに満足するが、あまりにも臆病過ぎて赤ロープを越えて生活領域へと押し入ることができない状態にある。このキングダムの説明の中心的関心はその表面を越えて見、〈或いは我々が認められないところで〈そして我々が世界における最も秘密的な諸制度のうちの一つについて話しつつある〉ことについて〉探究する慣習を刺激することにあり、通常の描写の制約を意識することにあり、かつそこにあり得ることについてのそれらの諸理論には開かれているということにある。

英国政治についての正統的著述は、いかなる政治的イデオロギーへの関わりもなしに、客観的地位をとることを意図する。そのシステムの歯車は、内燃機関があり得るのと全く同じ仕方で詳細にされる。このアプローチの含意は、国家自体が非政治的機械であるというものである〈政府が車の運転手の如きものに対して支配する、社会内のいかなる特定利益にも味方しないというもの〉。この信念は、英国の自由民主主義理論における中心的土台である。しかしながら運転席で誰かによって容易にコントロールされた、中立国家観念は論争がありうる。マルクス主義者達にとってそれは資本や富の利益に役立つ。それ故に公平であるとそれを含意する著者達は実際上、政治（反左翼）声明を為しつつある。外形をめくり去るよりもむしろ、彼等は隠蔽過程に貢献しつつあるし、彼等自身はその外形にレンガを加えつつある(6)と、キングダムは説く。

おわりに

J・キングダムの「政治研究」についての説明は、概ね政治概念と政治学に関する基本事項を要領よくまとめているものと評価したい。例えば上記の如く、その政治概念は多義的であるとしつつ、「妥協」・「権威」・「権力」・「策略」・「国家」などを基本にしている点などである。しかしながら疑問も当然存在する。例えば日本の政治学者の間では「公的なものとしての政治(7)」概念が主要なものとして捉えている。キングダムのそれは確かに「国家」（中立的概念も含む）としている点はかなり重なるが、必ずしも同じではない。更にその概念について欠けている面では「闘争」的側面についてである。彼のそれで近いものは「策略」であろうが、必ずしもイコールではない。

キングダムの説明では、その主要概念として「政府」を列挙し、かつ、まとめている点は長所の一つである。しかしそれは、国家と政府との区別において広義の「政府」についての説明として不十分であると考える。彼がたとえ国家の側面として示している部分がそれに近いけれども、同一ではない。その政府《ガバメント》の議論でよく知られた説明を引用してみたい。

「政府研究《ガバメント》は政治学の核心にあるが、それがどのように研究すべきかの方法について、或いは存在する諸類型、または諸形態に関してほとんど合意が存在しない。実のところ、この言葉自体は多様な独特な（たとえ関連付けられるにしても）意味付けを有する。ただ混乱と論争に関する概観がここで与え得るのみである。S・E・ファイナー（『比較政府《ガバメント》』一九七四年）に従えば、我々はガバメントという用語について次の四つの異なった意味付けを識別できる。即ち、(1)ガバメントは統治過程（即ち、権威的権力行使）を指す。(2)ガバメントという言葉はその統治過程の存在（秩序立てられた支配状態《ルール》）を指すのに使用可能である。(3)ガバメントによって社会或いは制度《インスティチューション》における権威的地位（即ち、政府の官職）に就く人々がしばしば意味付けられる。(4)「ガバメント」は社会における政体の運営方式・方法・或いはシステム（即ち、政体の構造と配置、及び治者と被治者との関係）〈この場合は統治ないし政体としての内容が近い〉を指す。

主権的政府《ガバメント》が存在する制度の存在は、国家の明確な特徴である。こうした主権的政府《ガバメント》研究は政治学者達の主要な関心事である。しかし全てのガバメントが主権的とは限らず、何がしかの機関《インスティチューション》（例えば労働組合・教育団体・或いは政党）は、その組織にとっての拘束的決定を為すべく権威が与えられた任務の公式的制度を有し、ガバメントというものをもつと云いうる。同様にガバメント〈政体ないし統治〉（秩序付けられたルールという意味での）は、国家の欠如状態においても存在し得る。数多くの人類学的研究は紛争が公式化された国家の強制権力に頼る事なく、さまざまな社会過程によって解決される「原始的」社会の存在を明らかにしている。……

先進社会における主権的政府《ガバメント》は、三つの明確な官職の集合《セット》からなると通常みなされる。各々の集合は特定の役割を有する。立法部の役割は法を形成することにある。執行部《エグゼキュティブ》（も政府として混乱して示される事がしばしばあった）は、法の実施に責任をもち、大抵の先進的政体《ポリティズ》において、新しい法の提案の公式化に卓越した役割を果たすに至っている。他方、司法部は法の解釈と個々の紛争におけるその適用に責任を負う(8)」。

この引用部分はやや長くなっているが、その概念の問題状況をよく表現している。この著者であるカーティスはガバメントの意味付けをファイナー説を使用しつつ、広義の学説（即ち国家の主要な三権を含む諸機関）を明確に述べている。

もう一方の「政治学について」の部分におけるその問題点について論及してみよう。この政治学に関する説明も我々が確認している点については要を得ているとみなす。これに我々の「政治学」の性質に関する基本事項を完全に含んでいるとは言えないことを加えておこう。即ち、(1)政治学が社会科学において最も古い学問であり、(2)かつ実践者にして分析者である故に、組織化における問題点があり、(3)従って政治的民主制の一般化によって、主権者としての国民という意味における主体（実践者）に最もその存在意義を見出す事ができると。

（1）H.Lasswell et al.,*Power and Society*,Yale U.P.,1950.
（2）David E. Apter, *Introduction to Political Analysis*, Winthrop Publishers, 1977, pp.3-4.

（3）John Kingdom, *Government and Politics in Britain: an introduction*, 2nd Ed., Polity Press, 2000, pp.1-18.

（4）J. Kingdom, *op, cit.*, p.1.

（5）*Ibid.*, pp.1-12.

（6）*Ibid.*, pp.13-18.

（7）A.Heywood, *Politics*, Palgrave, 2002, pp.7-9

（8）John Curtice, *Government*, in *Political Science and Political Theory*, Routledge and Kegan Paul, 1987, pp.83-84.

第二章　政治的イデオロギー再考

——A・ヘイウッドの説明を中心に

はじめに

英国の政治文化の基盤には実用主義や経験主義があると言われている。それは、確かに大陸欧州における理想主義的ないし観念主義的な精神傾向とはやや異なるかもしれない。とはいえ、英国には立派な政治思想や政治思想家が輩出していることは周知の通りである。従ってその政治の問題を考察するとき先ず、そのポジティブな理念なり価値の視野から立論することが重要となろう。政治学におけるその主要な概念のうちの一つが「政治的イデオロギー」である。この分野について前出のJ・キングダムは次のように説き起す。「イデオロギーは、どのように人々が社会においてともに生きるべきかについての仕方に関しての理論である。そういうものとしてイデオロギーは、政党政治と結合されるばかりでなく大革命や戦争とともに結合された、政治における中心的な原動力を与える。こうした思想の核心に、例えば正義・自由・平等・共同体・合理性・主権・人間の性格・人間の幸福と実現・古代ギリシヤ人の時代から求められた「よき生活」といった基本的な諸概念がある。人々はこうした大きな諸問題について容易に合意するものではないし、議論に関する数世紀は恐らく他のもの以上に人間の生き残りにとって重要である、一連の深い思想を生み出している。理念はガラスの下の蝶の如き真空では研究できない。即ち、理念は特定の時代の所産であり、政治的闘争と絡み合わされている(1)。」

この引用においてキングダムは、政治的理念の重要性ばかりでなく、政党政治・革命及び戦争・並びに政治闘争といったより具体的なものとの関連性にまで説き進む。

最近の政治学分野において「イデオロギー」概念を徹底的に研究しているM・フリーデンは、「政治的イデオロギー」はトートロジーである(2)と批判している。なるほど「イデオロギー」という言葉自体が政治的側面を既に含むことも事実であろうが、われわれはそれは強調点であるとみなす。フリーデンのその『イデオロギーと政治理論（概念的アプローチ）』（一九九六年刊）という著書の表紙カバーにおいて、「本著者は主要な政治イデオロギー（自由主義・保守主義・社会主義・フェミニズム及び緑派政治思想）についての深い検討を提供する」と書いてある。これは一般の人々を対象とした表現であって、広く通用している用語であると考えられる。

いずれにせよ、我々は「政治的イデオロギー」という概念が英国などにおいて比較的長く使われているとみなす。我々は、政治学の体系的説明者として実績のあるアンドリュー・ヘイウッドによるものをその叩き台として検討する。我々はそれが要を得た説明とみなす。彼はその「政治的イデオロギー(3)」章において次のような「序論」を設定する。

あるがままに世界を見るものなどいない。我々の全ては、理論・仮定・仮説のベールを通して世界をみる。この意味から観察と解釈は、絡み合ってともに結びつけられる。我々が世界をみるとき、我々は世界に意味を与えるのにも関わる。これは、政治研究にとって重要な意味をもつ。特にそれは、我々が政治研究へともち込む仮定や仮説を説明する必要に光をあてる。それらの最深部分でこれらの仮説は通常、「政治的イデオロギー」と称せられる、広範な政治的信条ないし伝統に根差される。これらの「イズム」（自由主義・社会主義・保守主義・フェミニズム・ファシズムなど）のそれぞれは特有な知的枠組みないしパラダイムを構成する。それぞれは政治的現実についてのそれ自体のもつ説明（世界観）を提起する。とはいえそれがよかれ悪しかれ果たす政治生活において、イデオロギーの性質について深刻な不一致がある。

第一節　政治的イデオロギー概念

イデオロギーは、政治分析においてもたらされた最も論争のある諸概念のうちの一つでもある。この用語は今、発展した社会哲学ないし世界観を指すのには中立的意味で使われる傾向があるけれども、それは過去にはきわめて否定的ないし軽蔑的含意をもつ。その時には、紆余曲折の過程の中でイデオロギー概念は、ライバルの信条ないし学説を非難したり、或いは批判したりする政治的武器として一般に使われている。「イデオロギー」という用語はフランスのデステュット・ド・トラシ（一七五四〜一八三六）によって一七九六年に命名された。トラシは、自覚的な思想や観念の起源を開始する新「観念の学問」(文字通りidea-ology)を指すのにそれを使った。トラシの希望はイデオロギーが例えば、動物園学や生物学のような既成の学問と同じ地位を最終的に享有するということであった。しかしながら、より耐久性のある意味は、K・マルクスの著作において一九世紀にはその用語にあてられた。マルクスにとって、イデオロギーは「支配階級」の観念(それ故に階級を支え、かつ詐取を恒久化する観念)になった。マルクスとエンゲルスは、自分達の初期の著作である『ドイツイデオロギー』において次のように書いた。即ち、「支配階級の諸観念は、それぞれの時代における支配する観念である。即ち、社会における支配する物理的勢力である階級は同時に支配する知的勢力である。その随意で精神的生産手段をもつ階級は、同時に精神的生産手段に対するコントロールをもつ」(Marx and Engels,［1846］1970, p. 64)。

マルクス的意味でのイデオロギーの定義的特徴は、それが虚偽意識であるということである。イデオロギーは、全ての階級社会がもつ矛盾を自分達から隠すことによって、従属的階級を神話化し、かつ混乱させる。資本主義に関する限り、所有権をもつブルジョワイデオロギーは、詐取されたプロレタリアートの間に幻想ないし「虚偽意識」を育くむ。それにも関わらず、マルクスは全ての政治的見解がイデオロギー的性格をもつとは信じなかった。階級詐取や抑圧の過程を拓こうと試みる彼自身の著作は、科学的であるとみなした。この見解では、明確な区別が科学とイデオロギー・真理と虚偽との間になし得るという。とはいえこの区別は例えば、レーニンやグラムシのような後期マルクス主義の著作には薄れている傾向がある。これらは「ブルジョワイデオロギー」を指すばかりでなく、「社会主義イデオロギー」も指した(それは、マルクスが愚かであるとみなした用語である)。

その用語の二者択一的使用は、自由主義者達や保守主義者達によっても発展されている。戦間期における全体主義独裁の登場は例えば、カール・ポパー(一九〇二—九四)、J・L・タルモンやH・アーレントのような著者達を勇気付けてイデオロギーを応諾と従属を保障する社会統制の手段とみなせしめた。その用語の冷戦期の自由主義的使用は、ファシズムや共産主義の諸事例にきわめて依存するとき、真理の独占を主張する事によって、反対する観念やライバルの信条を寛容する事を拒否する思想の「閉じた」体系としてのイデオロギーを扱った。対照的に、それが個人の自由への基本的関わりに基く自由主義や例えば、広範に自由主義原理に同意する保守主義や民主社会主義のような諸学説は、明らかにその意味での(閉じた体系)イデオロギーではない。これらの諸学説はそれらが自由な討論・反対・及び批判を認め、かつそれらを主張さえする意味で「開放的」である。

「イデオロギー」という用語の特徴的に保守的な使用は例えば、M・オークショットのような思想家達によって発表されている。この見解は、世界が推測する人間精神の能力を主に越えているという信条から生まれている、「合理主義」の価値についての特徴的に保守的懐疑に反映する。オークショットが述べている如く、政治活動において「人々は際限なき、かつ底無しの海を航行する」。この観点からイデオロギーは、抽象的な「思想の体系」とみなされる。即ち、それはイデオロギーが率直には理解し得ぬ事を説明すると主張する故、政治的現実を歪める諸観念の集合とみなされる。これは、保守主義者達が自分達がイデオロギーに同意する概念を伝統的に欠いている理由である。彼等はその代わり、一傾向として或いは「精神の態度」として保守主義を記す事を好み、プラグマティズム・伝統・及び歴史に自分達の信頼を置く。

しかしながらこれらの欠点は、彼等が否定的ないし軽蔑的であるように、彼等がその用語の適用を制限する。換言すれば、いくつかの政治学説は「イデオロギー」範疇から除外される。例えばマルクスは自分の概念が科学的であり、イデオロギー的ではないと主張した。自由主義者達は、自由主義がイデオロギーとみなすべきであることを否定した。保守主義者達は、イデオロギー的政治スタイルよりも実用主義的なスタイルを含むと伝統的に主張している。更にこれらの諸定義のそれぞれは、諸価値や特定な政治学説の指向に負わされる。包括的な「イデオロギー」の定義（全ての政治的伝統にあてはまるもの）は故に、中立的でなければならない。それは、イデオロギーが「よい」ないし「悪い」・真ないし偽・或いは解放的ないし抑圧的という概念を拒否しなければならぬ。これは行動指向型信条体系（ある仕方で政治行動を導き、或いは鼓舞する諸観念の相互に関連付けられた一集合）としてイデオロギーを扱う、その用語の現代的・社会科学的意味付けの長所である。

第二節　自由主義

政治的イデオロギーのいかなる説明も、自由主義で始めなければならない。これは実のところ、自由主義が産業化された西洋のイデオロギーである故であり、かつ広範なライバルの価値や信条を含むことができる、メタ・イデオロギーとして表現されるときもあるからである。自由主義は、一九世紀前半まで発展した政治信条として現われなければならなかったけれども、特有的に自由主義理論と原理は前の三百年に徐々に発展している。自由主義は封建制の崩壊とその代わりに、市場ないし資本主義社会の成長の所産であった。初期自由主義は勃興する産業中産階級の大望に確かに反映したし、自由主義と資本主義は以来、継続的に密接に結びつけられている（あるものは本来的に結びつけられていると論じている）。自由主義は、その初期形態では政治理論であった。それは、絶対主義や封建制的特権を攻撃し、その代わりに立憲制的統治を主唱し、かつ後に代議制統治を唱えた。一九世紀前半までに、自由放任的資本主義の長所を称賛した、明確な自由主義経済信条が発展していた。それは、政府介入に対するあらゆる諸形態を非難した。これは、古典的ないし一九世紀自由主義の最も重要なものになった。しかしながら一九世紀後半以降、福祉改革や経済介入に対してより一層好意的な社会的自由主義の特徴的テーマとなった。

第一項　自由主義の諸要素

[一]　個人主義

個人主義は、自由主義イデオロギーの核心的原理である。それはいかなる社会集団ないし集団機関とも反対である、人間個人の至高な重要性における信念に反映する。人類は、個々人として第一にして最も重要なものとみなされる。これは道徳的価値において平等であり、かつ自分達が別々にしてユニークな個性をもつことを含意する。自由主義的目標は故に、次のような社会を構成することにある。即ち、その社会内部で諸個人は、自分の能力を最高度までに（各々が自分がそれを定義付ける「善」を追求する）盛え、かつ発展し得ると。これは、それが諸個人をして自分自身のもつ道徳的決定を為さしめる一組の諸ルールを定めるという意味から、自由主義が道徳的に中立的であるという見解に貢献している。

〔二〕自　由

個人的自由は自由主義の核心的価値であり、それはいわば、平等・公正・或いは権威に対する優先権が与えられる。これは個人における信念から自然的に起こり、かつ各人が自分が気に入り或いは選択する如く行動し得ることを確かにする願望から起こる。それにも関わらず、自由主義者達は、次のように「法の下の自由」を唱える。即ち、自由主義は、一人物の自由が他の人々の自由に対する脅威であり得ることを認めるが如く、自由が放縦になり得ることを彼等が可能にせしめる事を自ら認めるように。それ故、彼等は諸個人が万人のために同様な自由と、一致する最大限度可能となる自由を享受すべきであるという理念を是認する。

〔三〕理　性

自由主義者達は世界が合理的構造をもち、かつこれが人間理性の行使を通じて、かつ批判的問いによって開放し得ると信じる。これは彼等をして多くの場合、自分自身の利益をもつ最良の裁判官に、自分達のために賢明な判断をせしめる諸個人の能力に自分達の信念を置かせる傾向がある。それも自由主義者達を勇気付けて進歩を信じ、かつ流血や戦争よりもむしろ討論や議論を通じて自分達の相違を解決する人類の能力を信じさせる。

〔四〕平　等

諸個人は、基本的平等における信念を含意する。即ち、少なくとも道徳的価値について、諸個人が「自由に生れ」る信念を含意する。これは特に、法的平等（「法の前の平等」）及び政治的平等（「一人一票、一票一価」）の形態で、平等権と権限付与への自由主義的関わりに反映した。とはいえ諸個人が能力ないし働く本意の同じレベルをもたないように、自由主義者達は社会的平等や或いは結果の平等を是認しない。むしろ彼等は、全ての諸個人に自分達の不平等な潜在性を実現する平等な機会を全ての諸個人に与える機会の平等（平準な運動場）を好む。それ故に自由主義者達は、大まかに能力プラス勤勉に反映するメリットによる能力主義原理を支える。

〔五〕寛　容

自由主義者達は、寛容（即ち、容赦〈他人が否認する仕方で考え、話し、かつ行動するのを許す人々の本意〉）が個人的自由の保障と社会的富裕化の手段の双方であるという。彼等は次の如く信じる。即ち、多元主義は道徳的・文化的・及び政治的多様性形態で積極的に健全である。それは、信念全てが諸観念の自由市場で試されることを保障することで討論と知的進歩を促進する。更に自由主義者達は、ライバルの見解と諸利益との間の均衡ないし、自然的調和が存在すると信じる傾向があり、かくして通常、仲裁出来ぬ対立観念を割り引くのである。

〔六〕同　意

自由主義的見解において権力機構と社会との関係は、同意ないし誠意からの合意にいつも基づくべきであると云う。それ故、政府は「被治者の同意」に基づかなければならぬ。これらは、自由主義者を刺激して代議制や民主制を支持させる学説である。同様に社会諸機関や結社は自分達自身の自利を追求するや否や、諸個人の意図によって誠心誠意から結ばれた契約を通して形成される。この意味から権力機構は「下から」生じ、かついつも正統性によって基礎付けられる。

〔七〕立憲制

自由主義者達は政府を社会における秩序と安定の重要な保障者とみなすけれども、彼等は政府が個人に抗する専制になり得る危険について常に意識をする。それ故、彼等は制限された政府を信じる。この目標は、多様な統治機関間の抑制と均衡の設定によって政治権力の断片化を通じて達成でき、かつ国家と個人との間の関係を定義付ける権利章典を具現化する法典化された、或いは「成文」憲法の樹立を通じて達成できる。

第三節　保守主義

保守主義的諸観念は先ず、一八世紀後半及び一九世紀後半に登場した。それらは多くの手法でフランス革命によって象徴化された経済的・社会的変化の加速度に抗する反発として起こった。この意味から保守主義は、旧体制に立ちかえった。保守主義は自由主義・社会主義・及びナショナリズムの成長によって解放された圧力に抵抗しようと試みるとき、徐々に悩まされた伝統的社会秩序を擁護する態度をとった。とはいえ、最初から保守主義思想における分裂は、明らかであった。大陸欧州では、J・メーストル（一七五三―一八二一）のような思想家達の著作によって特徴づけられる保守主義形態が現れた。この保守主義は全く専制的にして反動的であり、いかなる改革観念も即座に拒絶した。それにも関わらず、保守主義のより慎重でより柔軟にして究極的にはより成功裡の形態は、Ｅ・バークの「保守するために変革する」という信念によって特徴づけられる英国及び米国で発展した。このスタンスは、「一国民」の温情主義的な旗の下での社会改革の大義を含むことを一九世紀における保守主義者達に可能にせしめた。英国でのこの高い論点は、保守党が戦後の解決を受け入れ、かつケインズの社会民主主義のそれ自体のもつ解釈を支持するようになった。とはいえこうした諸観念は、新右翼の登場の結果として一九七〇年代以降から徐々に圧力を受けた。新右翼による保守主義に関する急進的な反国家統制主義や反温情主義的ブランドは、古典的自由主義や価値をひく。

第一項　保守主義の諸要素

〔一〕伝統

「保守したい願望」といった保守主義思想の中心テーマは、伝統・確立された慣習の尊敬・時代を通して耐えている諸制度の知覚された長所と密接に結びつけられている。この見解から伝統は「過去の蓄積された知恵・時代によって試され」ている制度や実際に反映し、かつそれは生活の使用のために、かつまだ来ぬ諸世代のために保存されるべきであると云う。伝統も安全と安定を促進し、かつ社会的・歴史的所属感を諸個人に与える長所をもつ。

〔二〕実用主義

保守主義者達は、我々が生きる世界の無限な複雑性から生じる、人間の合理性の制限を伝統的に強調している。思想の抽象的原理と体系は故に、疑われかつその代わりに信頼が経験・歴史・及び特に実用主義に置かれる。行動が実際状況や実際的目標によって、即ち「働くもの」によって形成されるべきである。保守主義者達は、イデオロギーよりもむしろ「精神態度」ないし「生へのアプローチ」として自分達自身の信条をかくして記述することを好んでいる。彼等は、これが非原理化された日和見主義になるという観念を拒絶するけれども。

[三] 人間の不完全性

保守主義の人間観は、広範に悲観主義的である。この見解では人類は有限であり、従属的にして安全を追求する被造物であり、親しみにひかれ、試行錯誤をし、安定し、かつ秩序立った社会に生きる必要がある。特に、諸個人は道徳的には利己性・貪欲・及び権力への渇望に彩られる。それ故に、犯罪や混乱のルーツは社会におけるよりもむしろ人間個人の中にある。故に、秩序維持は強力な国家・厳格な法や厳しい罰則の実施を必要とする。

[四] 有機体

保守主義者達は人間の工夫の所産として社会をみなす代わりに、有機体全体或いは生きている存在として伝統的にみなしている。社会はかくして自然的必要性によって、その多様な諸制度・或いは社会の健全性と安定に貢献する、「社会の構造」(家族・地域社会・国家など)とともに構造化されている。その全体は、その個々の諸部分の集成以上である。共有された(しばしば「伝統的」)価値と共通な文化も、その共同体と社会結合の維持にとって重要とみなされる。

[五]　階序制

保守主義の見解には、社会的地位や立場の段階的変化が有機的社会において自然的にして不可欠である。これらは例えば、被用者達や労働者達・教員や生徒達・及び親達と子供達の異なった役割と責任に反映する。それにも関わらずこの見解には階序制と不平等は、社会が相互義務と相互責任によってともに結びつけられる故に、対立を生み出さないのである。実のところ、人の「生涯における停泊地が誕生の幸運や偶然によって」主として決定されるように、繁栄したものや特権のあるものが幸運でないものに対する配慮の特定な責任を得る。

[六]　権威

保守主義者達は次のように考えた。即ち、ある程度、権威はいつも「上から」行使され、自分自身において賢明に行動するための知識・経験・及び教育を欠く人々にリーダーシップ・ガイダンス・及び支持を供すると（子供に対する親の権威である事例）。自然的貴族制観念はかつて影響力をもったけれども、権威とリーダーシップは経験と訓練からの結果と今より一層共通にみなされる。権威の長所はそれが人々に彼らが誰であり、かつ彼らに期待されているものが何かについての明確な意味を人々に与える、社会的結合であるということである。それ故、自由は責任と共存しなければならないし、それは故に義務と責任の心からの受容から主としてなる。

[七]　財産（権）

保守主義者達は、それが人々に政府からの安全と独立の尺度を与える故に重要であると財産権をみなす。それは、人々を勇気付けて他の人々の法と財産を尊重させる。財産権は人々の人権の実在化である。そこでは、人々は自分達が所有するものに自分自身を「見る」（自分達の家屋・自分達の車など）。とはいえ、財産権は権利と同様に義務である。この見解において、我々はある意味から過去の諸世代から相続されている「家督」か、或いは将来のものに価値をもち得る財産の単なる管理者達である。

第二項　温情主義的保守主義

保守主義思想における温情主義的傾向は例えば、有機体・階序制・及び義務のような諸原理と全体的に一致する。またそれ故、それは伝統的保守主義の自然的成り行きとみなし得る。温情主義はしばしばB・ディズレイリィ（一八〇四―八一）の初期の著述にさかのぼるが、慎慮や原理の組合せに向ける。彼は「富者と貧者という二国民」に分けられる英国の危険に警告するとき、社会革命の広範な恐れを明確に示した。この警告は「上からの改革」が「下からの革命」よりも好み得ると認める必要があった、特権者達への自利に対する訴えとなった。この伝言は例えば「高い身分に伴う義務《ノブレス・オブリージュ》」のような新封建制的観念に根差された義務や社会的責任の原理への訴えに支えられた。実のところこの見解において義務は特権の代償であり、有力者達や財産所有者達は社会的結合や統一のより広範な諸利益における暮し向きのよくないものを世話する責任を継承した。結果としての一国民原理・トーリーの立場と正しく称し得る要石は、社会的平等理念よりも有機的均衡・一貫しかつ安定的な階序制像として反映する。

第三項　新右翼《ニューライト》

新右翼は国家干渉への一九四五年の傾向に抗して、かつ自由主義的ないし進歩的な社会的価値の拡大に抗する、ある種の反革命に達する、保守主義思想における離脱を示す。新右翼の諸観念は七〇年代に辿り得るし、それらは戦後のブームの終わりまで兆候が示されたケインズ的社会民主主義的権威の社会的崩壊と低下についての懸念の増大との間の結合に辿り得る。こうした諸観念は英米両国において次のように彼らの最大のインパクトをもった。即ち、それらはサッチャー主義とレーガン主義（とそれぞれ）の形態で八〇年代において表現された。こうした諸観念は、国家指向型組織形態から市場指向型組織形態への一般的移行をもたらすのにより広範にして世界的でさえある影響力をもっている。とはいえ新右翼は一貫しかつ体系的哲学を構成するよりもむしろ通常、「新自由主義」と「新保守主義」と称せられた二つの明確な伝統を結びつけようと試みる。これらの二つの間での政治的・イデオロギー的緊張が存在するけれども、それらは強力である最小限国家の目標（A・ギャンブルの言葉では〈一九八一〉「自由経済と強力国家」）を支持して結びつけ得る。

第四節　社会主義

◎序

社会主義観念は、一七世紀のレベラーズやディガーズ・トマスモアの『ユートピア』（一五一六）・或いはプラトンの『国家』にまで辿ることができるが、社会主義は一九世紀前半までには政治信条としての形をなしてはいなかった。社会主義は、産業資本主義の出現に抗する反発として発展した。社会主義は先ず、工場生産の拡大によって脅かされた職人や技術家達の利益を表出したが、それは直ぐに増大する産業労働階級（初期産業化）の「工場の飼葉桶」と結びつけられつつあった。社会主義は、その最初期形態で原理主義的・ユートピア的・及び革命的性格をもつ傾向があった。その目標は市場交換に基く資本主義経済を廃止し、かつ質的に異なる社会主義社会（通常、共有所有権の上に構築される）と資本主義社会とを入れ替えることにある。この社会主義ブランドについて最も影響力をもつ代表者はK・マルクスであった。彼の諸観念は二〇世紀共産主義に基礎を提供した。

とはいえ一九世紀後半以降、労働条件や賃金の改善・並びに労働組合や社会主義政党の成長を通じて労働階級の資本主義社会への漸進的統合に反映する、改良主義的な社会主義の伝統が登場した。この社会主義ブランドは、「議会政治の道」の採用を通じてもたらされた、社会主義への平和的・漸進的な移行の可能性を宣した。改良主義的社会主義は次の二つの典拠をひいた。その第一はR・オーエン（一七七一―一八五八）・C・フーリエ（一七七二―一八三七）・及びW・モリス（一八五四―九六）のような思想家達と結びつけられた、倫理的社会主義の人道主義伝統であった。その第二は、E・ベルンシュタインに第一次的に展開された修正主義的マルクス主義形態であった。

二〇世紀の多くの間中に社会主義運動はかくして、二つのライバル陣営へと分割された。レーニンとボルシェヴィキ達の手本に従う、革命的社会主義者達のことを共産主義者と呼んだ。他方では立憲政治形態を実践する改良主義的社会主義者達は、社会民主主義と徐々に呼ばれるようになるものを含んだ。この対立は、社会主義を達成する最も適切な手段に焦点をあてるだけでなく、社会主義的目標それ自体の性質にも焦点をあてた。社会主義者達は例えば、共有所有権や計画といった原理主義的諸原理を捨てたし、福祉・再配分・及び経済運営について社会主義を作り直した。しかしながら、社会主義の双方の形態はあるものを刺激して「社会主義の死」や社会主義以後の社会の登場と宣する二〇世紀後半での危機を経験した。この過程における最も劇的な事件は、一九八九年～九一年の東欧革命によってもたらされた共産主義の崩壊であった。しかし、伝統的な諸原理からの社会民主主義の継続的後退も存在した(それは、それを現代自由主義から区別し得なくすると論じるものもいよう)。

第一項　社会主義の諸要素

[一] 共同体 (Community)

社会主義の核心は、共通な人間性の存在によって結びつけられた社会的被造物としての人類像である。詩人J・ダンが言った如く、「それ自体からなる、全体の島といった人間など存在せず、各人は大陸の一部で、その主要な一部である」と。これはコミュニティの重要性を指し、かつそれは個々のアイデンティティが社会集団と集団機関の社会的相互作用とメンバーシップによって模られる。社会主義者達は自然に対する養成を強調したい気にさせられ、かつ生得的資質よりもむしろ社会的要因について主に個々の行動を説明する気にさせられる。

［二］博　愛

人類が共通な人間性を共有する如く、彼等は仲間意識・博愛意識（文字通り「兄弟愛」を含意するが、全ての人々を含むまでにこの文脈では拡大される）によってともに結びつけられる。これは、社会主義者達を刺激して競争よりも協力を好ませ、かつ個人主義よりも集団主義を好ませる。この観点から、協力は人々をして自分達の集団的エネルギーを利用することを可能にせしめ、かつ共同体の絆を深める（競争は相互に抗して諸個人を損ない、かつ激怒・対立・及び敵対を育むけれども）。

［三］社会的平等

平等は、社会主義の中心的価値である。社会主義は、平等主義形態（他の諸価値に対する平等の優位への信念）として表現されるときもある。特に、社会主義者達は社会的平等（機会の平等と反対な結果の平等）を強調する。彼等は、社会的平等の尺度が社会の安定や諸個人をして自分達の同僚と同一視させる、結合の本質的な保障であると信じる。それも、法的・政治的権利行使に基礎を提供する。

［四］必　要

平等への同感も、物質的利益が簡明にメリットないし仕事に基づくよりもむしろ必要に基づいて配分されるべきであるという社会主義の信念に反映する。この原理の古典的公式化は「各々の能力に応じて各々から、各々の必要に応じて各々へ」というマルクスの配分についての共産主義原理に見出される。これは、基本的な必要性（飢餓・渇望・避難場所・保健・個人的安全など）の充足が社会生活において価値ある人間存在と参加への必要条件である。とはいえ明らかに必要に応じての配分は、人々が単なる物質的誘因よりもむしろ道徳的誘因によって動機付けられることを必要とする。

[五]　社会階級

社会主義は、階級政治形態としばしば結びつけられる。第一に、社会主義者達は収入ないし富の配分について社会を分析する傾向がある。社会主義者達はかくして、重要な（通常、最も重要な）社会的分裂として階級をみなしている。第二に、社会主義は抑圧され、かつ詐取された労働階級（どう定義付けられようと）の諸利益と伝統的に結びつけられている。社会主義は労働階級を社会変革（社会革命）の担い手とみなしている。それにも関らず階級分裂は治療可能である。社会主義の目標は、経済的・社会的不平等の除去ないしそれらの実体的減少のいずれかである。

[六]　共有財産権

社会主義と共有財産権との関係は、深い論争の的になっている。それが社会主義の目標とみなすものもあり、その代わりにそれがより広範な平等を生み出す単なる手段とみなすものもいる。共有財産権への社会主義の主張（ソ連型国有化か、或いは選択的な国有化〈混合経済〉）は以下のようである。即ち、それは共通善に対する物理的資源利用の手段であり、私有財産は利己心・欲張り・及び社会的分裂を促進するとみなされる。しかしながら、現代社会主義は財産権政治へのこの狭い関心から離れている。

第二項　マルクス主義

マルクス主義は、理論体系として現代において西洋文化と思想研究を支配している自由主義的合理主義に対する主要な選択肢を構成している。マルクス主義も、政治勢力として国際共産主義運動形態において少なくとも、一九一七年から九一年の期間に西洋資本主義の主要な敵とみなされる。これはマルクス主義を扱うのに中心的な困難に光をあてる。即ちK・マルクスとF・エンゲルス（一八二〇―九五）の古典的著述から引き出された社会哲学としてのマルクス主義と、多くの方式で古典的原理から離れ、かつ修正した二〇世紀の共産主義現象との間の相違に光をあてる。かくして二〇世紀の終わり頃の共産主義の崩壊は、政治的イデオロギーとしてのマルクス主義の死を示す必要はない。それは実のところ、レーニン主義やスターリン主義の痕跡から今切り離されたマルクス主義に、もっと長もちするようなものを与えるかもしれぬ。

ある程度、その問題はマルクス自身の著述の後半にして複雑な性質から生じる。それは経済決定論者としてのもので彼を解釈させるが、人道主義的社会主義者として他のものによって彼を解釈するものもある。ある区別が彼の初期の著述の性格と、彼の後期の著述のそれとの間にもひかれる。これは「若きマルクス」と「成熟したマルクス」との区別としてしばしば表現される。しかしながら明らかなことはマルクスが次のように信じたことである。即ち、マルクスは資本主義の倫理的な批判を本質的に進めることよりも、社会的・歴史的発展の性質を明らかにすることに第一次的に関わったという意味から、科学的であるという社会主義の新ブランドを展開したと信じたのである。マルクス主義の諸観念や諸理論は主として彼の生涯に亘る協力者であるエンゲルスと、ドイツ社会主義の指導者であるカール・カウツキー（一八五四―一九三八）、そしてロシアの理論家であるG・プレハーノフ（一八五六―一九一八）の諸著述を通じてマルクスの死後に広範な読者を得たのである。「唯物弁証法」（マルクスではなく、プレハーノフによって名付けられた用語）と通常称せられた正統マルクス主義形態はソビエト共産主義への基礎として後に使われるようになった。この「卑俗な」マルクス主義は、マルクス自身の著述よりも機械的理論と歴史的決定論により重点を疑いもなく置いた。

第三項　社会民主主義

社会民主主義はいわば、古典的自由主義ないし原理主義的社会主義の理論的一貫性を欠く。古典的自由主義はイデオロギー的に市場に関わり、かつ原理主義的社会主義は共有財産権の大義を擁護するけれども、社会民主主義は市場と国家との間の均衡・個人と共同体との均衡を支持する。社会民主主義の核心には、一方では富を生み出す単なる信頼し得るメカニズムとしての資本主義の受容と、他方では市場原理よりもむしろ道徳原理によって富を配分したい願望との妥協が存在する。社会民主主義者達にとって、市場へのこの転換（イデオロギー的確信によるよりも実際状況と選挙上の利点によって多く命じられる）が困難な過程であったし、時には骨の折れる過程であった。

二〇世紀前半に、この過程は例えばドイツ社民党（ＳＰＤ）〈特に例えばベルンシュタインのような修正主義的マルクス主義者達の影響下で〉の改良主義的傾向で機能しているとみなし得よう。その一九五九年のバート・ゴーデスブルグ大会においてＳＰＤは公式的にマルクス主義を放棄したし、「可能なところでは競争を、必要なところでは競争を」原則を受け入れた。類似な過程は、マルクス主義の確かさには決して重きを置かなかった、倫理的ないし「ユートピア的」社会主義政党内で起こった。例えば、「漸進主義の不可避性」

への信念へと最初から関わった英国労働党は、一九五〇年代までに国有化よりもむしろ平等化に関する社会主義を作り直した（Crosland, 1956）。

現代の社会民主主義思想の主な特徴は、社会においてしいたげられた人々・弱者・蒙りやすい人々への関心である。しかしながら、社会民主主義が簡明に社会民主主義的伝統に限定し得ぬ意味が存在する。それは、憐れみについての社会主義的信念及び共通な人間性・積極的自由と平等な機会への自由主義的関わり・或いはそのことについての温情主義的義務と配慮に関する保守的感覚を引き得る。その源が何んであれ、それは通常例えば、福祉主義・再配分・及び社会正義といったような諸原理に基いて表出されている。第二次大戦後の初期に、広範に受け入れられたケインズ的社民主義形態で、それは国家干渉を通じて資本主義を「人間的」にする明確な願望と結びつけられた。ケインズ主義的経済政策が完全雇用を確保し、混合経済が経済活動を規制する政府を助け、かつ累進課税を通じて基金化された福祉規定は富者と貧者との間の隔たりを狭めると信じられた。とはいえ、経済成長と少なくとも「満足している多数」（Galbraith, 1992）からなる先進産業社会におけるその出現は、更なる修正過程をもたらしている。

第四項　第三の道

「第三の道」という用語は、不正確にして多様な解釈を蒙むる。これは第三の道の政治が現代自由主義・一国保守主義・現代化された社会民主主義をはじめとする多様なイデオロギー的伝統をひく。異なった第三の道プロジェクトは、以下のようなものをはじめとして異なった諸国でも展開している。即ち、米国の新民主主義者達とビル・クリントン・英国の新労働党とトニー・ブレアと結びつけられたものをはじめ（独・蘭・伊・及びニュージーランドのような諸国で台頭しているものと同様に）。いくつかの特徴的な第三の道のテーマはそれにも関わらず明らかにできる。

それらのうちの第一は、社会主義（少なくとも「上意下達」型国家介入形態で）が死んだという信念である（九五年に書かれた、英国労働党規約第四条が「動態的市場経済」について指すものには何らの選択肢も存在せぬ）。これとともに国際化と、資本主義が情報工学・個人の技能・及び労働とビジネスの柔軟性の双方にプレミアムを置く「知識経済」へと変化していることへの信頼の一般的受容とが調和する。

第三の道の政治の第二の特徴は、新自由主義と対照することによって、政府が重要な経済的・社会的役割をもつとして受け入れられるということである。とはいえ、この役割はより多く焦点があてられたものであり、教育や技術を増強することによって国際競争の促進・及び市場経済によって生み出された圧力を含む、共同体や市民社会の強化に集中する。この意味から第三の道のスタンスは自由主義的自治共同体主義《コミュニタリアニズム》の一形態である。その「新個人主義」は一方で権利と事業家主義との間で、かつ他方で社会的義務と道徳的責任との間の均衡を求める。

第三の道の最後の特徴は、それが社会主義的平等主義（それは「水平化」の一形態とみなされる）と断絶しているということである。それはその代わりに機会の平等と能力主義といった自由主義観念を含むというものである。第三の道の政治家達は典型的に、福祉改革を是認する。彼等は「自分自身の足で立つ」ことへの新自由主義的強調や、「人々には自ら助けるものを助く」や、クリントンが言った如く「人々に〈配布するのではなく引き渡す〉事への本質的には現代自由主義の信念を支持して〈揺籃から墓場まで〉福祉への社会民主主義的関わり」を拒絶する。これは次の如き「勤労福祉制国家《ワークフェア》」と呼ばれるものへの支持に導いている。即ち「勤労福祉制国家《ワークフェア》」において、利益や教育についての政府の支持は仕事を求め、かつ自立独行になる諸個人が条件となる。他方、第三の道の批判者達は、次のいずれかの如く論じる。即ち、それが市場動態を同時的に是認し、かつ社会的分解へのその傾向に抗して警告する点で矛盾する、或いはそれは中道左派プロジェクトであるのではなく、中道右派への移行になる、かのいずれかであると論じる。それは例えば特に国際資本主義を是認することによって、新自由主義の枠組みを受け入れることで非難されており、かつ家族の強化への自治共同体的《コミュニタリアン》要求に呼応し、かつ「厳格な」法と秩序政策を支援することについてのしのびよる権威主義を支持するということで非難されている。

第五節　その他のイデオロギー的伝統

第一項　ファシズム

自由主義・保守主義・及び社会主義は一九世紀のイデオロギーであるけれども、ファシズムは二〇世紀の所産である。特にファシズムは第一次・第二次の大戦期間の現象であると云うものもいよう。ファシストの信念は一九世紀に辿りうるけれども、その信念は第一次大戦とその余波までと結びつけられ、かつ形成されたのである。それはその期間を特徴付ける戦争と革命の強い混合によって結合され、かつ形成されたのである。ファシズムの二つの主要な表明は、一九二二年から四三年でのイタリアのムッソリーニのファシスト独裁と、三三年から四五年でのドイツのヒトラーのナチ独裁であった。新ファシズムと新ナチズムの諸形態も、共産主義の崩壊に続く経済危機と政治的不安定の組み合せに利を得る二〇世紀の最後の時代に再浮上した。

多くの点でファシズムは、フランス革命以来の西洋政治思想史を支配した諸観念や諸価値に抗する反乱（「一七八九年は死んだ」というイタリアのファシストのスローガンで）を構成した。例えば合理主義・進歩・自由及び平等といった諸価値はかくして、闘争・リーダーシップ・権力・英雄主義並びに戦争の名の下で覆された。この意味からファシズムは「反対的性格」をもつ。ファシズムはそれが反対するものによって主に限定される。即ち、それは反資本主義・反共産主義・反自由主義・反個人主義などの形態をとる。それにも関わらず、ファシズムを通じて流れる核心的テーマは、組織的に統一された国家共同体のイメージである。これは、「統一を通じての力」に対する信念に反映される。その個人は文字通りの意味では何ものでもなく、個々の特性はその共同体ないし社会集団のそれへと全体的に吸収されねばならぬと云う。ファシストの理念は義務・名誉・及び自己犠牲（自分の国家ないし人種の栄誉に自分の生命を捧げ、かつ至高なリーダーに対する問題なき服従を与える気でいる）によって動機付けられた、「新しい人間」（英雄）のそれである。

とはいえ、全てのファシスト達がそうしたものと考えているわけではない。イタリアのファシズムは「全体主義」国家への問題なき尊敬と絶対的忠誠に基づいた本質的に国家主義の極端な形態である。イタリアの哲学者ジェンティーレ（一八七五―一九四四）が言った如く、「国家のために万事を為し、国家には何も反抗せず、国家の外では何事もせず」と云う。他方、国家社会主義は人種主義の基礎下で主に構築された。その二つの核心的理論は、アーリア主義（ドイツ国民が「主人たる人物」を構成し、かつ世界支配のために運命付けられるという信念）形態と、ユダヤ人達を本来的には悪として表現し、かつ彼等の除去を目論むユダヤ主義に対する敵意に満ちた形態であった。この後者の信念は、「最終的解決」のなかでその表現を見出した。

第二項　アナーキズム

アナーキズムは少なくとも国家レベルにおいて、そのアナーキスト政党も権力を勝ちとるのにまだ成功していないゆえに、政治的イデオロギーの中では通常ではない。それにも関わらず、アナーキズムの運動は例えば、二〇世紀前半を通じてスペイン・フランス・ロシア・及びメキシコにおいて強力であった。アナーキストの諸観念は法・政府・国家が健全であり、或いは不可欠であるという一般的観念に挑戦する政治的議論を豊かにし続けている。アナーキズム内の中心的テーマはその諸形態において、かつ特に国家形態において、かつ特に国家形態における政治的権力機構が悪にして不必要である（アナーキーは文字通り「無支配」を意味する）という信念である。それにも関わらず、自由な諸個人が自発的な合意と協力を通じて自分自身の事柄を処理する国家なき社会に対する無政府主義的選好は、次のような二つのライバルの伝統（自由主義個人主義と社会主義的自治共同体主義《コミュニタリアニズム》）の基礎の下で発展されている。かくしてアナーキズムは、自由主義と社会主義の交差点（「超自由主義」と「超社会主義」の双方の形態）としてみなし得る。

国家に反対する自由主義の主張は、個人主義と自由並びに選択を極大化したい願望に基礎付けられる。自由主義者達とは異なり、W・ゴドウィン（一七五六―一八三六）のような個人主義的アナーキスト達は次のように信じた。即ち、自由にして合理的な人類は自分達の事柄を平和的にして自発的に扱い得、政府は望まれない強制の単なる一形態に過ぎぬと。現代の個人主義者達は、どのように社会が無政府主義的資本主義形態（自由市場経済形態の極端な形態）を発展さす、国家機構の欠如において規制するのかの仕方を説明するのに通常、市場に頼っている。とはいえ、より広範に承認された無政府主義的伝統は例えば、共同体・協力・平等及び共有所有権をひく。それ故集団主義的アナーキスト達は、我々の社交的・集団指向的・及び本質的に協調的性質から生じる社会連帯への人間の能力を強調する。この基礎の上に例えば、フランスのアナーキストであるP・J・プルードンは自分が相互主義（独立的農民・職人・職工の小さな諸共同体が、資本主義の不正や詐取を避け、公正にして衡平な交換制度を使用し、自分達の生計を運営するという信念）と呼んだものを展開した。例えばロシア人のP・クロポトキン（一八四二―一九二一）は無政府主義的共産主義（その中心的原理は共有な所有権・分権・及び自主管理であった）形態を進めた。

第三項　フェミニズム

フェミニストの大望は古代中国に辿る諸社会において明らかにされているけれども、それはメアリー・ウォルストンクラフトの『婦人の権利擁護』（［一七九二］一九八五）刊行までに発展された政治理論によっては支えられなかった。実のところ、一八四〇年代と一八五〇年代における婦人参政権運動の登場によって初めてフェミニスト的諸観念は、「フェミニズムの第一波」と呼ばれる形態で広範な読者に達した。二〇世紀後半での大抵の西洋諸国における婦人参政権の達成は、その中心的目標や組織原理を婦人達の運動から奪った。しかしながら、「フェミニズムの第二波」は一九六〇年代に登場した。これは、増大する婦人解放運動（WLM）のより急進的にしてときには革命的な要求を表現した。フェミニストの理論や学説は多様であるが、彼等の統一的特徴はどんな手段によろうが、婦人の社会的役割を高めたい共通な願望である。それ故、フェミニズムの基本的なテーマは、第一に社会が性別的ないし男女間の不平等によって特徴付けられ、第二に男性の力のこの構造を覆し得るし、覆すべきであるというものである。

第四項　環境主義

環境主義は、二〇世紀後半での生態学的ないし緑派的運動の台頭とリンクされる新しいイデオロギーと通常みなされるけれども、そのルーツは産業化に抗する一九世紀の反乱に辿り得る。それ故、経済発展の加速度化によって自然界になされた損害（核工学・酸性雨・オゾン層の破壊・地球の温暖化などの到来によって二〇世紀後半で悪化された）についての懸念、並びに人間存在の質的低下についての懸念に反映する（究極的には人類の生き残りについての懸念に反映する）。こうした懸念は、一般的イデオロギーを媒介にして明らかにされるときもある。例えば環境社会主義は、資本主義の利潤への貪欲な願望についての環境破壊を説明する。環境保守主義は、伝統的な価値と既成制度を保全する願望と、保存の大義とをリンクさせる。そして環境フェミニズムは男性の力の制度に生態系的危機の起源を置き、かつ自然過程と自然界について婦人よりも過敏ではないという事実に反映すると云う。

しかしながら、環境主義にその急進主義的楔を与えるものは、それが全ての他のイデオロギーによって採用された人類中心主義的ないし人間中心型スタンスに一つの選択肢を提示する事実である。そしてそれは人間の必要をみたすのに利用可能にして便利である資源として、たんに自然界をみなすばかりではないのである。生態系・環境主義・或いは（その提唱者達のうちのいくらかのものがそれを呼ぶことを好む如く）生態系主義の重要性に光をあてる事によって、自然のたんなる一部として人類の種を描く環境中心的世界観を発展させる。

第五項　宗教的原理主義

宗教と政治は、数多くの諸論点において主要なイデオロギー的伝統の発展において少なからず重複する。例えば倫理的社会主義はキリスト教社会主義・イスラム教社会主義などの諸形態を生み出す、多様な宗教的信条に基く。プロテスタンティズムは、古典的自由主義における政治的表現を得る自主的努力の責任の諸観念を形成するのに役立った。しかしながら、宗教的原理主義はそれが政治（及び実のところ、個人的・社会的存在のあらゆる諸局面）を、宗教理論の「啓示的真理」に次ぐものとみなされる。この観点から、政治・社会生活は聖典の文字通りの真理の信念によって一般に支えられた、本質的ないし原初的な宗教的諸原理とみなされるものに基いて組織立てられるべきであるという。こうした諸原理を包括的世界観へと発展し得る如く、宗教的原理主義はそれ自体の規準でイデオロギーとして扱うことができる。

どこから宗教的原理主義が生じるのか。二〇世紀末でのその復活を何が説明するのか。それらは、次のような対照的な二つの説明がすすめられる。その一方は、原理主義を本質的には逸脱（諸社会が現代的にして世俗化された文化に慣れるようになるとき、諸社会が為す調整の兆候）とみなす。他方、原理主義が耐久性をもつ意味を有すると提案し、かつそれが「より高次な」ないし精神的な真理に従いたい人間の願望を満たす世俗主義の結果であると信じるものである。

宗教的原理主義の諸形態は、世界の多様な諸地域で発生している。

第六節　イデオロギー終焉説について

二〇世紀後半においてイデオロギーについての議論は、その消滅・或いは少なくともその関連性の色あせについての予測に焦点をあてた。これは「イデオロギーの終焉」議論として知られるようになった。それは、第二次大戦末期におけるファシズムの崩壊と、先進西洋諸国における共産主義の衰退によって刺激された一九五〇年代に始められた。米国の社会学者D・ベルは『イデオロギーの終焉（一九五〇年代での政治的諸観念の枯渇について）』（一九六〇）において、政治的諸観念の在庫が使い尽されていると宣した。ベルの見解によれば、倫理的・イデオロギー的諸問題は大抵の社会において、諸政党が経済成長と物質的豊かさのより高い水準を約束する事によって簡明に、権力のために競争する故、不適切になっているという。とはいえ、ベルが注目をひいた過程は、イデオロギーの終焉よりもむしろ広範なイデオロギー的議論の台頭であった。一九五〇年代と六〇年代に行き渡ったイデオロギーは英国や他のところで、ケインズ的な福祉主義的合意形態をとった福祉資本主義形態であった。

この議論へのより最近の貢献はフランシス・フクヤマの『歴史の終焉』（一九八九）において彼によってなされた。彼は、政治的イデオロギーが不適切になったと提案したのではなく、むしろ単一のイデオロギーである自由民主主義がそのライバルであるものに対して勝利したのであり、この勝利が最終的であると提案したのである。対照的にA・ギデンズは次のように論じた。左右両翼の通常のイデオロギーは地球規模化・伝統の低下・及び社会的反射性の拡大によって特徴付けられた社会において徐々に過剰になっていると。とはいえ、これらの諸展開を解釈する選択肢的な仕方は、次のようなポストモダニズムによって提案されている。そのポストモダニズムは主要なイデオロギー・或いは「包括的な説明」が今通過している現代化の期間の本質的には所産であったと示唆すると。他方、イデオロギーの終焉・歴史の終焉・或いはモダニティの終焉のその主張こそそれ自体、イデオロギー的とみなし得る。こうした諸々の主張はイデオロギーの最終的な消滅を予告するよりもむしろ、イデオロギー的議論がいきており、かつうまくいっており、イデオロギーの進化が継続的にして恐らく終りなき過程であると簡明に証明できるのである（4）。

おわりに

我々は、Ａ・ヘイウッドによる「政治的イデオロギー要論」に沿って、その概念と問題性について概括してきた。彼のそれは、きわめて多岐にして論争のある概念上の要点を要領よく、かつ近未来的にも使用可能な形でまとめている。特に「その他のイデオロギー的伝統」節での五つに関する論及はある程度、中範囲的に政治分析に役立ちえよう。更に「イデオロギーの終焉説」もベル・フクヤマ・ギデンズらの有力学説に関する言及もその問題の再考に役立つかもしれぬ。

とはいえ問題もある。例えば、イデオロギー概念では常に出てくるカール・マンハイムの「存在被拘束性としてのイデオロギー[5]」については、理解しているようであるが、学説上での指摘をしていない。更に言えば、彼の学説の基本は主として英国における政党のイデオロギーにあると思える。それについてのつながりの論及が少ない点には不満が残る。その説明として簡略なものはアイゼンクモデルを応用している前出のＪ・キングダムの〔図二・一[6]〕であろう。

また前出のＭ・フリーデンが述べている如く、「その「イデオロギーの」より十分な意味は、その概念上の相関的位置が形成される方法を理解することによって認められる[7]」のである。つまり、より徹底した方法論的考察が従来のイデオロギー概念には必要であるというのである。当然ながらこのヘイウッドの「要論」にも求められよう。

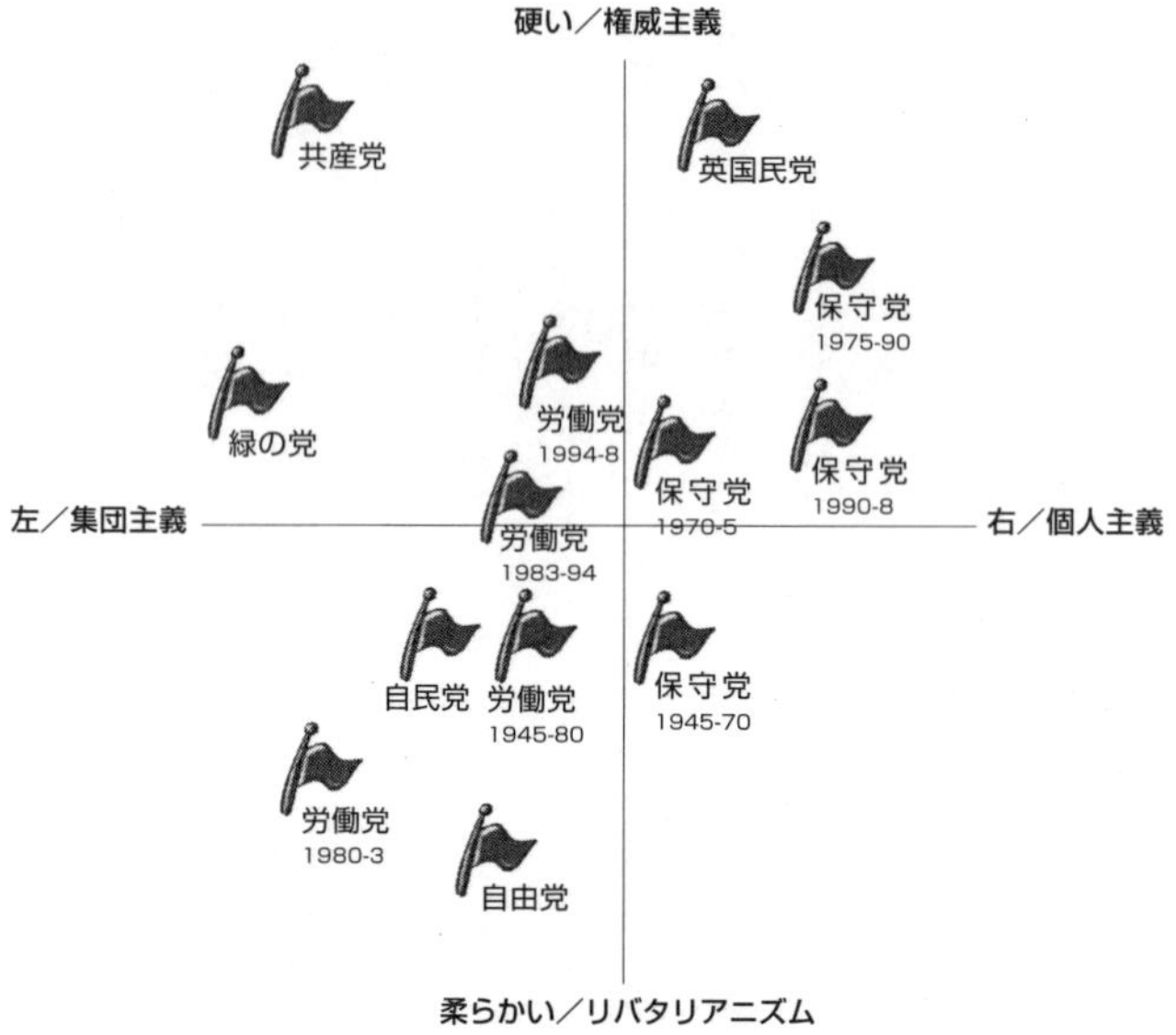

図２・１　戦後期における英国諸政党の観念に関する二次元的分布

(1) J. Kingdom, *Government and Politics in Britain*, 2000, p. 21.

(2) Michael Freeden, *Ideologies and Political Theory: a conceptual approach*, Oxford U. P., 1996, p. 3, etc.

(3) Andrew Heywood, *Political Ideologies*, (2nd ed.) (Macmillan), 1997;
——, *Political Theory*, Macmillan, 1999;
——, *Key Concepts in Politics*, Macmillan; 2000;
——, *Politics*, Palgrave, 2002, pp. 41-66.

(4) A. Heywood, *op. cit.*

(5) Karl Mannheim, *Ideology and Utopia*, London, 1936,p.78.

(6) J. Kingdom, *op. cit.*, pp. 22.

(7) M. Freeden, *op. cit.*, p. 551.

第二部　現代英国の政治機構

第三章　現代英国政治機構についての再考察

――D・カバナの所説を中心に――

Ⅰ　はじめに

戦後から今日に至る現代英国政治の解説者達は、その前半期における二つのコンセンサス（福祉国家と混合経済）・サッチャーによる新自由主義（或いはニューライト）的な転換・そしてブレア労働党政権による前者的手段を含めた第三の道政治改革路線（更にＥＵによる英国政治への影響）などとしてその領域を説明している。特に我々が注目しなければならないのは、それらと英国の基本的政治機構に関連する諸局面である。それは、二〇〇一年六月の総選挙で再度全議席（下院）の三分の二前後の労働党勢力を確保し、その基盤を強固にしたブレア内閣による英国政治へのインパクトに係わる。この労働党中道左派政権は、多方面で改革を目指し、それは従来の政治制度の根幹に係わる問題を惹起している（1）。

最近、英国の有力な政治学術雑誌である『政治学研究』誌において、この労働党政権の国会等の改革に関わる論文が発表された。それは、マシュー・フリンダーズによる「英国は政治機構における国会と執行部と

の均衡を変えているのか（英国の国会・執行部及び英国憲法）」と題するものである。彼はそれを次のように要約する。即ち、

「本稿は国会改革の逆説を検討する。第一に、庶民院に主として焦点をあてることによって議会の矛盾的役割に注目し、かつ存在する曖昧さと緊張を例示するため、英国政府＝英国議会モデルの「ウィッグ」的概念、及び「ピール主義」的概念を使用する。次にこの枠組みを、一九九七年以来労働党政権下での国会改革についての事例研究にあてはめる。第三に、国会が他と切り離しては研究し得ぬことを強調する。それが提案する如く、英国憲法は数多くの相互に連結された出現する諸課題が国会と執行部との関係を変更している重要な歴史的・政治的・制度的連関状況にある。これらの出現する諸課題の意味は、国会の対内的改革とは異なり、それらが主に執行部のコントロールを超えていることなのである。これらの諸要因の組み合わされた影響力は、執行部を強いてある点では国会の構造・役割・及び権限を一貫し、かつ広範な再評価を支えているように思える。従って、英国が事実上議院内閣制の状態にある度合いは、激しい議論の増大を蒙むるであろう(2)」。換言すれば、その論文は、第一に歴史的視点から英国国会と執行部との関係を考察し、第二に、その立法部と執行部との均衡を変えているのか否かというその論文の本論を、ブレア労働党政権と国会改革との関連から検討する。第三に、その両機関間関係についての出現する諸課題に関して解明し、第四に諸々の含意について説き明かす形態を採用している。

これらは、周知のW・バジョットによる「立法部と執行部の融合(3)」説についての英国政治機構に関する特徴の基本問題を、そのブレア政治がもたらす変化との関連から論じるものである。我々は、こうした今

日直面する英国の立憲制の基本問題を解明するには、その議論の基礎となる英国政治機構の新旧両面の体系的な論点整理が必要となる。数多く出版されているこの主題に関する邦語文献は概してその新しい局面について不十分なように思える（4）。ゆえに我々は、その叩き台となりうる基本文献を求めていた。その結果、デニス・カバナ（一九四一〜）による『現代英国政治要論』（第四版、二〇〇〇年版）における政治機構論（5）がその要求に答える可能性をもつことが判明した。それ故、我々はそれを概括することによって、それらの諸問題を解く足がかりとしたい。

（1）これらの諸問題についての学者達の議論及び研究に関しては、差し当り次の学術雑誌において掲載されている。*Parliamentary Affairs*, and *Public Administration*,etc.

（2）Matthew Flinders, Shifting the Balance? Parliament, the Executive and the British Constitution, in *Political Studies* (Blackwell Publishers, 2002) vol.50, pp.22-42;

——.*The Political Accountability in the Modern State* (London,2001),etc.

（3）Walter Bagehot, *The English Constitution* (Oxford U.P., 2001),p.11.

（4）例えば、R.Rose,*Politics in England*,1974（邦訳『現代イギリスの政治Ⅰ・Ⅱ』岩波書店・一九七九年）、下條美智彦著『イギリスの行政』（早大出版・一九九九年）、川勝平太他編『イギリスの政治』（早大出版・一九九九年）など。

（5）Dennis Kavanagh, *British Politics: Continuities and Change*, 4th ed., (Oxford U.P., 2000);

——.*Politics of the Labour Party* (London,1982);

——.Thatcherism and British Politics(Oxford,1990);

——.*Election Campaigning* (Blackwell,1995);
——.*The Reordering of British Politics* (Oxford,U.P.,1997),etc.

Ⅱ　D・カバナの現代英国政治機構要論

第一節　序　論

デニス・カバナは、現代英国政治について数多くの研究業績を残しているベテランの政治学者である。彼の業績を概観すると、投票行動や選挙分析、リーダーの政権論、或いは選挙運動といったものに集中している。それと比較すれば、政治機構論について目立ったものを残していないように思える。とはいえ彼の長い学究経験からすれば、その政治過程論のもう一方の支柱を念頭に置いていたと想像することは必ずしも的を射ていないとは言い切れないのである。それゆえ、その『現代英国政治要論』（以下『要論』と略記）における半分を越える政治機構論は、彼の長年に亘る研究部分の一端を示していると考えられる。更に言えば、それは政治制度論をベースにしているからでもある。

我々は、彼のその『要論』における主要タイトルに沿って検討する形式をとる。本節は先ず、その「序論」

にあたる「英国政治モデルの理解」について整理したい。

英国は長きにわたって、安定した政権モデルとしてみなされている。それは、秩序と自由・権威と責任との間の均衡を遂行している。それは、漸進的過程によって封建制君主国から近代的な代議制国民国家へと転換されている。それは、島国の位置・協議と同意による支配の伝統・柔軟にして適応可能な諸機関・及び主要な変革の要求が成立する主に連続的秩序が、英国の安定を説明する諸要因のうちのいくつかであると論じられる。一九五〇年代後半以来、懐疑が英国モデルについて生じている。戦後の時代の多くは、相対的な経済の衰退及び対外的威信と影響力の低下と同様に、対内的安定と社会的調和に対するその含意を甘受せざるを得ないでいる。一九七〇年代まで、市民達に経済的安定をもたらすことに対する政治エリート達の失敗の継続は、正統性の問題を惹起した。そのことは、政党が一貫した経済政策の失敗に対する基本的な解決策に関する彼らの探究において、政策と諸制度についての以前のコンセンサスを拒絶した如く、イデオロギー的分裂の拡大へと導いたのである。衰退感は一九八〇年代前半以来ほとんど明らかになっていないし、経済的関係でも少しも明らかになっていないのである。英国の経済構造は他の後発産業諸国の如く、民営化・柔軟な労働市場・持ち家及び分有権の拡大・及び事務系労働者並びに婦人雇用の拡大の結果として変化している。もしサッチャー時代が経済・社会変動にあったとすれば、二〇世紀の最後の数年でのブレア政権は、憲法や政治の機能を改革しようと努めたのである。この「英国政治モデル」節は、政治研究者がなぜ英国モデルを研究する価値があるとみなしうるのかの諸理由を提示する。本節は、現代英国の自由民主主義を形成するのに役立っている歴史的展開や社会・地理的特徴を論じる。

英国の政治制度と実際の多くは、長期間にわたって確立されている。英国の政治的経験は国際的な歴史の視点からみれば、広く称賛されている。国民的誇りは、一八〇七年の『エディンバラ・レビュー』誌に示された極端な形態をいつもとるとは限らない。即ち、「文明化された諸政府は全て自由なものと反動的なものへと分割されるか、或いはより正確にはイングランドの政府と他の欧州の政府とに分割されている」(Cited in Halevy, 1974, p.147) と。

一八世紀以来、英国は立憲制モデル（モンテスキュー）、代議制政治（トクヴィル・バジョット）、或いは政治的均衡（米国憲法の著者達）のモデルとして多様にみなされている。社会学者達・人類学者達・及び歴史学者達は「英国型生活様式」をしばしば称賛している。一九世紀において（英国の資本主義、或いはその政治制度の支持者でもない）マルクスやエンゲルスでさえ、他の諸国の社会・経済発展の将来のコースを計画するのに英国（最初にして最も先進的な産業社会として）を使ったのである。

一八世紀の観察者達は、一六八九年の憲法上の解釈が政治的均衡（政府が安定しているが議会に責任を負い得、法と習律によって支配し、かつそこでは市民的自由が欧州大陸よりもよく擁護された）を与えるように思えた。一七七六年の後に、米国の反乱者達は自分達が英国の制度の最善な特徴とみなすものを保持しようとして戦った。一七八九年のフランス革命によって解放された不安定は、英国が好意的にみなし得るものに抗して政治モデルを設定したのである。

その歴史的事件からフランスと英国は、政治発展モデルとしてしばしば対比されている。フランスは専制的政府と弱い政権との間を交互に繰返し、英国は穏健にして均衡がとれ、一方が不安定で、他方が安定していると対比されている。権威主義的・全体主義的支配の諸異形をもつきわめて多くの欧州諸国の二〇世紀での経験は、他の諸国が続くには、それらを魅惑的でないモデルにせしめた。一つには、それらにはイタリア・ドイツ・スペイン・及び日本の二〇世紀における変化にとんだ民主主義の記録を、競争意識の欠如としてみなせばよいのである。それ故、研究者達は安定した民主制の効率的な秘密を求めて、大部分誤まって英国に向かっている。

英国は恐らく、今日の世界での成熟した自由民主主義諸国という事実のうちの一つ(五〇年位以上にわたって言うことばで続けている)である。これらは政治への人々の高い参加と、今日の政府に対する制度化された野党の機会の双方を認める体制である。それらは、英米社会と西欧においてすぐれて見出される。二〇世紀の終り頃まで自由民主主義モデルに対する主要なライバル(中央集権型計画経済をもつ単一政党体制)は、信用を失っている。ソ連の崩壊・及び東欧諸国への競争型選挙の拡大の結果は、自由民主主義諸国の急激な数的増大となっている。

カバナはこの節を次のような形で、結んでいる。

政治的学習は、次の二つの形態のうちの一つをとり得る。第一は、それ自体の目的のための知識の獲得である。例えば、比較政治機構研究は次の如く観察する。即ち、どのように広範に類似な諸機能が諸社会にわたって多様に実行されるのか(例えば英国における主に国営の保健制度、或いは米国では主に保険に基付く制度)、そしてどのように類似な諸制度が異なった期間や文脈で異なって作用するのかの仕方を観察する。

第二は、例えば、別な社会から称賛された諸特徴を借用する、或いはその誤りを避けようとする教訓を学ぶために学習する。英国は学習の双方の類型をひきつけ、かつ英国にはその「成功」について書いてある説明の豊かな宝庫が存在する。政治学者達はその主要な諸問題が直面された英国の経験・様式・及び連続を調べており、かつその諸制度や手続きを調べ、他の諸国にあてはめる教訓を求めたのである。一党制・恭順型政治文化・漸進的な歴史展開・庶民院を解散する政府権限・君主の名目上の役割全ては、英国式で国家の政治的安定と効果を促進するための機構として提示されている。とはいえ、政治において何らの恒久的解決も存在せず、かつ英国のかつて称賛された諸特徴の多くは、近年において批判の的である。二、三の例をあげれば国際的勢力・経済的傾向・利益集団・及び世論から変えたりする圧力、或いは適応する圧力がいつも存在する。ある国の政治制度や政治の実際は英国にあると同様に、過去によって模せられたいとき、変化への力を克服することは困難であるかもしれぬ。長く確立された制度や手続きは、あまりにも堅固になり過ぎていて適応できないのである。

一九七〇年代以来、社会・政治・及び経済変動ないし近代化を促進する試みは、英国における政治課題の中心部分である。社会階級の分裂・教育制度・産業・行政事務・及び政治制度の批評家達はこれらがあまりにも伝統主義によって負わされ過ぎていると主張する。多数意見の増大は、望ましい社会・経済発展に対するバリアーとして政治制度の諸部分をみなすようになった。ＥＵの少数の加盟諸国は今、民主主義の導き手として英国を頼りにしている。実のところ、その正反対は選挙制度改革・権利章典・地域への権限委譲・或いは成文憲法が刺激として大陸を頼りにしている如く、しばしば事実である。それは、ソ連崩壊に続く自分達の新しい自由民主主義構造を描き上げた東欧諸国におけるきわめて少数の指導者達が最もその中央集権的多数決唱道主義者でないゆえ、英国の政治制度を頼りにしていたといっているのである。サッチャーが支配した一九八〇年代は英国をより徹底した市場支配型経済へと進めたが、政治制度改革はほとんどなされなかったのである。一九九七年に選出された労働党政権は憲法改革計画（「近代化」がその好まれた用語である）に基づいて自覚的にはじめる二〇世紀における最初の政権である。サッチャーの如くブレアも英国経済と社会における伝統の多くの勢力に反対する態度を示している。二〇〇〇年には、（ウェストミンスターの議会主権と英国の独立の継続をはじめとして）英国の多くの特徴は懐疑にさらされている(1)、とカバナはこの節を結論付ける。

第二節　英国憲法

我々は、カバナの『要論』における政治機構に関連する項目から先ず、彼が「英国憲法」と称する節をそのタイトルとして立てる。なぜならそれは、政治機構を体系的に捉える基本的枠組みに係わるからである。

〔一〕序

英国が実際上、憲法をもつかどうかの学問的議論が存在する。それは明らかに、その用語の広く使われた意味における憲法を欠いている。そこには政府諸機関間及びそれらの諸機関と市民との関係に影響を与える諸ルールを述べる何らかの単一な包括的法典も、或いは文書も存在しない。他方、それは国家の諸機関の構成と権限を定義付ける法・慣習及び習律の法典が存在するという意味におけるものをもつ（Hood Phillips, 1978, p.6）。換言すれば、政府や政治の行動に影響を及ぼす確立した手続きが存在し、かつそれらは主として堅持される。

本節は、この憲法がどのように進化しているのか、その主要な法源は何なのか、及び君主制の役割を記述する。本節もその憲法の異なった解釈と同様に、一九九七年以後の改革・成文憲法の諸提案・及び改革に対する障害を検討する。英国は長い間立憲民主制となる法典化された憲法をもつ必要などないという主張を例示する一国と広くみなされている。結局のところ、英国は一世紀以上にわたって安定した民主制国であり、市民的自由を擁護するものであるといった比較的高い比率を示す。「立憲制的」という用語を、政府の抑制と均衡の制度とし、かつ政府と他の諸機関との間の諸権力の分立とする解説者もいる。それ故、彼らは英国が国会での公式上の政治権力の集中、及びその機関の絶対的にして無制限な主権原理（もちろんＥＵを除く）ゆえ、立憲制であると論じる。

政治制度の作用に対する不満の表現は、英国民主制の健全さについての一般的懸念へと拡大したし、成文憲法の採用のための諸要求を刺激するときもある。過去には競争的二党制の存在（その黙示的抑制と均衡・選良の価値と伝統を分有する独立的集団・及び広範な政治的コンセンサス）は、立憲制の安全装置（保障）を必要とせしめるように思わせたかもしれぬ。政党の競争・権力行使・及び広範な政治的コンセンサスは権力の濫用に抗する保証を与えた。しかし批判者達は、これらの安全装置がもはや当然のこととはみなし得ないと不満を言っている。一九七六年に保守党のヘイルシャムは、絶対的議会主権の背後にあらわれる独裁政権の可能性を指摘した。より最近の労働党国会議員は、英国が「勝者が政権全てをとる」（Wright, 1994, p.26）形をなすと不満を言っている。政党制は、一九八〇年代には競争的な方法では作動しえなかった。サッチャー夫人の急進的な政策課題・及び例えば地方自治体の諸層（例えばＧＬＣなど）の廃止・放映禁止の強制・及び政府通信本部（ＧＣＨＱ）への労組加入の否定といった諸活動は、一組の公式上の抑制と均衡をつくることへの関心の迅速化であった。

英国がなぜ一文書で法典化されないのかの理由に関する歴史的説明が存在する。その制度が数世紀にわたって進化したゆえ、成文憲法が流行になり得る前に英国政府を指導する確立された仕方が既に存在する。成文憲法が拡大しているのは、米国ではじまる過去二百年位かそこらに過ぎないのである。大抵の憲法はそれらが独立的になり、或いは内部崩壊ないし侵略での分裂を蒙るときに、もともとの諸国家によって採用されたのである。フランスは一七八九年以来、多くの異なった憲法をもったし、現在の第五共和制は一九五八年に起源を辿る。ソ連は数多くの機会に憲法を書き直したし、一九九〇年のその解体以来、以前のソ連の構成諸国は新憲法を作成せねばならなかった。英国では統治制度も一組の公式的集合も、或いは諸ルールもある時のある論拠で採用されている。その代わりに、憲法よりもむしろ幾世紀にも亘って進化している政治制度・或いは一組の取り決め・及び政治のスタイルが存在する。

〔二〕自由民主主義憲法

英国憲法が合意の所産であるというのは、神話である。結局、一七世紀において君主制に抗して議会制観念を擁護する状況下で、ある君主は処刑され、かつもう一人の君主は亡命せざるを得なかったのである。政治的国家は例えば、一八二〇年代におけるカトリック教徒の解放・一八三二年の改革法・貴族院の諸権限・アイルランド自治・及び婦人参政権といった憲法上の諸争点に対して激しく分裂されることがしばしばある。しかし一六八八年におけるジェームズ二世の逃走以来、議会主権と制限君主制の基本原理が安全に樹立されているという主張は公平である。その時以来の大変動の欠如・及び長期間の立憲制的安定（いつももちろん、アイルランドを除き）は、きわめて多くの他の諸国の政治的進化と鋭い対照を与える。

一八世紀の英国の憲法は民主主義ではなかったし、成人の三パーセントしか投票権をもたず、閣僚達はまだ君主によって選出され、かつ罷免された。しかし執行部はいつも議会をコントロールするとは限らなかったし、君主も議会も裁判所をコントロールできなかった。英国の観察者達と同様に多くの外国の観察者達も執行部・立法部・及び司法部との間のこの明らかな「権力の均衡」を称賛した。彼等は、それを英国の立憲制政体の秘密とみなした。

代表民主制への主要な立憲制及び政治段階は、一九世紀に起こった。その選挙権は拡大され、かつ君主制・貴族院・及び庶民院の相対的権限は庶民院に有利に変更された。参政権の継続的拡大は、一九二八年までに成人普通選挙制をうみ出し、庶民院を国民代表にせしめた。庶民院に対する執行部の責任原理は、一八三〇年代までに樹立された。一九一一年までに貴族院に対する公選の庶民院の優越は、その年の議会法において公式上、承認されたのである。

二つの他の改革（国民投票と庶民院における比例代表制選挙制度）は、一八六七年と一九一八年との間でしばしば提案されたが、導入はされなかった。その第一のものは、国民にその時々の諸問題に権利を与える手段として支持されたし、後者は庶民院における威圧的な政党の多数に抗して少数派を擁護する手段として支持されたのである。V・ボグダナアが注目する如く、この二つの改革は一九世紀後半で組織化された政党の発達と対峙する装置と想定された（1981, p.7）。

故に憲法の変革は、一九一八年以前に実のところ二二年におけるアイルランドの分割まで、いきた争点であった。婦人参政権・貴族院の権限・アイルランド自治ないし地域への権限委譲・及び投票制度改革に対して激しい分裂が存在した。その後は、憲法問題はその課題が事実上消滅したし、労働党も保守党も小選挙区選挙制度・主権議会及び強力政権を保全する際、既得権益をもった。保守党は政権を階序制とみなし、かつその自律と権威を擁護した。労働党も強力な政権を好んだ。というのはそれは、労働者階級が資本主義制度の不平等を克服し得る手段であったからである（Beer, 1964）。とはいえ憲法改革及び抑制と均衡は、主に保守党政権の長期化の批判者達の間で、かつ労働党の一九九七年以後の改革の結果として最近の十年においてその課題に戻ったのである。

〔三〕法　源

英国憲法は厳密な意味では不文ではない。というのは大部な諸部分が文書化されているからである。顕著な特徴は、その諸原理が法典化されていないが分散されている（制定法・コモンロー・これらの法についての裁判官達の解釈・及び習律にわたって)。憲法についての原文や注釈はある統合をあたえるけれども。

[四] 変化する習律

英国憲法の大部分は、習律によって形成される。これらは判例や慣例から引き出し、かつそれらの効力はそれらが遵守されることに依拠し、ある習律の違反の継続はその権威を弱める。習律における変化は憲法をして適応せしめ、かつ進化することを可能にする。例えば一九世紀での首相は、上下両院のいずれかに議席をもった。一九〇二年の後半でさえソールズベリ卿(当時の首相)は貴族院の議席を有した。とはいえ今日、首相が下院議員でなければならぬことが受け入れられる。首相は直接公選議員である如く、貴族院で否定された民主政的正統性をもち、一九二〇年代からそれは首相がこの機関に属し、かつ答えることができることとして広く理解された。ヒューム卿がH・マクミランの引退に従って政権を形成するように女王によって招かれた一九六三年に、彼は自分の爵位を放棄し首相になるために庶民院で議席を求めることが必要とされた。

政治変動ないし深刻な政治的不一致時には、何が「習律的」であるのかについて不確かさがあり得る。一九七五年の労働党の首相は、ECの英国の加盟継続を決定するために国民投票を支持し、同年に内閣の連帯責任の習律を停止した。彼は欧州議会直接選挙での選挙制度の選択について七七年に再びその習律を停止した(双方の場合に、労働党が分裂した故)。後者の場合、習律の地位についての質問に対してキャラハン氏のむしろ騎士党的な対応は、それが「そうしないと私が告知する場合を除き」なおあてはまるということであった（*Hansard*, 933, 4C. 522, 16 June,1977）。彼の意見は、習律というものの意味を捉えた（その効力はそれを支持する政治家達に依拠する）。とはいえ文字通りに解すれば、こうしたアプローチは次のような立憲制観念について少しの意味も為さない（立憲制は政府の指導から独立し、かつ制限する〈それが法典化されようがされまいが〉一組の規則を伴う）。これは何が「立憲制であり」或いはないのかをそれ自体で決定する政府観念とほとんど両立できない。習律というものは何らの法的根拠ももたぬ故、「違反」に対する制裁は例えば、国会における逆な投票ないし政府の罷免のように政治的でなければならぬ。

〔五〕責任ある政府

「責任ある政府」という用語は多様な用法をなす。例えば政府は世論に応え、その任務の遂行には思慮があり、或いは国会に答えることとする（A. Birch, 1964）。この後者は、最も重要な実際の憲法上の特徴である。責任政府観念は次の二つの重要な憲法上の習律とリンクされる。即ち、第一に、自分達の省庁の行動について国会に対する大臣達の個々の責任である。第二は政策の行動についての内閣の連帯責任である。もし内閣が重要な法律について信任動議での投票によって下院の支持を失えば、それは総辞職するか或いは議会を解散するかが予期される。

〔六〕君主制

イングランドは内戦期（一六四九—六〇）を除き、一〇世紀以来君主制を採用している。君主制は主に、それがその役割を変える圧力下で黙従しているのみである。ほんの一握りの君主制が今日の世界に残っているのみである。二〇世紀において君主制は次のような結果として通常崩壊している。即ち、(1)軍事的敗北と結合された事件（例えば一九一八年のドイツ）の結果、(2)多国にわたる帝国の崩壊、再び通常、敗戦以後に（例えば一九一四年〜一八年以後のオーストリア・ハンガリーとオットマン帝国）、(3)民主制の成長に関わることへの失敗の結果として。英国君主制の生き残りに対する鍵は、その廃止要求をはねのけるのに適切な時に権力を譲歩する過去三世紀にわたるその本意であった。

英国人は英国が立憲君主制であるというとき、英国人はその君主が主に儀礼的役割（例えば海外旅行での英国を代表し、公的機会に出席するなど）を果たし、かつ政治事項については閣僚達の助言で行動することを含意する。

〔七〕　国会主権

国会主権原理は恐らく英国憲法の著しい特徴であり、政治制度をしてある観察者の目には「非立憲制的」とせしめる特徴である。主権（法形成権）は集められた君主・貴族・及びコモンズによって行使される。議会法いかなる高次な法によっても制限されず、その合憲性について他のいかなる機関も裁定できない。つまり裁判所はＥＵ法の場合とは異なり、近年の人権法をはじめとする制定法を脇に置くことができず、ただ議会制定法を解釈するのみである。国会はその後継者達を拘束してはならず、かつ立法は後の法によって無効にしてはならぬ。このことはいつもそうとは限らなかった。一八世紀半ば以前には裁判所は、もしある制定法がコモンローと衝突するとみなされるならば、その制定法を避けるように思われた。一九世紀においてのみ、国会の絶対優位が発展するのである。ダイシーによれば（1952, p.39）、「国会主権原理」は次のことのみ意味付ける。即ち、「このようにして定義付けられた国会は英国憲法下で、いかなる法もつくったり、つくらない権限をもつと。そして更にいかなる人も機関も国会立法を無効にしたり、脇に置く権限ももたないとして英国法によって承認されていると」。

成文憲法をもつ他の諸国（特に米国）は通常、政府の行動ないし立法部の行動が憲法に沿っているかどうかを決定する権限が与えられる最高裁ないしそれに相当する機関をもつ。一九九〇年のファクターテイム法律訴訟は、欧州のインパクトの重要な名残りであった。それは、共同体法と英国国会との間の衝突と関わった。欧州司法裁判所（ＥＣＪ）からの判決結果として貴族院は、ＥＣＪからの一定の判決までＥＣの漁獲割当て目的のための漁船登録に影響を与える英国法の役割を停止した。その判決は、ＥＵ法への英国法の従属を明確に例示した。明らかに英国がＥＵ構成国である限り、一政府の行動がその後継者達を拘束でき、かつ故にその意味では英国国会は主権者ではない。

国会主権に対する公式上の抑制が存在しないという事実は（欧州とスコットランドを除き）実際上、何らの制限も存在しないことを意味するものではない。そこには次のような形態における政府についての政治的抑制が存在する。即ち、自己抑制のその意味・強力な圧力団体と交渉しそれ自体のもつ平議員・下院野党の権利を尊重するその任務形態での政府に対する政治的抑制があり、かつもちろん有権者達が次期総選挙でそれを放逐するかもしれぬという恐怖も存在する。次のような国会を成功裡に挑発する諸集団の事例も存在している。即ち、例えば一九七一年の労使関係法・七二年の政府の支払政策・或いは北アイルランドでの権力共有執行部の崩壊をもたらしたアルスターでの七四年ストライキといった労働組合の妨害も存在している。しかしこれらは憲法上の抑制と均衡ではないのである。

〔八〕憲法変革への圧力

一九九七年以前に、英国憲法上の取り決めに関する（古き現状擁護については、see Norton, 1991）支持の喪失のうちのいくつかの徴候が存在した。一組の圧力は明らかに政治的であった。それらは次のようなことについて、野党の不満を含んだ。即ち、サッチャー政権の「非自由主義的」行動・比例代表制への伝統的な自由主義的要求に重点を置いた、一九八〇年代の中道政党投票の大幅な増加・及びスコットランド民族主義の発達についての不満を含んだ。政権の形成と行動についての英国の実際の多くは、政府が国会で多数を命じる単独政党の手にあることを当然とみなす。

他の諸圧力はより狭義での立憲制的であった（F. Ridley, 1988; Mount, 1992; Wright, 1994）。それらの諸圧力は特に例えば、閣僚達の連帯の習律・国民投票制についての定着した規則の欠如・市民的自由訴訟についての英国に抗する欧州人権裁判所の頻繁な判決・及びＥＵの加盟効果といった習律の弱体化と関係した。英国内法と欧州立法との間の論争についての判決において、英国内裁判所は加入条約下で、欧州立法に優先権を与えざるをえない。ＥＵ加盟の英国憲法上の効果は、多くしてなお進化しつつある。改革の課題は多様な諸提案を含む。第一に、市民達の権利を擁護する法についてである。英国は、その市民達に対する個々人の権利の憲法上の権利を与えていないし、一六八九年の権利章典は主に君主に抗する国会の権利を主張する。例えばそれは国会議員達が国会でいうことについて裁判所で訴えられることから守るし、国会の同意なくして平時に、英国における常備軍の維持を禁止すると。

伝統的にコモンローは、市民的自由のある擁護を与えている。とはいえ特にスカーマン卿（一九七四）は次の如く提案した。即ち、政府の役割について裁判所の受動的解釈と組み合わされた、より介入主義的政府は、コモンローを個人の自由のはかない擁護にせしめると。侵害への障害ゆえに、ある改革者達は、欧州人権条約の規定（その条約を英国は五三年に批准したが法律の制定とはしなかった）の公式上の組み込みについて解決しただろう。不満をもった市民や集団は英国がそれ自体の手続きをもたぬゆえ、ストラスブルグでの裁判所に頼った。一九九八年に人権法（ＨＲＡ）が制定され、かつ二〇〇〇年十月二日に実効するが、一九九九年にそれは既に新しいスコットランドとウェールズ議会では実効したのである。人権法は欧州人権条約に基礎が置かれる。国会と議会の前の法案全ては、それらが新しい人権法と矛盾しないという声明によって伴われなければならない。それ故、それは裁判官達をして大臣達の決定や立法が人権法と矛盾すると判決せしめる。

スコットランドやウェールズ地域への権限委譲についての国会の政治家達の関心は、一九七四年のスコットランド民族党への選挙支持の増加によって第一次的に促進された。労働党は（スコットランドでの主要政党として）そこで最も多く失うと考え、かつスコットランドにおいて（及びウェールズ法で概述された）権限委譲提案を急いで準備した。それらの諸提案は大抵の保守党員によって反対されたばかりでなく、いくらかの労働党平議員達によっても反対された。その反対者達はそれが実効する前に、スコットランドとウェールズでのその法に賛成投票する選挙民の四割を得るのに成功した。その諸提案は最終的に、彼らが一九七九年三月にこの二つの地域で行われた住民投票で十分な支持を得ていないゆえに成立しなかった。

一九九八年における労働党はスコットランドで比例代表制によって選出され、ウェールズ公選議会と同様に、課税権と第一次立法権をもつ、スコットランド議会を樹立する約束をなした。連邦制ないし成文憲法を持たない英国のような政治制度下の国会とスコットランド議会との間での衝突のうちで、どれくらいの事例が解決されるのかに関心が集中する。スコットランドの諸取決めについての批判者達は、非スコットランド事項について投票権をもつ下院でのスコットランドの議員達の逆説を指摘する。八〇年代と九〇年代におけるスコットランドでの保守党の弱点は、離れているイングランドによって支配されたスコットランド人達についての主張を必然的に支持しており、地域への権限委譲やその課題についての分離主義の要求を主張した。それは一九七九年以来スコットランドにおいて九八年の住民投票が正に圧倒的に勝ちを得るという意見がどれくらいスコットランドとウェールズにおいて増加しているのかの印であった（ウェールズでは僅差であるが）。

北アイルランドの地位について「英国は連合王国なのか?」節（省略）で論じられる。明らかなことは他のものへの過渡期として以外に、北アイルランドが長期政策としてロンドンからの直接支配とその英国の大政党もみなさないことである。七〇年以来、英国のどの地域もきわめて多くの異なる憲法構造には服さないでいる。英国政府はアイルランドへの組み込みをはじめとして、北アイルランドの憲法上の地位におけるいかなる変化もそれが地方の人々の多数の同意をもつ限り、受け入れることができると宣している。この鍵となる提案は今、シンフェイン党によって受け入れられる。

一九九九年までの政体機構をもつ地域自治体層の欠如と、七九年以来の地方自治体の権限における明確な縮減は、英国をして西欧における最も政治的に中央集権化された国にせしめたのである。イングランド地域への権限委譲の欠如から、その評決はなおイングランドにあてはまる。イングランド議会への権限委譲は、均衡されない制度を生み出そうが、諸地域への権限委譲はそうしたものは生み出さないだろう。

事実上、全ての民主主義諸国は抑制と均衡形態を与える二院制立法部を有する。英国において貴族院は長く次のような理由で正統性を欠いている。というのはその構成は、世襲制・政治的パトロネージ制・及びその公職的地位（例えば、司教達）による混成によって決定されているからである。一九八三年と八七年頃に労働党は、主に大多数の世襲貴族に対する異論ゆえに、貴族院を廃止することを提案した。貴族院への不満は新しくはないが、貴族院は改革者達が選択肢に合意していない故、耐えているのである。ついに九九年の労働党は、世襲貴族の可能性のある優勢な役割を除いたのである。それは、世襲貴族の一割（九二人）が移行期第二院に残り、その大部分が貴族の政党集団化によって政党ベースで選出されることに合意した。ウェイカム卿によって率いられた王立委員会は二〇〇〇年一月に報告し、かつ約五五〇名の第二院を提案した。それはその大部分が任命委員会によって諸地域を代表するように選出された残り（六五名と一九五名の間）とともに任命されよう。二〇〇〇年には貴族院は、他のものへの移行期にあり、ウェイカム委員会の勧告及び政府の決定を未決にしている。

情報の自由のための運動の如き、改革者達は市民達の情報に対する権利を長く求めている。英国政府は高度に秘密的であり、かつスコット判事が論証した如く、大臣達や公務員達は誤まりを隠蔽するためにこれを利用している。二〇〇〇年に通過するためにその立法は、なお大臣達に発信からの大きな領域を免じる権利を与え、かつ提案された「情報委員」はただ情報発信をすすめる権利をもつが、強いる権利をもたないのである。その措置は改革者達を失望させている。

最後に国民投票は「非英国的」とみなされ、かつ主権的議会と矛盾するとみなされたが、導入もされている。これまで最も強力な国民投票の要求は例えば、一九一〇～一一年における貴族院改革といった憲法改革と関連して強調されている。そうした要求は七五年のＥＣ加盟・七九年と九七年におけるウェールズとスコットランドへの権限移譲について行われる。政党指導者達は、労働党がＥＣやスコットランドへの権限委譲について分裂した如く、彼等自身のもつ政党が分裂されるとき政治的手段としてそれに通常向っている。七〇年にウィルスン首相は、ＥＣ加盟国民投票を行う諸提案に反対していたし、「私はその事について私の態度を変えるつもりはない」と付け加えた。ウィルスンの労働党内での圧力と分裂は、そのアイディアに徐々に転換させた。彼はそれが「ユニークな出来事」であると七五年に主張したけれども。平議員達によって直面させられた分裂的労働党指導部は、スコットランドとウェールズの権限委譲提案に対して七九年にレファレンダムを再度使った。九〇年代に欧州懐疑派は、英国のＥＵへの更なる統合に加わる措置を決定する国民投票を求めた。

主要政党全ては、次のように合意する。即ち、国民投票は、英国が欧州統一通貨に加入すべきであるという政府勧告に従ってなされることに。労働党もその九七年の総選挙公約において選挙改革のためのジェンキンズ委員会提案について、九七年国会の任期中に国民投票を行うことを約束した。両方ともその政権にとって困難な争点である。単一通貨は不人気であり、報道陣や保守党の多くによって反対される。少なくとも十年間、有権者の相対多数（近年では絶対多数）がそれに反対である。その政権は、それが勝利確実の場合のみこの争点について国民投票を求めるように思える。その政権と政党は国会選挙に関する比例代表制について分裂している（国民投票を行わないのに足る理由）。しかし国民投票というものは、自民党との協力の継続の代償であり得る。

一九七〇年代に論争のある段階であったものは、その憲法の一部として今堅固に樹立されている。七五年の国民投票の批判者と反対者達がそれぞれ恐れかつ望んだ如く、国民投票の使用は広範であった。これまで国民投票は、英国憲法を修正する措置に限定されている。国民投票は、憲法変革に対する国民的同意の最高の（かつ拘束力のある）テストとみなされる。その重要な問題は、その使用手続を発展させる方法にある。例えば、どんなルールが国民投票実施にそえられるべきなのか。どんな種類の争点で行われるべきなのか。最小限得票事項を記すべきなのか。どんな適格有権者資格が多数者として数えられるべきなのか。

二〇〇〇年前半までに憲法変革に対する圧力は、九七年五月でのほとんど全体的な政権変動により、印象的結果を生み出している。憲法改革者達は上院での重要な公選要素が存在するか否か、効果的な情報自由法が制定されているかどうか、国会選挙制度改革が存在するかどうかを確めることを待っている。人権法の支持者達は、それが権利文化を促進する支持的人権委員会を欠いていると不満を言っている。九七年以来既に英国憲法は、より成文的にして国会制定法的諸要素を含んでいるのである。

D・カバナはこの「英国憲法」節を次の如く結論付ける。

> 憲法改革や選挙制度改革への関心は、伝統的には「政治的に不能であるという詩」である（Mount, 1992, p.2）か、（EUからの）圧力と（主に七九年からの保守党支配の一八年下で出された政治的中道左派からの）不満の結合は、その状況を変更している。労働党（自民党によって助けられた）は、その課題を捉えており、かつてその最初の二年間に憲法改革の著しいプログラムを達成した。それは権力からのその長い排除によって部分的に影響された。それは抑制と均衡の長所と、より多元主義的秩序へとその党を育くんだ。それも次のような西欧社会民主主義政党とのそのより緊密な関係によって影響されたのである。即ち、そうした関係は比例代表制・権力の共有・地域への権限委譲・及び成文憲法をもつ政治制度で行動するのに使われたのである。諸々の改革は、新しい政治制度の創設に向かう重要なステップを示す。憲法というものはいきているものであり、それは憲法改革の支持者達によっては描かれず、かつ望まない方向で恐らく進化するであろう

[2]とカバナは予測する。

第三節　英国政府の役割

本節はカバナのその『要論』から、「政府の役割」と題している章を引き出している。我々は、それを英国政治機構についての総論部分に相当するものの一部として解釈する。我々はそうした理由で、本節を設定する。

[一] 序

政府という用語は一組の公職保持者達、執行諸機関、或いは秩序立てられたルールの体系を指すことができよう。国というものは最初の二つの意味での政府をもちうる。しかし公職保持者達ないし諸機関は権威ないし、その法に応諾をうる能力を簡明に欠くかもしれぬ。我々が英国政府を指すとき、我々は同様に異なったイメージを念頭に置くかもしれぬ。我々は例えば、トニー・ブレアの労働党政府（政権）について語る日常の言葉は、我々が首相・内閣・及び支配する政党を指す。しかし我々は、より耐久性のある一組の諸制度（国会・内閣・国家上級公務員制・及び君主）も指すことができる。英国政府が置かれるところを探究する外国人はウェストミンスター・ダウニング街・ホワイトホール・或いはバッキンガム宮殿を選択するかもしれぬ。本節は政府を取り巻く数多くの諸争点を探究する。本節は第一に中央政府の諸省庁を、次に政府の諸任務がどのように漸進的に二〇世紀において増加（特に経済や福祉に関して）しているかを、かつどのように公的歳出が増大しているのかを、そして双方の傾向を覆す試みを調べる。最後に、それは政府の適切な役割についての政治的議論を考察し、かつその批判が新右翼によって提起される。

[二] 諸省庁

二〇世紀における政府活動の成長と、調整の必要は中央行政組織にとって重大な結果をもたらしている。

一九一四年以前に大抵の政府の諸省庁は、規模の点では小さく、かつ彼等の仕事は多くの調整をする必要がないほどの状況に置かれていた。即ち、調整が存在したとき、内閣・帝国防衛委員会・及び大蔵省がそれをまかなった。大蔵省の役割は、大蔵省の常勤大臣を国家公務員制の長にせしめる一九一九年における決定によって高められた（八二年以来内閣相がこのポストを占めている）。新しい省庁は新しい行政事務〈例えば国家遺産管理・運輸省〉を提供するべく創設されている。諸機能の増加や専門化は、より多くの省庁の創設圧力を加えている。利益集団は、自分達の関心を扱うのに設立すべく省庁に迫るのに騒々しい。

しかしこの専門化圧力は、調整の必要によって一部には補われている。いくつかの諸省庁の作業負荷や異質性の増大は、数多くの大臣達をもつ彼らの大部分を導いている。その省庁を導く大臣の簡明な構造は、一省庁における大臣達（例えば外務省における外相と三人の閣外相達）との間で、或いは環境相と、運輸・地方自治・諸地域・及び環境を含む四人の閣外相との間の責任の分割に道を開いている。最終的な結果は、その省の階序制もより複雑になっており、かつ政府は大規模になっているというものである。一九〇〇年には大抵の省庁の大臣達は閣議に出席することを期待しえようし、近年大臣達の半分足らずはいかなるときにも内閣にとどまっている。

政権にある双方の政党はともに、中央政府からのより満足のいくパフォーマンスを求める諸省庁を下手にいじくり回している。一九七〇年白書の『政府機構』（*The Machinery of Government*）は、諸機能のラインに沿ってより大きな、或いは「超大な」諸省庁の創設を擁護したのである。主張されたように、こうした諸省庁は一省庁内の関連諸政策のより多くの統合と調整を達成する機会を提供するであろうし、閣僚達を刺激して選択肢的枠組みの費用と利益を重視させ、管理規模の経済を遂行させ、かつ「あまりにも省庁化されすぎる」ようになるのをその大臣をして阻止させるだろう。ありうる不利は、いくつかの政策の不一致が一省庁に限定されるよりもむしろ内閣においてよりよく論じられるかもしれぬし、調停の負担が「超大」大臣にはあまりにも大き過ぎることを証明しうることである。

一九六〇年と一九七九年との間に、三一の省庁が廃止され、かつ二七の新しい省庁が創設されたのである。一九七〇年代前半までに五つの超大省庁が登場していた。即ち、外務及び英連邦省（一九六八年）・保健及び社会保障省（一九六八年）・環境省（一九七〇年）・貿易産業省（一九二〇年）・及び防衛省（一九六四年）がそれである。それらは、一九五二年に存在していた一九の省庁を併合した。サッチャー女史は省庁の再組織化には特に関心をもたなかった。一九八八年には彼女は、保健省と社会保障省の別々の省へと保健・社会保障省を分割したけれども。理論上、もし政府が廃止する気であれば、担当諸省庁は閉鎖できる。ジョン・メイジャーは九二年に新政権を形成するや否や、九二年にエネルギーに関する別々の省庁を廃止し、かつ三年後に雇用省を廃止した。最近の傾向は独立行政法人と「執行諸機関」をつくっている。これは「新しいイギリス国家」（Dynes and Walker, 1995）に達し得るか、或いは達しえないかのいずれかであるが、五〇〇〇以上のこうした諸機関が存在し、かつそれらは毎年四六〇億ポンドほど費消している。

〔三〕 政府の成長

一九一四年以前に、大抵の一般市民達は中央政府についてはほとんど意識せずに自分達の生活を過し得たであろう。ただ国民のうちの小さな割合のみ所得税を支払っただけであり、その所得と支出の均衡を図ることを越えて国家経済を規制する政府にはほとんど支持が存在しなかった（夜警国家の役割と呼んだものである）。公共部門における大抵の被用者達は兵士・船員・徴税官・郵便労働者であった。国家の主要な諸活動は、防衛・警察・及び法と秩序・外交・並びに財政の基本領域において存在した。保健及び産業についてある程度の規制は存在したけれども。実のところ、これらの諸機能をなお扱うのは英国政府の最古な諸省庁（内務・外務・及び大蔵）である。これらの法と秩序を維持し、かつ通貨を統制する「第一次的」任務（政府によって想定された最初期のものであるという意味で）が政府の本質的な諸機能のままにあると論じるものもいようし、もし政府がそれらをコントロールしないならば、それは効果的な政府であることをやめるだろう。同じ主張は保健・教育・年金（例えば市場によって供し得る）についてはなし得ない（Rose, 1976）。

その時以来、かつ特に一九四五年以来、国家の諸任務の主要な拡大は、保健・教育・及び福祉（この最後の範疇〈福祉〉へと移行する歳出の大部分によって）のような社会福祉事業の提供にある。一九九九年、その三領域は歳出の六割を明らかにした。諸政府は社会的行為について多くの徹底した規則（法と規則形態で）をつくる。諸政府は支払・事業及び資本を移転する形態で、財や利潤を配分し、かつ所得に関する直接税及び取得された財に対する間接税形態で歳入を引き上げる。徐々に、選挙運動の実体とその選挙宣言における政党の公約は、その課題でこの変化（貧困を減少させ、経済成長を促進し、雇用を増大し、生活の質を改善し、かつ市場の失敗を矯正するために介入すること）に反映する。

一九四五年以後の最初の三〇年間、大抵の他の西洋諸国の諸政府の如く、英国政府は混合経済と福祉国家を促進するように目論まれた一組の諸要素を統括した。これらは政府と市民との間、及び政府と私的部門と

の間の関係を変えた。このコンセンサスにおける諸政策の一括は十分なじみであり、かつ次の五つを含む。即ち、

(1)完全雇用予算。(2)労働組合のより大なる受容やその調停である（労働組合の交渉的立場は、より多くの組合員や完全雇用を通じて高められた）。(3)基本的な行政事務ないし公共企業体の公的所有。(4)社会福祉（特に、教育・保健・住宅・及び社会保障）の国家による提供。それと引き換えに、これらのプログラムは公的歳出と課税の高水準を必要とした。(5)大規模な公共部門と市場への減少された役割を通じてのある種の経済計画。

これらの諸政策は、現代資本主義ないし社会民主主義として手短かに記されるときもある。それらの諸政策の多くは、既に戦時中に適切であった。実のところ戦争経験は、どのように諸事件が政策形成の期待（特に政治的にして行政的に可能な事についての彼等の知覚）を変更できるかという方法のよき事例であった。ミドルマス（1979, p.272）は「遅いけれども不可避的に国家は、政党よりも膨大にしてより有益であるものとみなされるようになった」と記す。それらの諸政策の目立ったテーマは次のようであった。即ち、

〔1〕政府の積極的な役割。経済学についてはJ・M・ケインズ、福祉についてはW・ビバリッジが積極的政府についての最も重要な正当化を提供した。政府は雇用者・徴税者・及び利益の配分者としてより大きな役割（有権者達に人気があるように思えること）を果たした。自由市場よりもむしろ政治の舞台を通じて諸争点を処理することは、少なくとも一九五〇年代と六〇年代においてより大なる社会的平穏を生み出すように思えた。

〔2〕福祉国家の提供。戦争中に、市民権が一連の社会的権利を含む、法的・政治的権利の達成を越えて進む必要があるという主張のより大きな受容が存在した。福祉国家はまもなくそれ自体のもつイデオロギー的生命を得たし、公正・共通の社会・及び集団主義といった諸観念を組み込んだ（Timmins, 1995）。

〔3〕経済成長の追求（福祉を提供し、かつ労働者達の手取り給与を擁護する経済成長の追求）。選挙期間中、諸政党は経済成長率を改善し、かくすることにより公共サービスを改善する彼等の能力に関して相争う主張を行なった。

〔4〕雇用に関する有名な一九四四年白書で認められた、経済政策目標としての完全雇用についての政府の意識的追求。戦間中での大量失業は自由市場（或いは自由主義経済）の諸観念（ケインズ経済学を通じて完全雇用の達成が集団主義的状態を強めた）の信用を貶めた。

〔5〕これらの諸目標が達成できるという楽観主義と、社会状態を改善するための関連する知識が利用できるという信念。結局のところ完全雇用政策は機能していたし、故になぜ教育・住宅・及び地域諸政策も成功しなかったのか。

歳入の徴収者にして配分者として、かつ社会の支配人としての政府の役割は、時が経つにつれて増大した。経済運営における戦時のケインズ革命の教訓は、経済における集合的需要を規制することによって政府が戦間期の大量失業を終結させえよう。諸政府は、彼らの財政政策と通貨政策を通じて経済活動の集合レベルを試み、かつ影響を与えることが期待された。投資・職業訓練・労資関係・関税・賃金・及び価格は、私的部門に主要な影響を与える。

西洋諸国において政府の範囲拡大についてのいくつかの指標がある。即ち、中央政府及び地方自治体の被用者達の総数・GDPのシェアとしての歳出と課税・諸税によって徴収された総額・或いは法と規則の蓄積数である。一九九八年と九九年には、政府の総歳出はこの国のGDPの各々四割に達した。人口の三割程度は、彼らの第一次所得を年金・失業或いは疾病利得などの受取人として政府から引き出す。家計の七割以上は少なくとも政府のプログラムの一受益者を含み、人材の約三割は中央政府ないし地方自治体ないし公共企業体によって雇用される。公的雇用の主要な諸範疇は公務員制・国民保健局（NHS）・及び地方自治体である。戦後期において教育及び保健局に雇われた数は、急激に増大している。防衛・国営企業・及び公共輸送における被用者数は低下している。最後に、三〇〇〇ほどの法律が存在し、かつ政府は毎年それらを加える（Rose and Davies, 1995）。

〔四〕政府についての議論

少なくとも二〇世紀の間に政治家と解説者は、政府の望ましい規模と範囲について一致してはいない。つまりそれらの事柄は以下のような形をとる。即ち、政府はどんな仕事を想定し、かつ何が市場や個人及び家族に委ねられるべきなのか。国家が想定する責任には制限が存在するのか、或いは国の富のシェアをそれはコントロールすべきなのか。何が国家にとっての長く拡大しつつある役割の自由と民主主義にとっての結果なのであろうか。この議論は自由党と保守党との間で一九一四年以前にあらわれつつあったが、労働党の勃興とともに、公益事業の国家所有への関わり、及び経済運営と福祉の提供における高められた政府の役割とともに尖鋭になった。政府がこれらの諸領域において重要な役割をもつと信じてもいるのは保守党であった。

戦後期の多くの間、政府の役割はプラグマティックな根拠によって決定された。しかし近年、その議論が盛んになっている。擁護者も批判者も何が望ましいのかについての価値判断を提供する。より介入主義的な唱導者達は次のように論じた。即ち、機能的にはより効果的である、つまりそれは諸問題を解決し、人々の要求に応え、かつ異なった諸政策を調整することがより可能であると。彼等は次のようにも主張する。即ち、自由市場の結果と比較すれば、政府による決定は政府が政治的に選挙民に責任を負う故に、よりオープンにかつ目的的に為されるように思えると。彼等は次のようにも主張できる。即ち、調整と計画を必要とするいくつかの諸問題は集団的に最もよく扱われるし、社会正義と共通な衡平のために、福祉利益・学校終了年齢及び道路の安全などのための統一ルールと教育、保健などの共通政策が存在すべきであるとも主張することができる。特に政府介入は市場の失敗（例えば貧困・ホームレス問題、或いは大規模な失業）の知覚によって正当化されている。

大抵の私的組織とは対照的に、政府は公共財（例えば市民全てに関わる財）を供給し、かつ全体としての社会のための諸決定を為すのに第一次的に関心がもたれる。例えば、外交政策・作業中の安全基準・警備・及び国防は政府によってほとんどいつもコントロールされ、市民達は課税を通じてこれらのサービスに資金を調達するのに役立つ。これが為されないならば、ある人々は経済学者達が「ただ乗り」と呼ぶもの（即ち自分達自身は貢献しないが、それにも関わらず彼らは他のものによって資金を調達された施設を享受し続ける）と気にさせられよう。伝統的に教育と保健の提供・及び病気・失業・並びに老齢期中の生活水準の低下に対する擁護は、慈善ないし恐らく私的イニシアティヴに委ねられた。二〇世紀にのみ英国政府は私的部門に委ねられた小さな領域とともに、これらの諸領域において主要な役割を果たすようになっている。

政府活動に関する批判者達は政治的権利の上に通常基いている（政治的中心にある成員達の間にもあるけれども）。「新右翼」の諸観念の多くは、米国から主に移入されたし、それらの影響力はレーガン大統領期（八〇～八八年）にみられた。英米両国で批判者達は次のように不満を言っている。即ち、政府はそれが市場の商業的規律に服さぬ故、貨幣・人材・及びサービスの使用で非効率にして浪費的であると。米国では六〇年代におけるジョンスン大統領の「偉大な社会」計画における如く、より積極的な連邦政府計画の結果に対する幻滅があった。彼等も次のように不満を言う。即ち、政治家達は法案を通過させ、かつ諸計画のための資金に賛成投票するけれども、多くの社会問題を解決するための適切な情報と技術はしばしば利用できていないと。いくつかの諸領域において、こうした問題解決的知識は利用可能であり、その政治手段は多くの人々に「受容可能」としてか、或いは他の望ましい諸目的と矛盾するとしてみなされるかもしれない。

また次の如く主張する人もいる。即ち、もし国家が「あまりにも多く」貨幣を支出し過ぎたり（つまりGDPの四割以上）、或いはあまりにも多くの諸領域において規制したり、かつ立法したりする場合に自由に対するリスクがあると。国家が多く支出しかつ課税をすればするほどますます、市民達が手取り給料を有する裁量的収入は少なくなる（或いは税と国民保険の控除後に残るものは少なくなる）。政府のルールは強制の要素を含み、或いは少なくとも市民の選択の程度に対する制限を含む。例えば、所得政策は労働組合と雇用者との間の自由な集合的交渉に制約を置き、かつ学校カリキュラムへの統一的な国の政策をなす中央政府の関心は、地方の教育当局や学校の自治と衝突を起こす。

政府の望ましい役割と規模についての不一致はまた、民主主義についての異なった概念と関係付けられる。制限的政府の提唱者達は、多元主義の重要性・諸機関と諸個人及び秩序を維持するのに両立し得るような制約からの自由なものをもつ諸集団との間の抑制と均衡を強調する。

最後に、政府が諸争点を決定しようとすればするほどますます、生活領域は「政治化」されるようになるとみなされる。それらは、政党間における不一致の主題になるように政府（政権）変動が存在する度毎に、政策における極端な断絶が存在するかもしれぬ。政府の任務の拡張も憲法上の局面をもつ。もし政府はそれが実行できぬことを証明する任務を想定するならば、その結果的失望は問題にされる政府の権威に影響しよう。J・A・シュンペーター（一九四二）は自由民主主義に好ましい諸条件を考察する際に、彼が政府の決定の効果的な規模が制限されるべきと結論付けるとき、このことを念頭に置いたのである。市場の失敗の主張に対する解答は今、政府の失敗であった。その介入は政府が責務や国民の期待によって「過剰負担」にされ、かつその結果として弱められた如く、経済を実際に損なっている（King, 1975; Rose, 1980b）。その結果はインフレ率・制しきれぬ歳出・及び公的部門のストライキといったものの高まりに見られた。その答は、政府がそれがその核心的責務（防衛・法と秩序・及び安定的価格）になすものに限定すべきであるということであった。

極端にされるならば、制限的政府の提唱者達は、自由放任社会のようなものに戻ってしまおう（大きな政府の提唱者達は自分達の枠組みの実現が国家によって是認されず、或いは方向づけられない諸活動には公式的規模も認めていないことに気付き得るけれども）。とはいえ、いずれかの極端な唱導者達は少ない。市民達・諸集団・及び政府との間の権利と義務の均衡を調整する多くの問題がある。もちろん実のところ、一九世紀での多くの自由放任唱導者達は次のような諸根拠で制限的政府の役割を正当化した。即ち、それは望ましい社会目的を促進すると。彼らは時折の介入を為し、かつ一般ルールを維持する政府の必要性を否定しなかった。

一九四五年と七〇年代半ばに支配的であったケインズ主義的にして社会民主主義的諸観念は、七〇年代と八〇年代において挑戦をうけるに至った。労働党内においてそれらは、左翼（より多くの国家統制と、市場の規制を要求した）によって挑戦されたし、保守党内で「新右翼」と大まかに呼ばれるものの諸観念によって挑戦された。この時に経済的遂行と政治制度の双方に示される「衰退」のテーゼがきいてきた。ヒース政権が七四年に炭鉱ストライキによって止められたとき、七九年に労働党政権がストライキによって止められたとき、そして国際通貨基金（ＩＭＦ）が七六年にその経済救済に役立てることを求められたとき、その批判者達は多くの資料を手にした。七〇年代に国際的経済成長のスローダウンと、その一〇年間の生活水準が少ししか改善しないことは大きな政府計画に資金を調達することに対する納税者の抵抗を増大させた（Rose and Peters, 1978）。

左翼陣営では、マルクス主義経済学者であるＪ・オコーナー（一九七三）は次のように警告した。即ち、国家歳出の諸要求は利用可能な税収や借金を上回ると。諸々の会社は利潤の危機に直面したし、投資したり、諸利益を守る政府の能力は圧力をうけた。これは「資本主義の危機」理論であった。サッチャーは次の如く不満を言った。即ち、国家は税と歳出の高水準によって個人の選択の余地を制限しつつあり、かつ会社や産業を運営し、かつ援助することによって効率と競争を損なっていると。そこには「社会民主主義」の危機があった。サッチャーの政策目標は、所得税と歳出の低率を含んだ。それは経済と社会サービスにおける中央政府のより小さな役割であり、自由企業と市場経済の復活であった。しかしこれらの諸目標は、政府介入（特に教育・地方自治・労資関係・及び公務員制における）を要求した。

サッチャーが九〇年に政権を離脱するまでの記録は混合している。ＧＮＰの割合としての課税は七九年と比較して増加したし、八八年になって初めて歳出は七九年レベルの下のＧＮＰ比率としてのそれであった。とはいえ、双方における成長率はスローダウンした。

労働党は、伝統的に政府を家族の潜在的擁護者とみなしているし、福祉サービスを通して弱者の擁護者とみなしているし、公共サービスと政府歳出を通じて職の創出者にして擁護者とみなした。一九一八年の公的所有への労働党の関わりは、政治的議論の中心に国の役割を置いた。それはケインズ経済学によって補強され、混合経済の戦後期における受容によって表現された。サッチャー政権下で明らかに反対の一組の価値が表出された。サッチャープロジェクトの成功（Gamble, 1994）は、労働党の変化した政策にみられる。トニー・ブレア労働党政権下で、その政党は国家の制限的役割・市場の地位・及び私的所有をよりオープンに受け入れたし、古い党綱領第四条を放棄した。経済における政府の役割（八〇年代でのにがい論争の的）は、主要政党のリーダーシップ間で現在、主に一致される。

一九九〇年代前半以来、新右翼は次の如く提案しようと決然と試みている。即ち、地方自治体も中央政府もともに実業のようであるべきであり、公務員は企業家の如く市場競争を行うサービスの供給者と自らをみなすべきであると。多くのサービスや公共事業はひとたび政府によってのみ或いは主に供されると、独立行政法人へと契約され、或いは民営化されている。市場ないし市場メカニズムの役割は保健や教育、及び公務員制といったサービスにおいて増大されており、かつ公共部門の多くは七九年の実際よりも商業的に考えられ、かつ断片化されている。とはいえそれは、政府を犠牲にして成長される市場であるばかりでないのである。EUのより大きな影響力は、中央政府の裁量も制約している。これらの傾向はロッド・ローズが「国家からえぐり出される」と称し、或いはD・マーカントが「戦後英国の下方軌道」（一九九九）と呼ぶもの（1995, p.5）に達する。

D・カバナはこの節を次のような「結論」項目を設定して結ぶ。

政府のより緩やかな役割は、民主主義の説明責任についての問題を惹起する。それは、公選の庶民院に対する閣僚責任の習律メカニズムであるのか。特にそのメカニズムは市場を通じてか、独立行政法人によってか、或いはブリュッセルにおいてかのいずれかで他のところで主になされる責任ある決定を為すためにどのように有効なのか。労働党の大臣達は次のような新右翼の主張を受け入れるように思える。即ち、説明責任は公共サービスの供給者達間の競争を通じて消費者に対して、民営化された公企業体のための規制機関に、かつ公的資金を費やす諸機関の独立会計局に対してなされると。それらの発展（政府から分かれ、かつ国家から離れる市場や諸独立行政法人の方へ）への一貫したテーマが存在するけれども、それらは臨時的に起こっている（政府が遂行すべきどんな仕事なのか、それがどのように流れるべきなのかについてのいかなる真剣な議論もなしに）し、それらが起こる憲法上の争点について起こっている。とはいえ、世論はそれ程明確ではない。諸々の研究は次のように示唆する。即ち、より多くの有権者達は減税や計画の縮少よりも例えば保健・教育・及び福祉のようなサービスについてのより大きな歳出をまかなう増税を好むと。福祉の提供における国家の役割は支配的なままであり、保守党支配のおよそ二〇年間以後でさえ、学校児童の一割以下は私的な保健制度の中にある。保健と教育は、圧倒的に税による融資関連サービスの状態のままに残る。大抵の有権者達が多くの争点や政府目標に関して合意しているという調査も示している。福祉サービスの国家供給と同様に、混合経済への広範な支持（政府コントロールに服する私企業）がある。国家と政府の役割は保守党右派の消極的用語にも、労働党左翼の積極的用語にもよくはみなされていない(3)とカバナは皮肉る。

第四節　英国の内閣と首相

我々は以下の諸節を、従来の広義での政府が担う執行・立法・司法機能を中心にその『要論』に沿いつつ、英国の政治機構本体として整理する。我々はそれらを英国政治機構論の各論の側面であるとみなしたい。その意味から、本節は執行・政治機構のトップレベルに関する部分である。

〔一〕序論

英国の政治機構がしばしば「議院内閣制」と称されるけれども、その内閣は実のところその政府の委員会である。内閣と政府の密接な結合は、少なくとも前世紀とその三分の一の間、国会における君主の主権は、内閣にある。英国の執行部への委任は政府の省庁・上級公務員制・首相と内閣・首相の個別的公職・或いは大臣達を含むことができる。本節は今日の内閣の政治的憲法的役割を論じ、かつそれと委員会制がどのように作用するのかの仕方について論及する。そのことも理論的・実際的権限・及び首相に対する諸制限を考察する。

〔二〕内閣の役割

内閣が集団機関であり、かつ閣僚の大部分が省庁担当大臣であるという事実は、それに二つの焦点を与える。内閣とその閣僚達は、政治的・執行的諸機能を融合する（Hennessy 1986; James, 1997）。政治的役割と執行的役割のその結合は、次のような見出しの下で考察できる。

(1)最も重要な政治的諸決定がなされ、或いはその諸決定が報告されるのはこの内閣という機関である。

これは、戦争を開始し、教育ないし他の事項についての政策方針を是認し、かつ歳出のための全体的形式を固める決定にあてはまる。いくつかの諸決定（例えば、米国大統領が二院制議会の共同開催と取り組むべきか否かといったもの）は、些細なように思えるかもしれぬが、それらの諸決定はそれらの潜在的政治的過敏性ゆえに内閣レベルで考察されよう。サッチャーとJ・メイジャー下の内閣に仕えたウェイカム卿によれば、内閣は「決定受任機関よりもむしろ報告及び検討機関」（九四年）であるという。

(2)内閣は国会の仕事を計画する。そして内閣は、国会内に置かれる立法の詳細と時機を是認する。

こうした計画は、野党の日時を提案し、かつ不信任動議を提出する権利に服し、かつ個別の議員達の権利に服する。内閣閣僚の大部分は庶民院に議席を有し、かつ閣僚達は主要法案を準備しその課題を立て、その立法を通過せしめる意見や投票を組織することによって国会の任務の多くを決定する。

(3)内閣は例えば、二者間の交渉ないし内閣委員会で解決できない不一致ゆえに省庁間での政策上の相違の調停者でありうる。閣僚達は、全体としての政権の責任に影響を与える過敏な諸決定の一当事者であることも期待されよう。

(4)内閣は、政府の諸政策の一般的監視や調整を与える機関である。それは、この最後の役割が十分には遂行されないとしばしば論じられる。というのは主に、官庁の仕事の圧力は内閣の閣僚達が他の省庁の諸政策や戦略全体を考慮することを阻むからである。最近の制度上の変化のうちのいくつかは、この弱点の承認とそれを矯正する試みである。

大抵の閣僚達は、主要省庁を率い、その省庁益を自分達が内閣で代表する。彼等は内閣の帽子と同様、省庁の帽子も着用する。首相或いは議院の指導者や、もしくは審議会議長といった非省庁の大臣達のようないくらかの大臣達は、諸省庁をこえる見解をもつ機会を有する。彼等自身の責任ないし多くの省庁間の諸委員会の彼らのメンバーシップは、彼等に他の接触をもたらす。しかし逆の圧力が多くの他の閣僚達に加わる。その公務員達をもつ典型的な閣僚・圧力団体の選挙区・専門的メディアのリポーター達・及び平議員達の関連委員会の評判は、しばしばその予算増加に向ける彼の特定省庁のためになる仕事を彼が為すことに依拠しよう。

その内閣の政治的権威は、庶民院議員の多数の支持をもつことから引き出す。それは庶民院から独立してはいないが、執行部と立法部の融合（権力分立が連邦議会議員を予め除く閣僚を含む、米国とは対照的である）を示す。単独政党多数派政権の発達は、内閣を抑制する一機関としての庶民院の能力を弱めている。同じ政党のメンバーシップも、閣僚を統一するのに役立ち、彼等の短期間の生き残りはその政党の生き残りと結び合わされる。公選の政治家として彼等は、庶民院・政党・及び選挙民に対するの政策の影響について政策評価をなすのに十分に資格要件が与えられる。戦後、一握りの閣僚達は庶民院で卓越した経験をもっておらず、かつ労働組合の指導者であるアーネスト・ビバンとは別に、閣僚達はそれほど成功してはいない。対照的に米国大統領は、他の政党ないし何らそうしたものに属さぬ閣僚を任命できる。大統領は選挙には一度も立候補せず、かつ彼にはほとんど知られていない人々を選ぶことができる。米国の内閣は、その任期の終了時までに大統領に責任を負うのであって、連邦議会に責任を負うものではないのである。

〔三〕内閣の規模

政府（政権）規模は二〇世紀中には二倍になっている。政府任命数は閣外相と国会の私的秘書の地位の大部分の増大とともに、一九一四年の五〇以下から一〇〇以上へと増加している。一九一四年以前には、一省庁を担当する多くの大臣が内閣の閣僚となることが想定できよう。省庁や大臣数の増加は今、首相がいずれの大臣も閣内相と閣外相との間には階序制的区別を導入する、内閣の成員となるか否かを決定しなければならないことを意味する。首相による大臣達の選択は主要な省庁・上級の人物・及びその政党における多様な視点をもつ代表者達を十分に受け入れるに足る内閣と、ビジネスライクの議論を認め、かつ決定を引き受けるに足る程のなお小規模内閣をもつことの均衡を図らなければならない。ウェールズ・スコットランド及びアイルランドの諸民族地域と同様、教育や保健へのロビーのような主要な圧力団体も、「自分達の」大臣達が内閣の中にあることを期待する。前者における場合は地域への権限委譲に続いて弱められている。実のところ代表機関としての内閣の役割は一部には、主要な諸利益に反映するそのメンバーシップに依拠する。

［四］内閣の活動

通常の状況では内閣は、国会開催中には各木曜日に約二時間の会合を行なう（それは差し迫った諸争点を扱うのにいつでも招集可能であるが）。ブレア政権下ではそれは約一時間行なう。内閣の手続きはビジネスライクにして形式的でさえある。その課題と文書は会合に先立って予め回されるし、その詳細は保たれる。意見は首相に向けられ、かつ閣僚達は最近まで自分達のタイトルに示されている。ブレアはクリスチャン名を使用することを導入した。閣僚達の座席は階序制的に首相のすぐ右には内閣相、及び首相の左ないしテーブルを超えて座っているのは上級閣僚が配される。閣僚達は内閣の審議の真剣な雰囲気に敬意をしばしば払っている。首相が命じる会合を求めるまでその雰囲気は、閣僚達がゴシップを言い、かつクリスチャン名を使う如く、通常非公式的であるが、その会合がはじまると、「直ちにその雰囲気は変化する。もはや一組の個々人ではなく、国家の集団的主権機関である」（Gordon Walker, 1970, p.60）。議長の介入を治める非公式的な規則が存在する（討論中の事項における省庁の利害をもつ上級閣僚ないし閣僚達に与えられた前例とともに）。投票はまれである。投票は内閣の分裂を告げ、個々の閣僚達の感情の政治的重みと強みを示すのに失敗し、かつ「会合の意味」を公式化する首相の能力を制約する。投票（特にそれが派閥的方式に沿っている場合には）もその内閣の集団的感覚を弱めるだろう。

内閣の手続きは秘密にするとみなされ、全閣僚は秘密にするという枢密院議長の宣誓をなし、かつ公務員秘密法に署名する。

集団的連帯責任習律下では、閣僚達は公式上、内閣の諸決定を支えざるをえない。その習律は特定の諸機会で緩められるけれども、それはある閣僚が内閣の決定を公に支持し得なければ、彼が失脚させられる傾向があるか、或いは辞任すると予想される事実が残る。

集団責任の理論は時には労働党閣僚達に特別な緊張を与えた。もし彼らが党全国執行委員会（NEC）の成員でもあるならば、彼等はその会議の政策が労働党政権の政策から分岐するとき忠誠を果たさないかもしれぬ。六九年にキャラハン氏（当時は内相にしてNECの成員であった）は労働組合改革のため、彼の政権の政策に反対したが、斥けられなかった。しかし七四年にはT・ベン（閣僚であった）はNECにも属する他の閣僚達が政権の政策と衝突する決定を支持した時、ウィルスン氏は集団責任原理があらゆる状況で無視しつつあると主張した。実際上、閣僚達の反対する諸見解はマスメディアの「漏洩」を通じて知らされるようになり、演説は友人によって、或いは彼ら自身のもつ「コード化」されたスピーチや意見によって知られるようになる。サッチャー夫人の最初の政権（七九〜八三）において「弱気な」閣僚達が経済政策について悲惨であることが知られたし、J・メイジャーは九四年一月に守られていない時期に「庶子」として不実な閣僚達について語った。以前の閣僚達や以前の首相達も、自分達の回顧録で内閣の秘密習律を勝手に破っている。

[五] 内閣の諸委員会

内閣委員会制は第二次大戦中に発展し、かつ四五年の労働党政権下で重要な状態のまま残った。その内閣の諸委員会は内閣（及び時には閣外相）の大臣から構成される（通常その争点に関心をもつ諸省庁からの大臣達からなり、かつ上級閣僚によって司どられる）。最も重要な諸委員会は、首相ないし別の上級閣僚によって司どられよう。九二年までに諸委員会の詳細は公けにされなかった（諸成員が自分達の仕事について内閣に責任を負うのであって、国会に責任を負うものではなく、内閣全体のように集団責任理論によって結びつけられる）。J・メイジャーは公開的政権の精神から、委任とメンバーシップについての諸委員会の規則を刊行することを九二年五月に決定した。

委員会制の増加についての諸理由を、見出すことは困難ではない。もし内閣がそのビジネスの大部分を委任しなかったならば、それはすぐに過剰負担となろうし、主要な諸争点を考察する時などほとんどなかろう。諸委員会は既に原理的に一致している政策の詳細を円滑にするのに役立つし、異なった不一致の仕事を調整し、かつときには分裂した内閣から争点を取り出す。

[六] 内閣府

一九一六年以前には内閣閣僚会合についての何ら詳細も、かつ諸決定についての何らの記録も残されててはいなかった。ある内閣の事務局ないし事務部はロイド・ジョージの指示によって一六年に設立された。たんに戦争圧力と対峙するためばかりでなく、ビジネスの効果的委任を助けるためにも。はじめに、内閣府ないし内閣事務局はロイド・ジョージのほとんど大統領的指導スタイルと同一視されるようになったし、二二年の首相官邸からの彼の退任後にその辞職への強い圧力があった。それは現在でも生き残っており、かつ政府機構の必須な一部になっている。内閣の仕事とその委員会の仕事が増大しているように、その内閣府のスタッフや権限も増大している。内閣とその諸委員会に関するその仕事は本質的には三つある。即ち、＜1＞内閣とその諸委員会の課題を準備すること、＜2＞諸手続きと諸決定を記録すること、及び＜3＞その諸決定をフォローアップし、かつ調整すること。それは、予め諸省庁に関連する文書を回覧することによって＜1＞のことをなす。＜2＞は内閣府相や他のスタッフによってなされる。その詳細な内閣における議論を報告しないが、首相の要約に基いた諸決定を記録する。内閣府は諸決定について諸省庁に伝えることによって、かつ適切な活動が関連省庁になされることを抑制することによって調整する。各内閣委員会は、同様にサービスを遂行し、かつそれ自体のもつ事務局・課題・及び詳細を有する。

内閣府の仕事は海外並びに防衛・欧州・及び経済と国内問題について多種多様な事務局でなされる。ブレア下では憲法問題事務局と中央特別事務局が加えられる。

[七] 首相補佐制度

首相は担当する省庁に所属する必要はなく、この自由は彼により広範な見解を採用する機会を与える。とはいえその自由は、もし彼が何が起こっているか知る情報をもつ場合にのみ有効であるだけである。首相官邸は、大統領官邸と比較される事務局も、権力のある場所ももたない。

首相は、自分の主要な私的秘書と四人の補佐的私設秘書によって率いられる個人的事務局をもつ。各補佐的私設秘書は、異なった領域に責任を負う（即ち、内務問題・外務問題・経済問題・及び国会事項といった領域で）。首相事務局は首相に、国会の仕事や国会の質問についての準備・通信を与えるのを助け、かつ他の諸省庁の仕事について彼に要点を知らせる。そこには、首相官邸の仕事についてメディアに要点を伝える報道局、及び政党事項を扱う政治局がある。

一九七四年にウイルスン首相は自らに役立てる政策委員会を設立し、これは彼の継承者達によって継承されてきている。その成員達は政治的被任命者達であり、彼等は首相を演説執筆・政党の連絡・政策助言・及び他の省庁からの諸提案によって助ける。彼等は自由に大部分の内閣文書を読み、省庁の垣根を越える諸争点を調査する（特に短期的・中期的政治的重要性をもつ諸争点）。彼等は特に、政党や事件・傾向・及び政策の政治的結果を調べることに関わる。首相官邸におけるそのスタッフの支持は、首相が行政部の指導者であると同様に政治指導者である名残りである。その二つの役割は容易に分けられないが、政治的役割が公式的に承認されているのは比較的、最近においてのみなのである（Kavanagh and Seldon, 1999）。

一九八二年までサッチャー夫人はこれらの省庁の政策の独立的評価を与えるため、外交事項・防衛及び経済政策についての個人的な政治顧問達を任命している。

〔八〕首相の権力

首相の役割についてはいかなる憲法上の定義も存在せず、首相の任務についてのいかなる法規的声明も存在しない。実のところ、首相の事務局への最初の法規的言及は、一九三七年あたりで比較的最近のことであった。その仕事の多くは実のところ、その首相たる人物が為すことに決めることである。ひとたび状況やパーソナリティの多様性が容認されると、その首相職について一般化することは困難である。パーソナリティのみでは九七年以来のブレアの支配やJ・メイジャーの九二年以後の弱点を説明するものではない。ブレアは一七九議席もの多数によって支えられ、国民による高い人気を記録し、記憶上もっとも統一され、かつ派閥から自由な労働党によって支えられ、かつ語るに足る反対はほとんどないのである。メイジャーはこれらの利点のどれももたなかった。

我々は、首相達を「強い」か或いは「弱い」、成功か或いは失敗としてしばしば分類する。強力な指導者達はきわめてしばしば目立って降下するのは興味深い。保守党が一九二二年にロイド・ジョージの連立から撤退したとき、彼は直ぐに辞任し、かつ決して本来の勢力を再びをうることはなかった。M・サッチャーは、保守党の国会議員達の約四割が九〇年における党首選で彼女に投票することを拒否した。各々の場合には決定的であることを証明するのは、選挙民の支持よりもむしろ国会議員達の支持をうることの失敗であった。キャラハン・ヒース・及びメイジャーの如く「目立たない」首相達の選挙での敗北は劇的ではないのである。英国の制度（それが国会における内閣や政党に一致している高い地位をもつが）は、強力な首相達にとっての類いではないのである（たとえ歴史上彼らの名声を残すのは強力な首相達であるにしても）。

J・マッカントッシュはその『英国の内閣』(一九六二)という古典的著作において次の如く主張した。即ち、首相の権力は内閣の権力と関連して時を経るにつれて拡大してきたし、首相は良き健康によってかつ自らの閣僚達の支持をもつ場合、諸総選挙の間では事実上除くことができないと。J・マッカントッシュは、英国の内閣が議院内閣制よりもむしろ首相内閣制として今より正確に形をなしていると述べた。リチャード・クロスマン(一九七二)とヘイルシャム(一九七八)は戦後期において、議院内閣制が首相内閣制へと変容していると同様に論じている。クロスマンにとって首相は諸省庁の仕事を監視できたし、規律化された政党の発達は庶民院を執行部に従順にせしめたし、公務員制の統一は首相に、諸省庁における上級の任命に対して最終的決定を与えた。故に首相は中央集権化され、強力にして政治的で行政的機構の頂点にあった。トニー・ベン(一九八〇)は「絶対的な首相職」の台頭について不満を言っているし、次のように論じる。即ち、首相の解散権や閣僚の任免権の除去が「立憲制的首相職」を復活するのに必須であると。

この見解はいずれの政党が政権にあるのか、及びそれがどのように不人気か或いは成功裡であるのか、そして首相の技能について或いはその欠如について関係なく進められる。その傾向は、首相官邸におけるより集権化の方での一本の成長線を辿る。

現実像ないし理想像としてのいずれかに省庁モデルに関するトラブルは、次の三つである。第一に、それは多くが諸省庁と彼らの既存の政策方針に委ねられるべきであると提案する。しかしどのように人はその方向を変えるのか(特に一省庁における英国の大臣の任期がこうした短期間続くときに)。第二に、人はどのように諸省庁の間にあたり、かつ多様な諸機関の助力と、公務員制内部及び外部での異なった技術をもつスタッフの雇用を必要とする「悪しき」諸問題と取り組むのか。第三に、政権の諸目的全体についてはどうなのか。実績を残したい閣僚達ないし、その省庁においてともに過ごした閣僚達は、より広範な政権プログラムに貢献するのに自らの役割の視界を容易に失ってしまおう。トニー・ブレアは内閣府を強化し、かつ省庁主義の欠陥と闘い、かつホワイトホールの諸省庁を越えてより広義なコーポラティズムを注入するために新しい「政策及び革新部局」を創設することによって諸問題と対峙しようと試みている。

〔九〕首相の公式上の権限

首相の公式上の義務は、いかなる文書においてもおかれていない。国会を解散し、或いは閣僚を任命する決定は、首相の助言に基いて行動する君主によって公式上行使される。首相の特有な権限と責任は、他の閣僚から公職所有者を区別する。閣僚達は首相と同僚でありえ、全ては集団的にその政権が為すことに責任をもつが、彼等は首相と同等者ではない。チャーチルの言葉では、「ナンバーワンとナンバートゥ、ナンバースリー、或いはナンバーフォーの地位の間には何らの類似性も存在し得ない」(1949, p.14)。しかし諸権限は責任でもあり、首相の評判（よかれ悪しかれ）はどのようにそれらが行使されるのかの仕方に大部分、依拠する。これらの権限のうちの次の三つは考察する価値がある。

〈1〉解散権

国会を解散する権限が首相の地位を強めるとしばしば主張されている。首相は反乱的同僚達と直面すると、選挙に訴えるぞと彼等を脅すことによって強いて方針に沿わすことができる。二者択一的に言えば、首相は経済を支配でき、かつ世論調査によって助けられることによって、その地方へいくのに最も有利な時期を選択することができる。とはいえ、分裂された政権が選挙で敗北するように思える故、反乱的平議員達を脅すことは信じることができぬ側面もあろう。世論調査も誤る可能性を証明できる。強力な多数をもつ首相は、自分の任期が終了する近くになる前に解散するに足る理由を必要とする。一九四五年以来、一三回の総選挙のうちで、現職の首相は五度敗北しており、五〇年と七四年の勝利は多数を生み出すにはあまりにも小さくて国会任期の満了期間を続けることができなかった。政党の忠誠がより急増的となり、かつ経済を運営するのにより困難になる場合には、政府は信じ得る選挙年の経済「ブーム」を操縦することが容易でないことに気付くかもしれぬ。

大抵の首相達は選挙日程を決定する前に、同僚達と協議するのに今では慎重であるけれども、一九七四年二月のヒースと七九年のキャラハン首相の個人的責任を何ら保障するものではなかった（両者ともに「解散の時期を誤った」）。大抵の専門家はもし彼等がより早く解散していれば、よりうまくいったであろうと信じた。その選挙での敗北は、その政党における彼らの立場を後に弱めたのである。選挙に訴えることは両刃の剣であり、かつ誰も首相よりも敗北から失うものは多くないのである。

〈2〉任命権

任命権（特に閣僚の任免）は、首相による同僚達に対する優越的立場の最も明確な例証である。首相たるものは、内閣閣僚・閣外相達・及び副大臣達、並びに国会の私的秘書達を含む百にのぼる省庁ポストを任命する。もし与党がおよそ三三〇人の国会議員を有し、かつそのいくらかのものは若年ないし老齢・国会経験の欠如・及び実際上ないし思惑上の個人的ないし行政上の欠点などの理由ではずされるとすれば、その政党の国会議員の約三分の一にはある公務を提供できる。次のような理由で内閣の任命に対する首相の選択の自由についてのいくつかの制約が存在する。即ち、首相も政治的代表・上級の同僚の期待・及び個人的忠誠の基準を考慮しなければならぬからである。ブレアは政権内のゴードン・ブラウンの支持者達の数を減らすために九八年夏の内閣改造を使ったし、環境・運輸省（ＤＥＴＲ）でのジョン・プレスコットに沿った彼自身の「近代化しつつある」大臣達を入れかえるため、九九年夏に内閣改造を行なったのである。しかし最も最近の（二〇〇〇年当時の）内閣改造はもともと意図されたものよりも緩やかであった。主にやめたくない主要閣僚（北アイルランド相のモー・モーラムをはじめとして）ゆえであった。首相は地位への競争の欠如に対して、かつ数百人の国会議員達の固定した集団から政権に就けることにどれくらい制約があるのかの程度について影響を与えることができる。

公務員制内での次官達の任命も首相の同意を必要とする。ある欠員のポストが生じるとき、その候補者達の小規模なリストは首相への推薦をなす責任をもつ内閣相をはじめとして一国の上級閣僚によって編成される。当該省庁担当大臣は協議されようが、最終的選択は首相による。明確な政策課題をもちサッチャーが政権にあった一一年間で為した如く、任命するいくつかの機会をもつ首相は、公務員制の最高の段階の見直しに確かに影響を与えることができる。首相はまた、貴族院で貴族を任命する機会を有する。サッチャーはこの任命権行使に十分な機会をもった。彼女は貴族院の最初の演説で自分がその成員の五分の一を任命したと省察した。

〈3〉課題のコントロール

内閣の課題・及び首相によって司どられる諸委員会の課題は、内閣相との協議で首相によって是認される。熟練した首相は確かに次のような権限を用いることができる。即ち、

(1)内閣の討議のための諸事項を計画し、

(2)議長を呼び、

(3)その会合（それがその時の決定である）の諸見解を要約し、

(4)ある争点が内閣の委員会と、その委員会の成員との委任関係を指すべきか否かを決定する権限を。

しかし、これは諸制約の範囲内でなされる。その内閣の課題の多くはかなり予測でき、かつ外相からの報告・次週の国会の仕事・及び小委員会からの勧告についての声明といった事項をカバーする。その内閣が諸争点を考察する結果や締切りの大きな圧力が存在する。首相による課題のコントロールは、一九六七年までの通貨価値の下落をその内閣に考慮させることに関するウィルスン首相の拒絶においてみられ、かつ多くの内閣閣僚の望みにも関わらず、多年にわたる英国の為替相場制度（ＥＲＭ）への加入の議論に関するサッチャー首相による反対においてみられる。いずれの場合でも首相には利益とはならなかったし、各々の場合には通貨の切り下げ及びＥＲＭへの加入はその指導者にとって敗北とみなされた。

　これは首相が通常、その内閣と対立することを意味するものではない。もしある内閣の閣僚達が首相の政治的ライバルであるとすれば、彼等もその同僚である。大部分は他の理由の中で、首相が彼等がある程度貢献するのに有効であると考える故、そこにある。多くの諸争点（特に短期間の危機）について首相は次のよ

うな内閣の見解を望むだろう。即ち、より多く情報が与えられ、考慮された決定が形成し得、潜在的な批判者達が彼等の見解を示す機会をもつことによって和げられるかもしれぬし、その内閣が審議しており、一致された見解に達しているという事実は集団的責任の事実と同様に、その精神を刺激し得、かつ再び国会と国における支持者達を保障し得るという。

〔一〇〕首相権力の諸制約

時の短かさは、首相権力の明らかな制約である。首相の時刻表はその人が遂行し得る義務によって既に一部分費される。多くの政策や決定は、それらがそれ自体のもつ勢いを発展し得る諸省庁で決定される。大部分の首相達はいくつかの領域（通常、経済と外務の一貫した問題）に彼等の活動的関与を制限せねばならぬ。一領域への介入は他のあることを扱う時が少ないことを意味する。その多くの仕事の圧力と、既成の省庁益と組み合わされた諸決定の必要性は、直接介入したい首相にとって諸機会を制約する。彼のスタッフは、ほとんど数少ない争点について他の諸省庁に彼を立たしめることを可能にする専門知識を欠く可能性がある。委員会制の増大は、首相をして諸政策の大部分を監督することを困難にせしめる。彼が自らの首相職においてきわめて多くの役割（政党のリーダー・内閣の議長・国家の政治の長・及び情報の如き諸事項についての特定的責任が与えられる）を組み合わせのは、首相の地位と同様に制約である。これらの役割における利益の衝突の可能性が存在する。ラムゼー・マクドナルド（一九三一年での歳出削減）、H・ウイルスン（六九年の労組改革）及J・キャラハン（七九年における支払改革）といった労働党の首相達は全て「国民的利益」の知覚がその政党からの圧力と矛盾するとき、こうした対立を経験した。その上、英国の第二次大戦後の経済上の失敗・及び世界的影響力の漸減・二大政党の国民の支持の長期的衰退・並びに大部分の政権の選挙での不人気は全て、首相達の影響力を吸い上げることと結び合っているように思える。世論調査は戦後英国の諸政権が成功したとは一般にみなされておらず、かつ時の経過とともに首相達も成功していないことを示す。

どんな首相も「スーパーマン」ではなく、首相のもつ技能や人気は不適な内閣閣僚にとって無限に保証するものでもなく、閣僚達の遂行はその指導者に反映する。英国の政権は集団的試みであり、弱い蔵相・外相或いは内閣は首相を害する。首相は自分の課題をもち得るにも関わらず、首相はその内閣をともに保持せねばならぬ。

D・カバナは本節における「結論」で次の如く結んでいる。

英国の首相は政党・国会・及び内閣の同僚達によって課せられた諸制約の範囲内でなお行動している。英国の首相は議院内閣制において大統領でありえない。サッチャーが自分の頑固なスタイルと自分のきわめて多くの政策領域における変化の実践ゆえに、一つの傾向を示し、或いはユニークな事例であるかどうかを述べることはあまりにも早過ぎる。しかし内閣が決定形成の中心としての古典的意味から、ほとんど存在しないことは事実でもある。それは内閣閣僚達と諸委員会の諸決定を調整する。そこ（諸委員会）で内閣全体への基礎的準備がなされる。議院内閣制は連帯責任・政策形成者の同一化と継続性・及び政策における一貫性の如き他の重要な価値を具現する。

ある解説者達は英国人達がその執行部におけるあまりにも狭く一連の行為者達《アクター》に焦点をあて過ぎる根拠で、首相主導型政権ないし議院内閣制をもつかどうかについての多年にわたる討論に我慢できないのである。彼等は執行部の核心（Core executive）について語ることを好む（Rhodes and Dunleavy, 1995）し、政府の政策についての最終的決定を為し、或いはその中心に異なった諸省庁の政策を統合する構造と行為者達《アクター》について語ることを好む。行為者達《アクター》と構造はその争点領域によって異なるかもしれないが、一般的にその執行部の核心は通常、内閣・大部分の内閣委員会・内閣相及び大蔵省や外務省のような基本的な省庁における上級公務員達・並びに首相スタッフの成員達（特に彼の個人的事務局と政策特別集団の成員）を含む。これら全ては資源をもち、かつ進展させる政策についてアクター達は情報を交換し、かつともに行動せねばならぬ(4)と、カバナは主張する。

第五節　英国の国会

法律的に言えば、英国の国会は君主・貴族院・及び庶民院から構成される。それぞれの同意は国会制定法が立法化されるのに必要とされる。各制定法は次の表現を含む。「それが女王の卓越した威厳によって宗教貴族と世俗貴族・及び市民《コモンズ》の助言と同意によって、かつそれらとともに制定されれば……」。英国人が今日国会権限について語るとき、英国人は一九世紀に登場した庶民院の権限を意味する。本節は国会の発展・立法過程・庶民院と執行部との関係・及び貴族院の役割を論じる。

〔一〕国会の発展

国会は今日、政策を形成しないが(即ち、それは執行部の問題である)、政策を討議する。国会はまた、討議の役割を果たし、政府の諸政策や立法を批判し、かつ監視し、かつ政権補充のルートでもある。裁判所長官の下での貴族院に出席する法律貴族は英国における最高裁を構成する。現在の形態上での国会の発展は次の二つの段階で起こった。第一に、国会は君主からのその独立を主張した。第二に、庶民院は普通選挙制によって主に国民代表になった。

一七世紀中に財政問題について貴族院に対する庶民院の優越が確立された。庶民院は貴族院が財政法案を修正できないという解決をもち込んだ。英国国会の実際はその解決と一致した。その原理は、一九一一年の議会法が次のように規定してはじめて公式化された。即ち、庶民院議長によってそういうものとして認められた全ての金銭法案は、貴族院の諸見解にも関わらず、君主の裁可のために提示されることとすると。

庶民院に対する説明責任とそこでの多数の支持へのその依拠に関する習律(君主制の支持への依拠よりもむしろ)は、一九世紀に樹立された。その習律は信任投票への敗北、ないし庶民院における支持を命じる政権の不能力が政権の辞職を伴うということになった。

国会と執行部との間の多様な関係は、「憲法の自由主義的解釈とホワイトホール的解釈」で記述されている(Birch, 1964)。第一に、ウエストミンスターモデルと呼ばれる自由主義的解釈は、どのように君主から公選の庶民院へと転換されているかの仕方に注目している。その政権は庶民院に集団的に責任を負い、かつ庶民院によって斥けられるし、重要法案と告知は先ず、庶民院に導入され、執行部の仕事は閣僚責任論によって下院に責任を負う。第二に、ホワイトホールモデルは、どのように単独多数党政権の発達と手続き的装置の使用が下院に対する高度なコントロールを政権に与えているのかの仕方に注目する。君主大権(或いは君主に与えられた権限)の多くの諸要素(例えば議会の解散・閣僚の任命・戦争の宣言・及び諸国との条約締結)は今、内閣へ移っている。公務員や閣僚達は君主の奉仕者である故、英国政府は国会からのかなりな自立を果している。このモデルでは、国会が議論し、批判できるが、どのように英国が統治されるかの方法に関する現実的分析は立法や政策についての主導権が内閣にあることを認める。

[二] 国会の「衰退」

「国会の衰退」を嘆くことが流行したときもあった。庶民院が政権をつくったり、解散するとき、かつ多くの国会議員達が党の院内総務から比較的に独立するときの黄金時代を回顧する形の批判者達もいる。しかしこれは一九世紀中葉の短期間に、かつ今日のきわめて異なる政治的・行政的・経済的状況にはほとんど関連性をもたない短期間を回顧することである。国会の役割に関する自由主義モデルは、二〇世紀における次の三つの展開によって害されている。第一に、一九世紀後半からの庶民院における規律化された政党投票の発達(政党院内総務によって方向付けられたような特定的ロビーにおける国会議員達の投票の過大な多数によって)により害された。平議員達による効果的圧力は、庶民院のフロアでの討論で行うのではなく、非公式な政党集会で行われた。第二に、主に一九四五年以後における優位的二党制の登場と、保障された国会の多数を有する単独政権によるコントロールによって損われた。これはその政権をしてその議院の仕事のコントロールを得ることを可能にせしめ、かつ特定的圧力団体が思い通りにすることを可能にせしめた。第三に、より介入主義的政府の登場とEU加盟は次のことを含意する。即ち、国会は立法の膨大な量に対応するために闘っている。そしてこのことは、審議し監視するその能力を減じている。

二〇世紀中には、各会期で導入される政府提出法案数においてほとんど変化がない。増大していることは、法案の長さ（及び恐らくその複雑性）・委任立法の量・及び国会開催の数と長さである。一九九二年における議院開催時の特別委員会の毎年の量は、一九七〇年代において平均して二巻～三巻から九〇年代において四巻～五巻へと増大した。多くの立法は今次のように「委任されて」いる。即ち、その委任とは国会がある法案の広範な諸原理を樹立し、かつ公務員や閣僚にその詳細を満たせしめることを含意する。選挙民や圧力団体の要求の増大・EUからの立法の増加・及び省庁の特別委員会の活動における増大からの圧力も生じている。

こうした変化は英国に限定されないのである。巨大な行政官僚制が巨額な貨幣を使い、かつ複雑な社会・経済問題と対峙する巨大な政府の登場は、多くの諸国で立法の歴史的役割を転換している。英国において独占的「同意」機関としての国会の歴史的役割も、次のような三つの他の諸機関の台頭によって挑戦されている。即ち、第一に、計画的・規律的政党の発達は「国会」政権よりもむしろ「政党」政権についてある観察者達をして語らしめている。庶民院における政権の多数はそれがその選挙公約で提示する諸提案の「ショッピングリスト」を通過することを可能にせしめる。第二に、社会における多くの利益集団を組織し、かつ代表する「圧力団体」は多くの諸争点について閣僚達と直接的に交渉する。しばしばその政策の詳細は集団・大臣・及びその公務員達の間で作成されるし、次に国会に提示される。第三に、欧州連合への加盟は、数多くの立法の増大が「ブリュッセル」で形成されることを含意する。

〔三〕国会議員達

国会議員達はその人格において異なるが、彼等の強烈な政治的関心・野心・及び活動は彼等をして目立たしめる（Searing, 1994）。

国会議員として選出されることは、その人をして直ぐに国民の多数的意見に従わなくする。国民の注視下で生活する圧力や満足は、国民の少数派にのみ訴えることになる。ある平議員達は、国会における生活がむなしいことに気付く。主に彼らは政権に影響を与える彼らの機会が制限されると思うからである。広範な諸争点について話そうと努める、オールラウンダーになろうと試みるものもいる。特定領域で専門とするものもいる（防衛・身障者事項・国会手続きといった）。党の忠誠者であることに満足するものもいる。大臣の階序制を昇る方法を注意深く計算する議員もいれば、「生来の変人」にして彼らの指導者達に気に入る機会をはねつけるように思える議員もいる（労働党のデニス・スキナーやタム・ダリエル、或いは保守党のテレサ・ゴーマンは顕著な事例である（Norton, 1994））。

国会（特に下院）は政権形成の源である。首相は国会議員達や貴族達から選出することに限定される。利用可能な能力に不満をもつ首相は新しい爵位をつくることができ、かつブレアがD・セインズベリ、ガス・マクドナルド、D・サイモン、及びクリス・ハスキンズ（全て成功した実業家）を扱っている如く彼等に大臣ポストを与えることができる。

国会議員達は俸給を支払われるべきであり、かつ故に彼等が常勤の任務をなしたという考えは、ゆっくりと受け入れられたのである。俸給は一九一一年に導入され、主に私的な所得を欠く労働党国会議員達の熱烈な要望によったのである。その俸給は以来数多くの機会で引き上げられ、かつ知的職業での成功した中年の国民、他の西欧民主主義諸国における国会議員達の給料に今では匹敵する。その俸給は高給に関する見直し機関によって各国会会期毎に（或いは四年の期間毎で）見直されるし、特別手当は旅費・事務費・及び調査費に関してなされる。多くの国会議員達（特に保守党の側で）は、部外の「利益集団」から特別な報酬を受け取り、或いは他の雇用から俸給を受ける。これらの外部の活動の擁護者達はその成員や議院がこの経験類型から得る諸利点を指し示す。とはいえこうした諸活動の範囲は、主にビジネスの重役職・法律業ないしジャーナリズムないしコミュニケーションに限られ、むしろ狭いものである。より大きな要求が国会議員達になされるときには、大きな国会負担は必然的に常勤議員に該当する。

〔四〕立法過程

皮肉にも英国における立法は主に執行部にとっての事柄であり、かつその発案と法案形成における最も重要な諸段階は国会が協議される前に既にしばしば起こっている。そこでは平議員達の法案が存在し、かつ国会議員達が法案に対する修正を推進する機会をもつけれども、多くの立法は政府の省庁から生じる。新政権が就任を想定する前でさえ、公務員達は政党の選挙公約を試み、かつそれに効果を与える諸提案を草案している。立法への他の刺激は圧力団体・個々の国会議員達・王立委員会の報告・及び諸委員会・作業当事者達・或いは他の専門機関からの勧告から生じ得る。外部圧力ないし出来事は、立法の枠組みに勢いを与えるのに役立ち得る。とはいえ法案の実体や詳細を満たすことは通常、その省庁にある。国会は制定法をつくるのに至高なままにある（EU法やいくつかのスコットランド問題を除き）し、ひとたび法案が法律になると、それは制定法典に入れられる。とはいえ法の作用は一部には含みうる裁判所の見解に依拠し、かつ一部にはそれに従う人々の同意に依拠する。法形成についての徹底的研究において述べられた如く「立法は、政策ないし行政調整の思慮深い一括のための法律的外装形態を単に与えるのみである」（Burton and Drewry, 1981, p.256）。

一九世紀に多くの立法は、範囲において個人的であった。とはいえ、今日の与野党の幹部達は国会の時刻表や立法過程を支配する。その時間の一五パーセント程度は平議員のイニシアティブにとって今利用可能であり、これは金曜日での平議員達の法案用に一二日、動議用には一一の他の日数（主に金曜日）を含む。金曜日は政府の任務にとってよい日ではない。議院は午後三時に開始し、かつ多くの国会議員達は週末のために自分達の選挙区へと向かうことを望む。実のところ、一九九七年は国会における労働党の圧倒的多数ゆえに、政党院内総務は国会議員達を勇気付けて「選挙区週間」のために自宅に滞在せしめたし、しばしばその議院は木曜日の午後には空席が目立つ。大部分の平議員達の法案は投票に達する前に、審議未了にされ、平均八日以内でこうした法案は、戦後の国会で通過されている。議事規則下で政府の費用ないし税に影響を与えるいかなる提案も国王の大臣勧告のみで提出しうる。もし平議員の法案が公費の少額さえも含むならば、かつ政権がその提案に合意するならば、大臣は解決策を提出しよう。

〔五〕 法案から法律へ

各会期の初めに送られる女王のスピーチは多様な「法案」・「立法」・「措置」・「議論」・及び「提案」を約束する。大臣によって最終的に導入されたいくつかの諸提案はそのスピーチでは言及されなかったかもしれぬし、諸提案はそれが書かれるときに予期されなかった故、その時には重要とみなされなかったし、或いは終始起こる事柄である。法になるために、政府法案はホワイトホールが「障害物競争」と呼ばれたものを操縦しなければならない。一省庁が立法のために適当と一争点を認めているところでは、かつ一法案のための事実と認めることに決定するところでは、それは影響されるように思える他の諸省庁に、かつ大蔵省に草案を回わすことになろう。もし内閣が合意するならば、その提案はその未来立法委員会へと進み、次に法案を草案する国会協議へと進む。最後にその提案は次会期のために政府の他の諸プランの声明に沿って、女王のスピーチに含まれよう。ひとたび内閣がその時を与えると、その法案は国会を通してその法案を操縦することに責任を負う立法委員会に向けられる。その内閣の決定（或いはその委員会決定）はゆえに次の三つの段階で重要である。

(1)政策委員会における立法の実体、

(2)立法委員会における表現と形態、

(3)未来立法委員会における国会のタイミングにおいて。

庶民院内では法案の第一読会は形式的であり、法案の目的の声明である。第二読会ではその法案内容が十全な討議に付される。もしその一般的原則が是認されれば、それは詳細審議に付される。常置委員会の構成は、議事規則等九五号によれば「その議院の構成」（即ち、庶民院の政党の均衡に反映する）を尊重することである。その法案は何がしかの修正によって報告段階へ戻し、更なる修正に服し得る。第三読会では最終討論が存在し、次にその法案に関する投票がある。金銭法案の場合を除き、その法案は貴族院において類似な過程を切り抜けるが、貴族院は何らの常置委員会ももたない。法案は全てその議院全体の委員会において審議される。もしその修正が庶民院に抗して貴族院によってなされ、かつ主張されるならば、その法案は崩壊する。それは庶民院によって同じ形態で再導入されるかもしれぬし、もし再度通過するならば、貴族院の異論にも関わらず、法となろう。最後にその法案は君主の裁可を受け入れるのに君主にわたり、かつ法律となる。

英国政府は、庶民院を通じてその立法成立へと事を運ぶ。その議院規則は、それが欲するとき及び欲する形態でその任務を審議するに足る機会を与える。大臣達は法案や修正の大多数を草案する責任がある。典型的な会期において、約一五〇法案が導入され、そのうちの三分の二まで君主の裁可を受け入れる。しかし時の点から政府の任務が庶民院の時の約半分のみ要することは恐らく驚きである。

下院への時の圧力と実体数の国会議員の作業負荷の増加は恐らく、立法の質を損なっている。『法形成』

（一九九三）という『ハンサード』（国会議事録）協会報告は、法案を草案する標準の衰退と委任立法の監視の欠如についての懸念を明らかにした。その不満はなお妥当である。

［六］委任立法

委任立法という用語は、次のような法を指す。即ち、それが大臣に後の段階において命令と規則を出さしめる条項を可能にすることを含む。委任立法における急増は政府の社会的・経済的責任の増加を伴っている。しばしばある省庁が特定な利益団体と交渉したり、或いはその集団が代表し得るその諮問委員会のうちの一つと交渉する。実のところいくつかの制定法は、こうした協議が存在することとすると特記し、かつ時にはその大臣はある集団に命令草案を実際上委任し得ると特記する。典型的な会期において、二千以上の制定法や規則以外に百以上の公・私の法案が通過されよう。詳細な委任は国会を解放して立法原理に集中せしめ、かつその立法をして特定状況に適応せしめる。（両院）合同による制定法機構委員会はこうした立法を検討する。

［七］各種委員会（Committees）

庶民院の仕事の大部分は今、各種委員会を通じてなされる。立法や政策のための公式的委員会については二つの主要な類型がある。その第一は常置委員会である。常置委員会はひとたび法案がその第二読会を通過すれば、その法案の詳細を検討する。常置委員会は朝に開会し、かつメンバー達は下院での政党勢力に比例し政党院内総務によって任命される。これらの各種委員会は提案された立法の各事項を検討し、整理する機会を提供し、下院の外部での諸集団において明らかにされた諸見解について説明する。しかし、受け入れられた修正の大多数は、下院を通じてその法案を成立せしめるその大臣からのものである。もし政府が委員会における重要な点で敗北するならば、それは通常下院へと返されることができる。この常置委員会（主にそれが立法〈大部分、政府法案〉を扱う故）は政党院内総務による綿密な管理に服し、かつ政党内の連帯が規範である。ある立法の委員会段階は、常置委員会におけるよりもむしろ下院全体（全ての国会議員達を引く議長）の委員会においてとられる。これらは素早く通過出来る一条項法案と、公共歳出での増加を含むある金銭法案、及び憲法上の性質をもつ法案とともに起こる。もし政府はそれが不合理な遅滞ないし妨害を考慮することで開催させるならば、それは法案を検討する時間表を課すよう試みることができる。

第二の種類は特別委員会である。数多くの特別委員会があり、再び下院によって設定されるものである。それらは特定の争点を検討するために設置された、臨時委員会ないし各会期の初めに設置された会期委員会である。これらの諸委員会の成員も庶民院での政党の力に反映する。それらは調査委員会であり、証拠を与え、文書を託し、かつ報告を出すために、大臣や公務員を召喚し得、政策の定式化よりも政策の適用を多く扱う。

一八六一年に設立された公会計委員会（ＰＡＣ）は、野党議員によって司会され、会計監査官及び会計検査長官下で、会計検査官によって、かつ独立的な会計監査院（ＮＡＯ）によって支えられる。ＮＡＯは一省庁の歳出が全く承認されていることを確認すると同様に、公的資金を受け入れる多くの諸機関についての「事業評価基準」精査を開始できる。

〔八〕執行部のコントロール

庶民院はそれが一九世紀中葉にあった執行部に対して疑いもなく弱い。単独多数党政権の現象は、政権をして国会の存続期にかなりな安全を確保せしめ、その立法通過を予測可能にせしめるのに役立つ。二〇世紀において諸政権は、一九二四年と七九年のただの二回に国会によっては斥けられているが、その二回はともに少数派労働党政権であった。

もう一つの要因は、国会手続きについての政府のコントロールの増大である。これは自由党幹部達と保守党の幹部達との間の合意の結果として一九世紀に主として達成された（それは下院の仕事を麻痺させつつある八〇人及びアイルランド民族主義者達の妨害戦術に対する対応である）。その政権は一法案について討論し、かつ投票を強いるための時間を制限するための「クロージャー（討論終結）」、及びどれくらいの時間が一法案の各段階に認めるかを決定する「ギロチン」の権限を想定した。（下院の当時の指導者にちなんで「バルフォーの鉄道時刻表」と明らかに呼ばれた他の諸改革はビジネスの通路を早めるために導入した）。それ故、その政権は下院の時間のコントロールをもった（それは野党の予算日の権利や平議員の時間の権利に服する）。野党は次のような理由で権限の再分配に黙従した。即ち、野党はそれがまもなく政権に就くことを予期する故に。しかし庶民院は、前部座席制度（特に政権党の前部〈幹部〉座席制）がずうっと多くなっている。

第三に、国会議員達は今日、執行部から情報をぬき出すことはできぬ。一九世紀に国会議員達は政府文書の発行を定期的に確かにしたし、王立委員会に出席した。情報をぬき出す能力は今日、より限定されている（その特別委員会制は役立っているけれども）。

最後に、国会は予算のコントロール（即ち、歳出の承認）を失っている。庶民院に提示される毎年の予算見積りはどれくらい各活動領域に費されるのかの額を詳細に示すけれども、毎年の見積りはいつも通過され、精査は後に行われる。特にこの点で重要なのは、会計検査官と会計検査長官及び五百人以上のスタッフの仕事である。彼等は各省庁の仕事を検査し、かつ金銭の費消が公認されるかどうか、かつ金銭が経済プロパーによって費されているかどうかを確認する。この委員会は、省庁による歳出の過大な諸事項を明らかにするのに十分な記録を有する。

［九］国会野党

現代の与党に対する政治的野党の国会活動の正統性は、一八世紀にさかのぼり、かつ女王陛下の野党指導者として政権にない最大政党の指導者を指名する議長に与えられた法的義務に反映される。一九三七年以来、その野党指導者に国庫から俸給が支払われ、英国をしてこうした国庫からの影の内閣職をもつ欧州諸国間でユニークな存在にしている。庶民院の作業と性格（特に国会の討議と区分）は政党によって彩られる。野党の存在は選択肢的「影の内閣」及び政策をもつ選択肢的政権が存在することを公に想起させる。

近年、下院の簡明な与党対野党像は修正されなければならない。庶民院における政党の断片化、及び大きいけれども多様な第三政党の発達故に修正しなければならない。例えば労働党は一九七四年一〇月の国会で公式上の野党保守党に対して四三議席のリードによって出発した。しかし五つの他の政党はその中で三九議席をもち、かつ労働党にほんの三議席のみの微妙な多数の全体を残すだけであった。これは七七年までに消減し、かつ労働党は自由党の支持に依拠した。その与党は次のような理由ゆえにその支持がある限り生き残ることができた。即ち、というのはそれは七九年三月になってはじめて、不信任問題について結合する事実上の全ての非労働党国会議員達の利益に同時的になるからである。

一九九二年選挙後、J・メイジャー保守党政権は、労働党に対して安定的な六五の多数を得たが、全体として二一議席の差でしかなかった。補欠選挙の敗北・保守党平議員達の中での反乱・及び九人の保守党欧州懐疑派からの党院内総務の撤退はその立法を通過せしめる能力を失わせた。九七年国会で自由民主党は野党側についたが、その政党指導者達も内閣委員会と労働党の大臣達とともに共同して出席した。

野党の反応は一部には与党がなすことの反応として、一部には圧力によって、かつ一部にはその結果によって形成される。

〔一〇〕反対

一九世紀後半までに多くの国会議員達は独立的手段と見解をもつ人々であったし、その時の問題について国会議員自身で決定することを本意とした。政治生活の正職化（国会出席の長い時間・仕事の圧力・及び選挙民や圧力団体からの国会議員達への要求の増大）は、国会をして常勤職業へとより多くせしめている。国会議員達は新世代が一キャリアとして政治をみなすように思われ、政治的昇進に野心的であり、かつ恐らく国会の俸給に主に依拠し、かつ政党の院内総務の助言を無視するようには思われない。「無所属」議員の低下と政党の発達は、国会の投票結果を予測可能にし、政府の地位をより安定的にせしめている。こうした分析は大いにありそうに思えるし、戦後期の多くの期間に亘って庶民院における政党の統一に適せしめるように思える。たとえ平議員達が下院の議場から離れて党指導者達からの譲歩を強いることを可能にしたことが時にはあるとしても。

とはいえ、明らかなことはこの主要政党における国会議員達が別の政党への投票ポイントについてさえ、より反乱的になっているというものである。この特徴は次のような主張に達する。即ち、国会議員達は大臣への昇進のためにより「プロ的」にして野心的になっており、かつその昇進により依拠するようになる如く、彼等は党院内総務により忠実になるであろうと。一九四五年以来の国会での分裂リストに関するフィリップ・ノートン（一九八〇）の研究は次のように示す。即ち、七〇年からの国会において、交差投票（或いは自らの党院内総務を挑発する議員）が起こる党議拘束の点で分裂の比率が増大したと。この反乱性の結果は政府が下院の議場で、かつ常置委員会でよりしばしば敗れているということになる。

一九七四年一〇月から七九年までの労働党政権が四二回敗れることは驚きではなかった。というのは彼等らはその多くの期間は、少数派であるからであると（Norton, 1980）。またメイジャーの僅かな多数しかもたず、彼の欧州に関する党内分裂が存在するならば、J・メイジャーの敗北に対しては少しの驚きにもあたらない。

〔一一〕貴族院

貴族院は、その歴史の多くにわたって庶民院とともに共同して対等な権限をもっていた。一九世紀において庶民党の選挙権の漸進的拡大は、その機関の民主主義的信任を強調した。その時代の政権は信任の争点についての敗北がその辞職を伴う故に、庶民院に明らかに責任を負ったのであり、こうした結果は貴族院におけるその敗北を伴うものではなかった。しかし一九〇九年以前には二つの議院の権限についての対立は回避されていた。一九世紀後半の内閣はなお、上院の半分を引いたのであり、ソールズベリ卿は一九〇二年まで上院に首相として出席したのである。一九〇〇年に、金銭法案の問題について庶民院の優越とは別に、二つの議院はその権限では多かれ少なかれ、共同して対等であった。

自由党と保守党との間の尖鋭な対立（特にアイルランドに自治権を与えることについての自由党の本心に対して）、そして貴族院での保守党の優越はその衝突へと導いた。一九〇九年、貴族院はロイド・ジョージの予算を拒絶する未曾有のステップを踏んだし、上院は議会法に道を開いたのである（一九一一年）。このことは、貴族院の下院に対しての従属的地位を明確に確立する二つの重要な規定を含んだ。第一に、庶民院によって通過され、かつ金銭法案として庶民院議長によって証明された法案が貴族院によって是認されようがされまいが、上院に送られた後の一カ月に国王の裁可を受けることとなろう（二年が第一会期におけるその法案の第二読会と、庶民院の第三会期における第三読会との間で経過した場合）。一九四九年に上院の遅らせる権限は労働党によって一年へと更に減じさせられた。現在、その一年は庶民院におけるその法案の第一・第二読会と、それが第二会期で庶民院によって通過される日々との間に経過せねばならぬ。

貴族院の主に世襲的構成は立法の二つの部分によって修正されている。生涯貴族爵位法（一九五八年）は、彼らの継承者に伝える称号なしに彼ら自身の生涯期のみに貴族の称号が与えられることを可能にしたし、彼らは一代のみの生涯貴族であった。

〔一二〕結論

庶民院は大きな諸機会（予算声明・閣僚ないし政権についての不信任動機、或いは有事〈例えば一九八二年四月でのフォークランド紛争、九三年のマーストリヒト条約法案に関して成立する如く、うまく成立した重要な投票の如く〉）についての注目の焦点のままに残る。庶民院で「議論で勝ちを得る事」は、国会で政党のモラールを維持し、かつこの雰囲気をこの国における政党とつなぐ際に重要である。政治指導者達は庶民院において補充され、かつ社会化される。政治家の評判やキャリアの見込みは、彼等が国会討論で遂行するし方によって影響される。L・ブリタン（一九八六）、D・メラー（九二）、及びN・ラモントの内閣からの辞任は全て、保守党平議員達の間に彼等の各々への不支持の証明に従った。元閣僚達の回想録は、国会討論に従う安心ないし失望（その著者の遂行に依拠する）感をしばしば報告する。庶民院における閣僚の評判の上昇は、彼の上級官吏達の間の緩和された作業上の雰囲気（陰気なものの中でのあしきパフォーマンス）に反映し得る。逆説的にもしきわめて多くの閣僚達が後者がその執行部に対するその影響力や独立のうちのいくつかを失っている下院議員である故であるとすれば、その証拠にはこれは厳密な人事の分離による事実であるよりも重要な公開討論の場にせしめた。

しかし国会は政策を公式化するのに、或いは立法を変えるのにほとんど役割を果たしておらず、その公益事業を規制するブリュッセル・独立行政法人・或いは諸機関への権限の喪失に関わっていない。「議会の衰退」に関する広範な仮定が与えられるならば、そこには改革への多くの諸提案が存在していることは驚くにあたらない。改革の提唱者達はしばしば、彼等が議会制について語るとき、念頭に置くのは異なった目的をもつことである。諸提案は次の三つの広範な範疇に入っている。即ち、

(1)庶民院をより効率的にする諸提案。これらは国会議員達への高給や便宜・深夜の出席を避けるために朝の出席のより多くの使用・及び貴族院改革・或いは過剰負担の庶民院に対する負荷の軽減のための諸地域議会の創設を含む。そこには作業時間におけるある変化があり、かつスコットランドやウェールズへの責任の委譲は、その作業負担を軽減している。

(2)立法通路を迅速化するための諸提案(通常政府による)。これらは平議員達ないし野党が執行部に課し得る手続き的確認を容易にするものを含む。即ち、それは法案(或いはその詳細を後に決定するように閣僚達にさせる法案)、或いは彼らにそえられた時刻表つきのより多い法案の導入であり、従って討論と修正の機会を制限する。こうした考えは多くの閣僚達及び次のような公務員達の見通しに反映する。即ち、公務員達は国会からの「静穏な生活」を望むか、或いは遅れや困惑の最小限によって通過された彼らの立法を望むかのいずれかである。この雰囲気の一つの冷笑的な例示は閣僚達が次のような場合に書かれた回答における論争のある、或いは不人気な告知を「秘密裡に導入」する慣習(二つの政党の両政権下で)がある。即ち、国会会期が終了しており、かつ彼等がほとんど報告を受け入れない場合に。

(3)執行部をより徹底的に監視する下院の能力を改善するために意図された諸提案。五〇年くらいの間で最

も人気のある提案は、常置委員会と特別委員会の役割の拡大である。委員会の手当や職務費は近年、増大している。ある改革者達はより一層寛大にして、国会議員達が自分達の選挙区の義務を実行するために助力を与えたいのである。

ある改革者達は、これまでの進展には失望している。彼等はゆえに執行部の抑制を求め、かつより責任ある政権を促進する手段として国会自体の改革ごしに見ている。彼らは比例代表制・より多くの公開性・欧州人権条約の組み入れ・より多くの自由投票・或いは変革願望のテコとして地域への権限委譲へと向っている。国会の現状における衰退のうちのいくつかは、国会議員達の行動から生じている。九二年議会における腐敗に関する報告・元閣僚達の陰口を叩く回想録や日記の急増は、政治家や国会の評判を害している。一つの結果は国会議員達の諸活動の自己規制をしなくなっている。そこには公的生活における規準に関する委員会が存在し、かつ国会議員の利益団体登録を監視する国会コミッショナーが存在する。今日、国会議員達の有給のコンサルタント業に対するより厳格なコントロールが存在し、かつ国会におけるある大義の唱導についての国会議員達に対する支給禁止が存在する。

もしより強力な委員会制ないし他の機構上の改革が重要な変化を生み出すならば、それらはより広範な一括の一部としてのみそうするように思える。政党規律や党院内総務に従う議員達の本意における衰退は、平議員達にとっての影響力を復活する一手段である。ある平議員達の圧力は既に非公式にして私的に行使され、かついくつかの争点について支持に抵抗する平議員達による脅しは政府の計画をくじいている。ひとたび支持の予測可能性が弱められると、平議員達と党の指導者達との間の交渉関係が多く存在する。多党制の発展と行き詰まりの国会の見通しは、変化の一つの可能な源である。自由党と労働党の契約時期（一九七七～八年）、少数派政権期（七四、及び七八～九年）、及び保守党政権の混乱期（九二～九七年）は次の如く示した。即ち、閣僚達は庶民院での支持のために政策を交渉しなければならないか、或いは特定ロビー団体における敗北を受け入れなければならないと。

とはいえ、下院の生命力と独立を復活するのとは異なり、不安定政権は潜在的な反対者達の小集団に権限を与え、「強力な」政権にありそうにはせしめないが、「階段の裏での」取り引きのための機会を主張し、かつ圧力団体に余地を与える。こうした政権が公的雰囲気のより代表的でいかにあるのかの状態は明らかではない。庶民院でのメイジャー政権の弱体性は、欧州についての党の分裂・くじかれ或いは怒った保守党議員達の激怒・及び政権の与野党伯仲ゆえに少数の反乱者達の交渉力の反映でもあった。

庶民院の活動・敵対政党の闘争効果の減少・及び執行部ないしEUに対するその権力の欠如について多くの批判が存在している。しかし英国の政治機関の正統性と適応性についてのいかなる研究も庶民院に高い地位を与えなければならぬ。庶民院は長く継続的歴史をもち、十分に確立された伝統をもち、かつ機関的特性の強い感覚をもつ。この機関は多くの議員達（それに心から委ねている人は少ない）の間では深く置かれた忠誠心を命じるし、国会の「特権」の擁護者達は、庶民院の多くの人々における同感的精神に訴える。「貧しい庶民院の人間」である英国の一政治家は、政治的に成功しているようには思えない（5）。

第六節　英国の国家公務員制と行政

英国の国家公務員制は、一九八〇年代と九〇年代にはるかに広範にして継続的な変動をうけている。その変動の多く（契約による除外・能力給・委譲された予算・運営・及び情報システム）は、私的部門から移入したし、公共サービスの多くを超えて生み出されている。類似な傾向は、特に米国やニュージーランドのような他の諸国の公務員制で作用している。諸政府は至るところで費用を削減し、公務員の管理技術を改善し、かつよりよい公共サービスをより経済的に提供しようと試みつつある。そのサービスは「歴史上未曾有な危機状態にある」（Plowden, 1994, p.1）という主張が誇張されるけれども、その変化の効果は英国の公務員制についての多くの伝統的な想定に関しての疑問を惹起している。

本節は、英国の公務員制の組織とその基礎となっている諸原理及び批判と改革の継続的な波及の効果の諸原理を検討する。

公務員達は公務員制についての一九二九年～三一年の王立委員会（Cmnd. 3909）の言葉では「政治的公職と司法的公職の保持者達とは異なる文民的能力で雇用され、その報酬が国会による投票によって国庫から全体的にして全面的に支払われる王室の奉仕者達」である。その定義は裁判官や国会議員達・軍隊の成員達（彼等は文民資格では雇用されない）・及び地方自治体や公的自治体の被用者達（彼等は王室の奉仕者でもないし、或いは国会財源からも支払われない）といった他の王室の奉仕者達を除外する。

〔二〕組織と発展

一九九八年一〇月には政府及び独立行政法人において雇われた約四九万四〇〇〇人の労組公務員と非労組公務員がいたし、実のところ三八万三〇〇〇人以上は独立行政法人において勤務しつつあった。これらはピーター・ヘネシーの図式的表現では「政府の直接労働力」である。彼らのうちの三分の二以上は、防衛省・社会保障省・内国税収入庁・及び内務省といったわずか五つの省庁で働いていたのである。九五パーセント以上の大多数は（利益や年金を支払い、徴収し、かつ監獄や裁判所を運営する）サービスを行ない、かつ収入を集める。国家公務員の約五パーセントのみ、それらの諸省庁があるロンドン本部で働く。

各政府の省の公式上の長は通常、常勤事務官ないし常勤次官である。常勤事務官は通常、その省の会計官でもあり、かつ全ての省の活動について大臣に責任を負う。ある大きな省も副常勤事務官を有し、かつ他の上級公務員達とともにかれらは大臣達に対する主要な政策顧問である。彼らは庶民院の諸委員会の前の討論や出席のために議会の答弁・演説・及び要約についてその大臣を助ける。彼等もその省を管理するのに役立ち、かつ立法を準備し、かつ内閣やその諸委員会のためのメモを草案するのに役立つ。

一九六八年まで行政事務は大蔵省によって管理され、かつ補充は行政事務コミッショナーの手にあった。その年にこれらの諸職務はフルトン委員会によって勧告された如く、新しい行政事務省に委譲された。その省は一九八一年にサッチャー夫人によって後に廃止され、かつその任務はより小さな管理・人事局（MPO）に与えられた。八七年総選挙以後、MPOは分割され、かつ人材・給与・及び補充は大蔵省に委譲された。九二年にMPOは訓練・平等な機会・及びトップ級の補充への責任をもつ公務員局（OMCS）と名称が変更された。九八年にそれは内閣府へと包摂された。それは込み入った歴史である。

[二] 公平性・恒常性・及び匿名性

現代の行政事務は恒常性・公平性・及び匿名性の特徴をもつ。それらは英国の「立憲官僚制」(Parris, 1969) の特質である原理である。

一八世紀において多くの公職保持者達は、彼らのポストが常勤であることを合理的に既に希望し得る(こうした権利は一七八〇年と一八三〇年との間までは樹立されていなかったが)。この期間では行政は政治から別な領域として切り開かれた。その時以前には行政官達は行政事務の常勤にして文民成員ではなかった。これらの諸特徴の発展は行政と政治との間の区別の承認に変えた。キャリア用語での決定的な相異は政権変動が存在するとき、残っている人々と進む人々との間にあった。政府の実務の成長は、人々が政治的ポストと行政的ポストを組み合わせるのに徐々に困難にせしめた。そして彼等はそれらのポストの中から選出されねばならなかった。国会も任命権の君主権限について羨望を増大せしめたし、それらの常勤ポストを俸給化せしめることによってその権限を減じた。行政事務的ないし非政治的任命観念は、公職保持者達が君主の奉仕者であって、今日の大臣ではないという前提に基いた。

公務員達の公平性のかかわりは、政党の上にある利益のために君主の奉仕者としての彼等の公式上の地位によって認められるし、いかなる政党政権にも仕える本意によって認められる。公平性は政治活動への諸制限にかかわるし、意見の公的表現は政治問題への制限に関わる。労組員にして下級公務員は国会を代表するに至らない政治に参加し得、かつ上級官吏達は自由に政党に加入するが、政治的公職を表明できない。例えばフランスやドイツといった他の諸国において、上級公務員達は自分達のポストから欠員許可を得ることができ、かつ政界に入ることはできる。対照的に英国の上級公務員達はひとたび近々の選挙での政治的候補者として決定されると、自分の公務員のポストを辞任する必要がある。このコースに従う人々はきわめて少ない。二〇〇〇年における保守党幹部は、D・ウィレット及びA・ランズリィ（ともに元公務員）を含んだ。しかし英国公務員における役職は政党政治への選択肢であって、政党政治へのエントリーの準備ではないのである。

上級の行政事務の公平性の広範な受容は、ある程度まで二大政党内の合意の大きな領域であるものと、ある政党が他の政党を政権上引き継ぐとき政策における広範な継続性があることに依拠する。それ故、公務員達がリドリー教授が知らせる如く、「政権が変動するにつれて色彩をかえる」カメレオンの如くあらわれることは比較的容易であった。とはいえ一九八〇年代において二大政党間のイデオロギー的距離の増大は公務員制が「政党の上」のものとしてみられることを困難にせしめた。解説者達やいくらかの労働党の指導者達は、公務員達がきわめて長く保守党政権下で働くことによって「汚染」しているかどうか不思議に思ったのである。

公平性原理は、匿名性原理と結合される。理論上大臣達が決定し、かつ政策には答えることができる。国会に対する閣僚責任観念は、公務員達がその大臣の代理として行動するという前提に基づく。閣僚責任学説はどんなに公正ないし非公正であろうが、その閣僚は自らの省活動についての毀誉褒貶の双方を受け入れる。その現代的形態においてその学説は一八七三年に起源を辿る。その年にスカッダモア（郵政省官吏）は資金の濫用で個人的な官僚責任を受け入れたし、蔵相はその問題についてスカッダモアの責任を受け入れると庶民院に示唆した。次に平議員であるバーナル・オズボーンは次のように反論した。即ち、「この庶民院はスカッダモア氏を何ら扱わないでいる。彼は我々に責任を負わない。我々は省庁の大臣達をみるべきである」と。その閣僚は責任があるとみなされ、かつ公務員達は彼の意向を実行する限り、その公務員達が自分達のために話す何らの必要もないということになる。

その習律は彼らが特定な決定をなしたかの理由と、どんな助言を彼等が公務員達から受け入れたかについて閣僚達に問う国会の特別委員会の能力を制限する。それ故、それは閣僚達及び公務員達の盾として行動し得る。二人の内閣閣僚についての諸問題をひき起した、一九八六年におけるウェストランド事件は閣僚責任・閣僚と公務員との関係・及び国会に対する双方の責任についての諸問題をひき起したのである。その政府は、公務員達を問う、八六年の庶民院防衛特別委員会に対する許可を拒絶した。「その政府は、彼等がいずれの問題なのかに答えるべきではないし、或いは自分達自ら或いは他の名を挙げられた官吏達の行為に向けられるように思われる諸問題に答えるべきではない」。その代わりにその庶民院防衛特別委員会は、その主要官吏とインタービューをした内閣府の長であるR・アームストロングとともに二つの会期を扱わなければならなかった。

上記の諸原理は近年、緊張状態に至っている。統一された公務員制は漸進的に解体されている。大抵の公務員は執行諸機関へ移されている。その諸機関は自分達自身のもつ行政長官達（公務員制委員会を通じてではないが）を補充し、かつ私的部門における管理者達にそのポストを魅惑的にせしめるために、彼等に競争的給与を支払う。公務員制における共通な給与規模制度は遂行制度の導入によってその諸機関に、彼等自身の給与規模を設定させることによって害されている。上級ポストが外部の競争に対して開かれるべきであるばかりでなく、三～四年の契約に制限されるべきであるという圧力が存在する。恒常性は、こうしたよき観念であるとはもはやみなされない。匿名性は損われている。その時以来、より一層ききたがるマスメディア・引退した閣僚達の回想録における公務員達の述べられた諸見解及び助言の刊行・公務員達による悪しき行政の事実についての国会委員会報告・並びに引退した上級公務員達自身による公務員達のより大きな公開性とともに特別委員会と他の諸機関のより探究的な尋問は全て、匿名性を侵食する一つの役割を果たしている。マトリックス―チャーチル事件（イラクへの違法な武器販売について）に対する閣僚と上級公務員達の行動へのR・スコット卿下での九四年における公的調査は、公務員達のきつい質問に関して著しかった。

〔三〕公務員の補充

我々は公務員制の政治・政策形成の役割を討論するとき、高級公務員（即ち、主要レベルないし上級レベルの公務員達）を扱うのに主としてかかわる。これらのうちの大部分はロンドン中央（スコットランド及びウェールズ省でのそれぞれのエディンバラ及びカーディフにおいて雇用された少数の人々は除く）において働く。彼等は大学からの直接的新入者・行政事務の低い階級からの昇進者達・及び公務員制の外部からのいくらかの被任命者からなる。特に主に専門的役割を果たし、かつ行政官達に専門家的助言を与えるエンジニア・医師・科学者・経済学者・統計学者・及び法律家達もいる。

より上位の公務員達の仕事は高度な知的能力を求める故、その参画は競争的試験と面接形態に通常なる。『ノースコート・トレヴェリアン報告』（一八五四年）は政治的任命権を除去する方へ、かつ公開競争試験を改善する方への第一段階を踏み出した。その報告の主要原理は二〇世紀での方向を形成した。公務員補充は独立的公務員制委員会によってなお運営され、かくして政治家達の手を近けさせないのである。対外的候補者達は（二〇〜二七歳までの年齢にして大学ないし工芸専門学校の学位を所有するもの）、補充の「迅速な流れ」への参画の三段階選出過程をうけなければならない。即ち、

(1)第一は、一日半に及ぶ間続く筆記試験である。

(2)資格要件合格者達は公務員制特別委員会へと進み、かつ筆記並びに口頭の実践及び面接テストを受ける。

(3)最終段階は、最終特別委員会によって行われ、かつ一般的課題についての自由形式で答えられる面接からなる。

〔四〕 昇進

最も「早い出世」の入省者達は少なくとも事務官補佐レベルへの昇進を期待することができる。常勤事務官の最高ポストへの任命は次のような今日の首相の手にある。即ち、首相は他の上級の常勤事務官と内閣閣僚（上級任命特別委員会を形成する）、及びその省大臣によって助言される。サッチャーはその昇進における他の首相達よりも大きな関心を示すように思えた。大蔵省で任務を遂行している公務員達は、一部には大

蔵省が「野心家」である入省者達の不釣り合いな割合を伝統的に補充している故、トップの任命を得るよりよき好機会をもつ。ありそうな指導者達への役職計画は大蔵省・内閣府・或いは首相の事務所のいずれか、ないし実のところ三つ全てにおいて交代でやることを含む。こうしたポストにおける経験は若い公務員が首相・閣僚・及び他の省庁の個人的事務局と密接な連絡を保つのである。こうした公務員達はゆえに、自分達が他の省におけるよりも多くの上級的地位へと昇進するとき十分に関連付けられる。二人の最近の内閣相〈R・アームストロング卿〈一九七九〜八七〉とR・バトラー卿〈一九八七〜九七〉〉はともに、大蔵省で長く勤務すると同様に首相の個人的事務局である時を過している。

官吏の昇進は上司達の是認と経験の蓄積に大部分依存する故、役割の遂行において連続性の強い勢力が存在する。

〔五〕公務員と閣僚

大抵の省は、自分達が常勤事務官を通じて命令の鎖を使って遂行するにつれて修正され、或いは是認される文書によって階序制の下へと低いものからの見解を意図的に求め、かつ政策争点を論じるべく官吏達を激励し得る。最終的にその大臣に達する指示は、政策についての多様な行動のコースの支持と反対を列挙し、かつそのトップの文書は勧告を含むだろう。その問題においてエネルギーないし利益を欠く、或いは官吏達によって「管理される」大臣はそのトップのものの下の文書を無視することに決めることができる。ロイ・ジェンキンズ〈一九七五〉は次のように書いている。即ち、内務省の諸見解は常勤事務官によって彼に伝えられたし、内相（一九六五〜七）としての彼の最初の期間において彼はどの程度多様な見解がその下位の公務員に明らかにされていたかを知り得なかったであろう。自分の恐れは次のようであった。即ち、「その制度が内相からの決定点を効果的に除いたと。それも諸会合で相互に一致しないことの官吏達の側でのある渋々を生み出した。文書についての調整された見解は、そのテーマの周辺で調整された沈黙を生み出す傾向がある」。

故にジェンキンズは省庁階序制においてより低い異なった諸見解について自ら伝えようと意図的に努めたのである。

いくらかの閣僚達は、諸争点について確立された省庁の方針に沿って管理する。

〔六〕 異なる役割

閣僚とその上級公務員はその省庁の好ましい評価を望むことに合意し得るが、彼らの役割において重要な相違が存在する。ある閣僚の政治的評判は自分が（圧力団体・政党活動家達・国会・同僚の閣僚達・及びマスメディアに）外部世界がうけるインパクトに主に依拠する。彼は公的世界において行動し、私的によいことを為すのは、彼に多くの政治的報酬をもたらすようには思われない。彼が自らの任務を果たす二年のみをもちうる故、政策の優先権・政治的時期・及び危険についての彼の評価は、彼の官吏達の評価と異なるかもしれない。

公務員の評判と役職の見込みは、同僚の公務員達の評価に主に依拠するが、閣僚達の評価には依拠せぬ。

官吏達はホワイトホールの「マシーン」の円滑な作業とホワイトホールの「共同体」のモラールを維持することに関わる。その称賛された行政官は「健全で」、「信頼があり」、かつ「信頼に値する」ものであり、そのマシーンの操作方法を知っており、かつ他の省庁における同僚とともに進める。

〔七〕コミュニケーションと調整

信頼できる情報とうわさ話の伝達はロンドン官庁街において素早く循環する。諸省庁にわたって「進行していること」についての知識は熱心に求められる（少なからず一省庁の仕事へのその可能なインパクト故に）。情報（或いはゴシップ）の調整及び交換（非公式にして知る必要性について）しばしばホワイトホールの機構が効果的に作用する必要がある。諸省庁にわたる協力は小さな英国官庁社会における個人的諸関係の公認の重要性がでてくる。省庁の不一致を扱う際によき関係を保ち、かつ協力を刺激する策略は、遅滞（一致を求める一方で）と曖昧さ（不一致を是正し、或いは調停することについての）を含む。ホワイトホールにおける公式上の調整の大部分は内閣の諸委員会と並行する諸省庁間ないし公式上の諸委員会を通じて達成される。公式上の諸委員会は諸省庁（その閣僚達は内閣の諸委員会に出席する）の上級官吏達からなる。

〔八〕義務と責任

公務員達は自分達の閣僚達の望みを執行することが期待される。とはいえ政党の問題とその省庁を管理することについてその閣僚を助けることとの間には明確な一線が存在する。政党事項への助力は公務員制の公平性原理とは衝突する。公務員達は野党に対する情報を開示することから除かれる。彼等は現在の政権の許可によって通常、総選挙前に野党の代弁者達との討論をなし得る。彼等もその閣僚によき観点から示すよう意図される政治戦術と策略によって助けることができるが、国会外での政党の仕事（例えば政党大会の演説ないし選挙活動）によって助けることはできない。常勤事務官はもしその意図が庶民院での閣僚達に問う、その試みにおいて反対を妨害するならば、閣僚の指示に従うことを拒否するし、或いは非公認の支出をなすことを拒否もできる。一九八五年にこうした疑問は、C・ポインティング（野党の議員に対する過敏な資料をもらすことで起訴された防衛省の公務員）の裁判に対する話題になった。ポインティングの擁護は次のようであった。即ち、彼の大臣はフォークランド戦争期中にアルゼンチンの巡洋艦『ベルグラーノ』の沈没について公けにうそをついたし、一文書をもらすことによって彼がその偽りをさらし、かくすることによって公益を促進するというものである。その裁判官は同意せず、かつ次のように述べた。即ち、公益はその時代の政権によって決定されるべきものであったし、個々の公務員によって決定されるべきものではないと。

その訴訟の結果としてR・アームストロング（当時の内閣相にして公務員制の長）は八七年に公務員達の義務と責任についての『ガイダンスの注釈』を出した。その主要部分は次の如く述べた。即ち、公務員達は君主の奉仕者であり、或いは実際にはその時代の政府の奉仕者にして彼等の義務はその省担当大臣に対して真っ先にあると。

〔九〕公務員の権限

考慮すべき最後の問題は、公務員達が閣僚責任の外套の背後の大きな権限を効果的に行使するより広範な主張である。ある見解は官僚制が保守的であり、それが幾年にもわたり、満足とみなすようになると作動する仕方を樹立したというものである。例えば諸省庁は、諸個人や諸集団が協議すべき異なった政策の選択肢や一般的政策スタンス、或いはある常勤事務官が省庁の知恵の貯蔵庫と呼ぶものについての選好を発展させた（Bridges, 1950, p.16）。後者は「幾年にもわたる経験の漸増と蓄積」から生じ、かつ諸委員会における諸見解の交換や混合・非公式な討論・及び同僚達との作業から生じるのである。それは公務員達がある説明によって、彼等が時々「正しいことは適用されるべき」と感じる「（彼等の）仕事とあの（実際的な）見解の実際性によってある程度まどわされ」るゆえである（Sir Brian Cubborn）。もう一人の上級公務員は「進行中の現実」の重要性について語っており、かつ政治家達や政権がなし得ることについて制約を実現する重要性について語っている（Armstrong, 1970, p.21）。驚くまでもなくこうした状況において行政官達は改革する閣僚については懐疑的になりうるし、「理想主義的諸政策についての実際上の諸局面」について意識させることを望むことができる。

不満についての異形は公務員達や閣僚達が行動する諸条件が、時が経つにつれて影響力の均衡が前者に引き寄せることを確かにすると論じることである。

〔一〇〕英国の行政文化を変えることについて

公務員制に関する保守党の批判は、政治的偏向を指すよりも「浪費」・「過剰な人員の配置」・「繁文縟礼」・及び「慎重さ」を指した。サッチャーは例外ではなかった。数多くの段階が公務員達によりコスト意識をもたせ、「ビジネスライク」にせしめるように変えるためになされた（Drewry and Butcher, 1991; Downing, 1993）。これらの諸観念の多くは「新しい公的運営（ＮＰＭ）」と称されている（Hood, 1998）。サッチャーの諸政策のうちのいくつかは、公務員制と主に公的部門が他の利益集団と同様に自利的であると論じる公共選択学派の経済学者達によって伝えられた。丁度実業家達が利益に関心をもち、かつライバル達に対して自分達の競争的利益を極大化するように、公務員達は自分達の行政事務への要求を増加せしめることに関心をもち、かくすることによって自分達のスタッフ・俸給・及び昇進のための機会を増大することに関心をもつ。これは全て、納税者達を犠牲にしてなされよう（彼らからのお金を使ってなされるゆえ）。サッチャー主義者達は、歳出の圧縮を擁護するために民営化を拡大し、かつ公的諸部門事業を廃止するためにこうした分析を熱心に利用したのである。

〔一一〕結論

英国政府の効果は、官僚達と上級公務員達の双方の能力と努力が生み出したものである。その二つの間の類似性は顕著である。双方とも主に中産階級と大学の背景からひかれ、総合主義者であり、彼等の訓練の多くは「勤務期間中」学習の形態をとる。

公務員制の伝えるところによる欠点のうちのいくつかは大部分、政治家達と国民がもつことに決めている官僚制の種類についてのコメントである。遅さ・慎重・及び革新やイニシアティブの欠如についての不満はある程度、公正さ・公明正大さ・及びその公務員制がしばしば称賛される徹底さの質とは分離できない。公務員制の異なった種類にはしばしば発せられる次のような諸要求がある。即ち、

(1)政治的考慮にはより過敏であり、かつ政権にある政党の政策目的により多く関わらされる(米国におけるあるトップのポストについての如く)もののための要求であり、

(2)より自信があり、かつ介入主義的であるもの(それは革新的政策の実施に責任をもつことを前提とする公務員制)のための要求である。

前者の要求は政治的に従属的な公務員制を求め、後者の要求はいわば政党政治の上に立つ「超」公務員達のレベルを求める。米国はこれを上級の「内部と外部」の補充によって達成しており、彼等は政策を監督するために大統領ないし内閣府によって任命される他の分野においてなしとげている人達である。フランスはしばしば第二のものへのモデルとみなされる。

二〇〇〇年には異なったモデルが台頭しつつある。それは大抵の公務員達を刺激して自分達を顧客に対するサービスの支配人にして実行者とみなすものである(その大臣のために政策及び戦略的助言を与えるように委ねられた小さな核心によって)。市場実験・コストセンター・民営化・独立行政法人・能力給・及び雇用の限定的期間契約の導入の蓄積的効果は、多くの官僚達の役割を転換している。その強調は市場・競争・契約による除外・及び遂行目標の設定のより大なる使用によって政府をより小さく、かつより効率的にする

ことにある。地方自治体と中央政府は、顧客に満足なサービスを提供するように主張される。これは新しい公的管理（ＮＰＭ）哲学であり、かつ英国に限定されない。米国ではオズボーンとゲブラーによる『政府を再発明する』（一九九二）というベストセラー書は、同類なテーマを提示している。多くの諸国においてよりよき行政事務のための有権者達の要求と、高い税金を払うことに対する抵抗との衝突が存在する。よりよき運営は新しい標語である。

ある改革者達はより一層前進するだろう。「欧州政策フォーラム」という英国の頭脳集団は、三〜四年契約で上級公務員達を置き、彼等に彼等の仕事に対して市場相場で支払い、かつ彼らの遂行の質によって彼等を評価するニュージーランドの制度の導入を支持する。官吏達に対する政策の誤りについて非難を配することは、閣僚連帯責任の習律を薄めよう。とはいえ、それは独立行政法人や地方自治体におけるその傾向の方針へと上級公務員達を従わせよう。

今日、役職の公務員制に関する伝統的モデルが適切であるか否か問うことのより大いなる本意が存在する。公務員制はもはや一枚岩的ではないが、小さな政策形成の核心と（省庁自体のもつ予算・管理スタイル・及び給与規模をもつ独立行政法人に行政事務をもたらしつつある）大部分の多数との間に分けられる。恒常的な公平的公務員制をもつ可能な障害は「利権漁り」・官吏達の転職率・政策の断絶・及び低い士気という形での潜在的政治化のコストに抗して除かなければならない。より多いイニシアティブや想像力を示す官吏達の要求は、政治的コントロールと説明責任の現在の諸原理とを折り合わせなければならないし、より政治的に即応する公務員制への要求は、公務員達の中立性と恒常性の諸原理と折り合わなければならない（6）。

第七節　英国の地方自治体

過去二〇年間において英国の政治における地方自治体の役割は転換されているし、きわめて減少されている。国家を「巻き戻す」というサッチャー政権の課題は、地方自治体によって確かに感じられている。本節は地方自治体構造を検討し、中央と地方との関係様態を論じ、かつ地方自治体の権限と資源におけるドラスティックな変化の効果を評価する。

〔一〕地方民主主義

地方自治体についての諸議論はより多くの民主主義とより多くの効率のいずれかの諸根拠でしばしば進められている（その二つは、異なっているし相互に相容れない議論である）。近年、二つは共に挑戦されている。民主主義の支持者達は次のように主張する。即ち、地方自治体は人々が政治に参加し、市民権感覚及び政治責任感覚を発展させ、かつコミュニティ感覚を促進する機会を提供すると。効率を支持する人々が主張する如く、中央政府と国会は既に過剰負担とされており、かつ地方的文脈において発展された政策は地方の人々には適切であり、かつ地方の人々によって支えられるようにより多く思える。

その批判者達は、政策における可能なヴァリエーションとサービスの質が諸地域間のサービスにおける望まれない不平等に導き得るか、或いは地方ユニットが中央政府よりも効率的でないという根拠で分権化の議論に反対している。彼らは多くの広域都市圏におけるコミュニティ感覚の明らかな欠如、及び地方選挙における四割以下の典型的な投票率も指すことができる。地方自治体の責任と中央政府の責任との区別のいくつかは、多くの人々には不明瞭であり、かつ地方選挙は全国基盤（地方基盤ではない）でしばしば決定される。一九九〇年代半ばにおいて地方自治体構造及び組織になされた多くの変化は、その区別をより明瞭にしたり、或いは民主主義的な説明責任を増大するようにはほとんどなってはいない。

地方自治体の役割は、民主主義の性質についての議論において通常顕著に現れる。ある理論家達は多様な決定点の存在から現れている民主主義的生命力をみるし、多元主義は多くの集団にある影響力をもたせ、かつ相互に抑制せしめる。この見解によれば、地方自治体は市民達と中央政府との緩衝地帯として、かつ中央政府に対する抑制として働きうる。一つの選択肢的見解は、政治的民主主義は権力が集権化されるとき高められ、かつ多数者達の選好に即応的であり、政府の能力を増大するというものである。

一九六〇年代と七〇年代前半において中央政府と地方自治体の再組織化は「大きいものは美しい」という信念に反映した。大きな権力機構はその作用のより大きな規模ゆえに、より専門化されたスタッフとサービスを提供できた。政策担当に対するより統合されたアプローチへの諸要求も、より大きな地方自治体機構の設立を必要とするように思える。興味深いことに、六〇年代における王立委員会と地方自治体研究は、地方自治体によって提供された人口規模とサービスの質との間のいかなる明確な関係も見出さなかった。同時に、それらはある人の「社会的愛着」と「地方の事情への関心」が自治体機構のより小さな諸類型とともに増加するという主張を支持しなかった（Newton, 1982）。

英国政府の分権的次元は多様な仕方で明らかにされる。いくつかの独立行政法人は、地方自治体における如く、第一次的には地域的である。例えば地方ベースでサービスを管理する教育機関のような、第一次的には機能的な独立行政法人でもあるけれども。多くの中央政府の諸省庁も自分達の地方局を通じて自分達自身のもつ政策やサービス（年金・国民保険・雇用など）を管理する。中央政府は例えば住宅や教育についての国家の諸政策を定めるが、彼等は住宅や学校を建設しないし、或いは直接的に教員や建築者を雇用しない。地方自治体は公立学校や自治体経営住宅のためにこれらの仕事を引き受ける。教員達は中央政府よりも地方教育機構ないし学校のマネージャー達によって雇われるし、例えば教員達はフランスにおける如く公務員ではない。教育サービスにおける親・生徒・及び教育並びに住宅サービスにおけるテナントと建築者は自分達の地方自治体当局としての地方議会議員や官僚達についてより意識するだろう。しかし地方自治体当局は国会から自分達の権限をひき出し、地方の行政事務に関する主要な政策方針は国会の立法によって規定され、かつ中央政府の補助金の大部分は特定のサービスを実行する当局に与えられる。

〔二〕 地方自治体構造

イングランドにおける地方自治体の起源は、数多くの自治市が君主制から君主の憲章を得、かつ彼等自身の問題を運営することが許される、中世に辿ることができる。一九世紀において地方自治体の新制度が設定され、かつそれは一九七四年まで続いた。その時まで雇用や住居の類型変化・新しい輸送形態の発展・及びサービスの新しい類型に対する諸要求は全て、一九世紀後半において描かれたその制度の論理を害するように組み合わされた。

多くの議論を経て、地方自治体法（一九七二）が七四年に実際に効力を発した。これは三九の県の二層制を設立し、かつロンドンの外での大集合都市のための六つの大都市県を設立した。大都市県内では三六の大都市区の低層があった。

一九八〇年代において地方自治体は徐々に政治化されるようになり、かつ中央政府と地方自治体との間で、かつ労働党と保守党との間でしばしば闘いがあった。保守党は大ロンドン市議会（ＧＬＣ）と大都市県自治体（全て労働党が支配した）を廃止し、かつロンドン自治区や大都市地区に彼らの義務をそれぞれ帰した。地方自治体改革史は交渉・調査・委託・及び討論がその党派性及び異なった政党や集団によって彩られているものである。長期間にわたってホワイトホールや地方自治体はその費用について取引きした。とはいえサッチャー政権は地方自治体の構造・責任・及び財政的基盤を二者間（国家政府と自治体との間）的に変えたのである。

〔三〕　地方自治体に対する中央のコントロール

スコットランドを除き、英国の政府制度はその低下された国会とともに単一国家であり、主権が国会に集中されている。地方自治体がもつような権限は、国会によって譲られ、かつ国会によって取り上げられるかもしれぬ。一九四五年から七九年までの間、地方自治体は（病院・ガス・及び電力供給・幹線道路・及び水道をはじめとして）数多くの諸機能に対して管理権を失なっていたし、他のサービスについてより多くの中央のコントロールと指導に服し、かつ既にある財政的独立を失っていた。北アイルランドにおいてストーモント議会は七二年に英国政府によって二者間的（国家政府と地域自治体との間）に中断され、かつロンドンからの直接支配が強制された。同じ年にその政府は地方自治体経営住宅（後に廃止された）に対するレントのレベルを設定する権限を行使した。七六年に労働党政権は諸政府機構に非公選の方針に沿って中等教育制度を再編するよう指示した（七九年のサッチャー新政権によって廃止された指示）。国会の政治家達が地方民主主義の必要性と、分権化の長所を支持して行っているリップサービスにも関わらず、その記録はそれが深く支えられないことを示唆する。

一九七九年以来より多くの権限が失われ、かつ中央の地方に対するコントロールは増加している。助成金の罰則は、政府が適切とみなす以上に多く費す地方自治体に対して導入された。地方自治体は清掃・ごみ収集・道路維持・及び住宅改修をはじめとして、彼等のサービスの多くの（競争で）提供を公表させられた。八〇年に政府は当局がかなりの割引き率でテナントに、販売に自治体住宅を利用可能にせしめることを必要とさせた。自治体は更なる教育や工芸専門学校についての責任を失なったし、学校は地方自治体のコントロールの選択的除外が認められた。政府は、全ての公立学校のための全国カリキュラムを策定することによって介入し、生徒による標準的評価によって支援され、かつ事前の評価テストをはじめとして、多様な基準に関して学校の遂行の一覧表を刊行した。大ロンドン市議会（ＧＬＣ）と大都市自治体機構は八五年に廃止され、かつ九〇年に地方税賦課制度は人頭税にとってかえられ、次に九二年には地方税と入れかえられた。

〔四〕「上意下達」モデル

政権にある場合の二大政党とも、英国の行政の「上意下達」モデルが便宜的であることに気付いている。そのモデルの基本的諸要素は立法者・閣僚責任・英国官庁のコントロール・及び公式上の抑制と均衡の欠如としての国会の優越である。保守党は「強力な」政権の信念とともに、伝統的に平等を促進する最も効果的な途として集権化された政策形成をみなしているモデルが適していると（労働党が感じている如く）解している。中央政府はサービスのためにその枠組みと最小限の基準を定めており、その資金の大部分を提供し、かつその国全体にわたって統一的基準を保持しようと努める（地方自治体にそのサービスの実施を委ねるけれども）。福祉利益の権限付与・及びそのレベル・或いは義務教育終了年齢は例えば、人が英国で生活するところにおいては一律である。諸地域にわたってサービスの質において相異が存在するけれども。

対照的に中央のコントロールが少ない制度は、サービスの最小限ないし「規範」基準の上であったり、下であったり多くの地域的・地方的ヴァリエーションゆえに認めよう。

〔五〕地方議会議員と地方官吏

英国においてある人は、地方議会議員として選ばれる資格を有するには、その地域で生活ないし働かなければならないし、或いはその地域にコネがなければならない。地方自治体は有給職員を雇う事務所を構えることが、公職選挙ではその人を失格とみなす。不適切なものはまた、告訴されていない破産者・精神異常者・

及び以前に五年以上にわたって三カ月以上投獄の判決を受け、或いは違法な選挙行為として判決を受けたものである。多くの地方議会議員達は長時間働き、かつ議会任務で二四時間ないし一週間以上費している。地方自治体当局数と地方議会議員数の減少（約二万六〇〇〇或いは初期の数の半分まで）は、地方議会議員にとっての典型的な過剰任務負担の増加に導いている（Widdicombe Report, 1986）。

人々は多様な動機で地方議会に立候補する。ある人にとってそれは、国政政治への道の一ステップである（近年の国会では労働党議員の約四五パーセント、そして保守党議員の約二五パーセントは選挙以前には地方議会議員であった）。ある人は参加への個人的理由に言及する。地方議会議員は、日常的な仕事に対する選択肢とみなされ、或いはそうした議員は高められた社会的地位や「立派なクラブ」の成員資格の感覚を享有する。多くの補充者は既に社会の活動家達であり、かつ典型的には七つないしそれ以上の自発的地方「組織」の平均に属する。政党による候補者指名は現在、地方の政治的公職を追求する事実上の前提条件である。

地方自治体は一九世紀中により多くの機能を得た如く、国会は官吏達が任命されると主張した。一九七二年の地方自治体法は官吏達（その地方自治体当局による任命は義務的である）の範疇を特記した。ある省庁の最高官吏達は地方議会議員とは対照的に、職業的訓練や資格要件をもつことが期待される。ある官吏は政治的には公平であることも期待され、かつ官僚としての自分の引退後一年までに政治職に立候補することを禁じている。官吏の仕事はその地方議会議員の最良の専門的助言を与え、次に法を破るまでに至らぬ、地方議会の政策決定を実行することである。

理論上、地方議会議員と官吏との関係は閣僚と公務員のそれと似ている。しかしそこには相違も（地方議員は執行部の一員にして密接な関係がある）存在し、かつ多様であろう。

〔六〕地方議会の指導者達

地方議会の指導者達は通常、多数党の指導者でもあり、より最近では政策委員会の指導者である。そうしたリーダーの登場は主に第二次大戦後の発展である。以前に政治的リーダーシップは異なった諸委員会の議長達間に通常分散されたし、彼等はともに行動することによって集団的リーダーシップを与えよう。市参事会制の終了と地方議会議員のより頻繁な交代は、こうした経験をもつ有力議員達の登場の可能性を恐らく減じている。例えばロンドンにおける（一九三〇年代での）H・モリスンや（五〇年代や六〇年代の）リバプールのJ・ブラドックの如き、ある目立つ独裁的でさえある、地方の指導者達がいる。八〇年代においてロンドンのK・リビングストン、リバプールのD・ハットン、ランベスの「レッド」T・ナイト、及びウェストミンスターのポーター女史は世間の耳目をひき、悪名さえとどろかせた。しかし一般に地方の指導者達は、米国の大きな諸都市の市長達の全国メディアの注目を集めていないのである。

〔七〕中央と地方との関係

中央政府と地方自治体との関係は、一九八〇年代において緊張の増大状況になっており、かつその結果として地方自治体に、より弱められた機関を残したのである。長期間、中央と地方との関係がパートナーシップの一つであるか、或いは地方自治体がその中央の代理機関であるべきかどうかについての議論が存在している。それは地方自治（もしその制限に押しやられれば、サービスの提供面で諸当局間での明確な不均衡を結果としてもたらし得るもの）と、（たとえその制約に押しやられても、中央政府のその執行部の腕に単に地方自治体をせしめる）中央の指導とコントロールとの間の正しい均衡を見い出す問題である。とはいえ、地方自治体において中央政府と地方政府との関係が適切な均衡に打撃を加えることに満足する人々はきわめて少ない。

多様な諸モデルが中央と地方との関係を記述するのに用いられる（Rhodes, 1988）。エージェンシー（代理人）モデルを支持して、それは中央政府が地方自治体のユニットと権限を設定したり、或いは廃止したりする権限をもつというものである。このモデルではある政策の国政枠組みが樹立され、かつ主として中央政府当局に財政化された地方自治体当局が自由裁量と多様性の規模を少しももたずにそれを実行する。地方自治体はそれ自体の政治的正統性・財政（地方税から）資源・及び法的権限さえもち、かつ中央と地方との両政府の権力関係の均衡はその文脈によって変化する。地方行政事務においてあまりにも多様性があり過ぎてそのエージェンシー（代理人）モデルを維持し得ない。たとえ地方自治体当局がそのパートナーシップにおいて明確に従属的であるにしても。しかし我々はその通常な類型が十分に宣伝された対立にも関わらず、協力・協議・及び交渉によるものであることを想起する必要がある。

政府の二つの水準の間はコントロール・依存・及び協力の混合に基礎付けられる。地方政府当局はそれ自体にはほとんど立法権をもたず、全ての地方権限は国会によって与えられ、かつ国会によって修正し得るし、或いは撤回もできる。もし地方政府当局がその権限を越えるならば、その行為は法的妥当性を欠き、かつそれは裁判所によって権限を越えて決定される。

〔八〕変化の二〇年

地方自治体当局は、自分達の自治と資金を制限すべく一九八〇年代における中央からの容赦ない圧力にも関わらず、全体的歳出の約二割をなお説明し、かつ多くの地方サービス（特に学校や住宅において）を行なっている。全ての中央政府（政党に関わりなく）は、地方自治体に影響を与えるのに、財政（政府の補助金という形態で）・構造・及び政策に対する彼等のかなりな権限を行使している。政府は、学校や犯罪について自分達の政策を実施するのに地方自治体に頼る。

しかし一九七九年以来、地方自治体の構造・財政基盤・対内的作業において大きな変化が存在している（地方自治の範囲において、かつ地方自治体当局や私的部門や市民達においても同様に）。その変化は合意されるよりも主として強制されている。その移行は協議や交渉から一層多く中央のコントロールへというようになっている。保守党政権は、ある労働党地方自治体当局の浪費についての単なる不満から、地方自治体当局に対するコントロール（特に財政的コントロール）を漸進的に増加し、彼らの活動を切り詰め、かつ行政事務のいくつかを与えるべく新機関を設定した。彼等も自分達の伝統的役割の急進的批判を発展させ、地方への委任概念を排し、かつ地方自治体当局によって伝統的に与えられた多くの地方行政事務が他の諸機関によってよりよく与えることができる。

最も重要な変化は、地方自治体の役割に関する全国政党間の不一致であった。一部にはこれは、全国レベルのコンセンサスの崩壊の結果であり、一部には地方自治体の政治化の結果であった。労働党と保守党の双方において、諸集団は中央政府と地方自治体との間のパートナーシップの古きモデルを拒絶している。このモデルにおいて、諸政策を決定する中央政府の本質的権利は、地方自治体当局によっては挑戦されなかった。地方自治体当局は多くの分野で政策を適用するのに大部分のイニシアティブが委ねられたけれども。ジム・ブルピット（一九八三）はこれを二頭制と呼んでいる。即ち、中央政府が「高等」政治の諸政策（本質的には財政・防衛・及び防衛政策）をコントロールする限り、それは地方性や他の諸集団に対する「実務」政治とそれがみなすものに任せるつもりでいた。というのは（特に高歳出の左翼労働党自治体による）歳出を変えるサッチャー保守党政権が優先し、かつ彼女が多くの「実務」領域において地方自治体の自治を減じたからである。保守党閣僚による地方自治体に課せられたコントロールは、労働党政権下では維持され、かつ左翼は周辺化されるようになった。

〔九〕結論

過去二〇年は地方自治体の構造・役割・及び財政基盤を取り巻く多くの議論が経験されている。地方自治体は、各自治体の社会・歴史・政治・及び経済状態の所産である環境内で明らかに活動する（地方議会議員は政党に属し、かつ官吏達は全国の諸団体に属し、政策はホワイトホールで形成され、かつ国家経済の状態はいつも重要である）。

英国の政治機構当局の「上意下達」モデルにおいて、地方自治体はサービスの調達のためのエージェンシーとしてその中央によって徐々にみなされている。歳出と税制をコントロールする大蔵省の決定に関するこのモデルを補強するきっちりとした行政についてのホワイトホールの官吏達の見解の組み合せがそれである。対照的に数多くの他の諸国は、連邦制を作用させる。連邦制は地方ユニットに独立的権限を保障する。近年EU加盟諸国は英国の保守党とは異なる方向で行動しており、かつ諸権限を地域及び地方自治体に委譲している。それらの加盟諸国も下位国家が権限を与える補完性（subsidiarity）原理を適用しており、かつブリュッセルに対する国家政府であるだけではないのである。官吏達が人頭税を工夫したとき、欧州の経験は無視され、かつその主題についての権威的研究の評決は次のようであった(Butler, Adonis and Travers, 1995, p. 3)。「地方自治体でのより広範な欧州の実際についての軽蔑に関する怠慢は……その大陸の近隣諸国と英国との関係についての有効な注釈である」。

ブレアは、保守主義思想の多くによって実行している。地方自治体は、サービス供給者として第一次的になおみなされるし、それは他の供給者達と競合すべきであり、かつその遂行が貨幣の質と価値の諸基準を満たす定期的確認に服すべきである。ホワイトホールは地方自治体税を徴収する権限を保持し、かつ自治体は実業税を設定する権限を保持する。それもよきリーダーシップを提供し、かつ地方議会議員として役立つより有能な人々をひきつける新しい構造に期待している。

しかし、スコットランドとウェールズへの権限委譲・イングランドにおける地域開発機関の創設（しかし地域的議会はない）・市長の可能性・及び地方自治体の復活の保守党の要求（野党の伝統的要求）とともに、継続的変化は地方自治体の課題となっているように思えよう。とはいえ、大きな問題が残る。即ち、地方自治体がその基金の約二割のみを上げ、かつ残りは中央政府に依存するとき、真の地方自治体を支える困難といった大きな問題が残る。

第八節　英国の司法部

法とは次の如き一組の手続きとみなされる。即ち、法は諸個人・諸集団・及び国家との間の関係で秩序・正義・及びある程度の予測可能性を促進する一組の手続きであるとしばしばみなされる。自由社会において法もいくつかの市民的自由を保障することによって、かつ権力機構に法的抑制を加えることによって市民達の自由を支える。司法部は法と秩序を維持し、かつ対立には仲裁するように行動する、第二にして狭義の法の使用は、裁判所によって課せられた刑事上の制裁によって究極的に支えられる、「係争解決手段」として存在し得る。もう一つはコモン・ローであり、判例や裁判所の法解釈から引き出される。最後に、人は制定法〈国会を通じて通過され、かつ君主の裁可を受け入れる法〉を指すことができる。英国では制定法はコモン・ローに優越するが、ここでさえ刑事上の有罪ないし無罪を評価し、制定法を解釈し、かつその境界や適用を決定するのに果たすべき役割を有する。

一八六五年頃の長い以前に、バジョットは英国民の遵法度に注目した。そして彼はイングランド人の自然的性向が政府を「非本質的機関」とみなし、かつ立法を「かけ離れた行為」とみなすゆえに、「権威に抵抗することにある」と主張した。英国における法の遵守は、大いに合理的とみなされた法に依拠し、かつ制限された自由への制約に依拠している。諸集団が法に抗して直接行動に頼ったり、或いは国会過程の外部で大義を促進することが必要と感じている諸機会が存在している。一九世紀においてカトリック解放連盟・チャーティスト達・国会改革者達・アイルランド民族主義者達・及び次に一九一四年以前の参政権拡張運動者達は全て、自分達の大義を促進するのに直接行動の手段を用いた。一九九〇年の人頭税に反対する暴力的デモは、長き伝統に従ったのである。

数少ない例外を除き、英国の政治学者達は、司法部には多くの関心を示してはいない。一部にはこれは、成文憲法の欠如から、かつ一部には国会への司法部の従属から引き出す。政治と法は通常、別々な領域とみなされている。この態度は一部にはＥＵのインパクト故に、一部には司法の積極主義故に、かつ一部には執行部の権力についての不安の増大ゆえに変化しつつある。

本節は司法部、並びに政治とその関係、そして司法上の積極主義を主張し、かつそれを形成する諸勢力を考察する。

［一］司法部の役割

我々は英国憲法において制定法よりも高次の権威が存在しない（ＥＵ立法の著しい例外を除き）と第二節で考察した。国会主権はＥＵに属する事項とは別に法を形成する国会の無制限な権利と、制定法を覆すことの裁判所の不可能性を指す。特に例えば、栄誉の授与ないし条約締結権といった大権行使を含む諸決定は、司法審査に服さない。対照的に独・米の両国はともに成文憲法をもち、その裁判所はその憲法を解釈し、かつ公共政策に影響を与える判決をなすのに決定的な役割を果たす。英国の裁判官達はとはいえ、全体的に受動的であるとは限らぬ。執行部の行動についての司法審査は、閣僚達ないしその代理人達がその行動のための制定法的権威をもつかどうかをその裁判官達に決定せしめる。裁判官達は公職保持者達がウルトラ・ヴィレス（即ち、権限を越えて行動する）ことについて、或いは法の誤謬（即ち重要な法）について有罪であると判決する能力をもつ。とはいえ、彼等はあまり前進させたがらず、かつ特定の制定法の長所ないし合憲性について決定している。というのはそうすることによって彼等は、立法機能を奪おうと試みるという批判に自分達が率直でいるであろうからである。伝統的に彼等は閣僚ないし官吏が自らの制定法権限内で行動するかどうかを樹立するのにその文字通りの制定法の解釈によって自ら満足している。ここでさえ、裁判官達はある程度、その手続きの判例やいくつかの諸規則によって拘束される。これは英国憲法における非公式な諸機能の分立の一局面である。

ペッパー対ハートの訴訟以来（一九九二年）、裁判官達はその法案がその法の創作者達の意図に関するよき知識を得るのを望んで、議論されつつあった時、『ハンサード』（国会議事録）で報告された関連する国会討議を協議できている。しかしながら、こうした研究が明確な立法意図を開く少しの保障も存在せぬ。制定法は通常、公務員によって作成される。公務員達は匿名で存在する。そしてその制定法は国会によって投票され、議員達の多くはその法案の正確な文言を読んでいない。多くの諸事例における法は異なった視点間の妥協を示し、かつその支持者達による異なった解釈をまねき得る。人はそれが制定される時、いずれの見解ないし解釈がゆきわたるのかを確かにできないのである。

〔二〕司法部の独立

政治的コントロールないし影響力からの司法部の独立は、英国憲法の基本である。概して裁判官達は、論争のある諸争点についての公的コメントを控えており、彼らは国会議員達ではあり得ず、かつ裁判官になる国会議員は自らの議員職を辞することが必要とされる。裁判官達は、公平であることが期待されるばかりでなく、公平性を例示することも期待される。裁判官の俸給は整理統合基金での恒常的費用であり、かつ毎年の見積りを通じて変更することができず、或いは国会の議論の的となることはできない。上席の裁判官達も任期保障を有し、彼等は国会の両院によって君主への自分達の罷免要求の結果としてのみ公職から除き得る。最後の防衛手段は、裁判官達が少なくとも表面上、政治的根拠よりもむしろ職業上の根拠で任命され、かつ昇進されるということである（一九一四年以前には、これは本当ではなかった）。この最後の特徴は裁判官達の任命が大法官（彼自身は政治家にして閣僚である）によってなされる故、著しいのである。首相も英国首席裁判官や裁判長や控訴院裁判長の任命権をもつ。国会議員達はたとえ国会の特権によって擁護されるにしても、裁判官達についてや、未決になっている法律事項についての説明を一般的に控えるし、これらはその訴訟手続きが完成されるまで「裁判の下に」あるとみなされる。政治家と裁判官との間に自己制約の相互交換が存在しており、かつ彼等の別々の諸領域の承認が存在している。

法と政治の分離はとはいえ、全体的ではないのである。記された如く大法官は閣僚の一員であり、閣議に出席し、かつ貴族院を主宰する。スコットランドの法官吏（法務官と法務次官）と同様、法相と次席法相も政権の一員である。上院に出席する法律貴族達は、上訴の最高裁を構成する成員であり、通常法律問題に自分達の演説を限定する。法は通常、庶民院での最も代表された公言である。戦後の国会においてソリンター（事務弁護士）ないしバリスター（法廷弁護士）であったり、或いはそういうものである国会議員数は庶民院のうちの百人ないし六分の一にしか落ちていない。裁判官達も法廷・委員会を主宰するのに自ら関与することを自覚し、かつ政治的に論争のある諸争点（例えば「ロンドンデリー」（一九七二）での「流血の日曜日」におけるウェッジアリー卿、「ギルフォードの四人組」の有罪判決でのJ・メイ卿（一九八九）、「ブリクストンの暴動」でのスカーマン卿（八九）、イランへの武器問題についてのスコット裁判長（九五）、及び公共生活における基準についてのノーラン裁判長（九六））への調査に関与することを自覚している。

一九七〇年代と八〇年代において裁判官達の役割は、徐々に政党政治関係で見直された。支持者達にとって司法部は自由民主主義における必須の要素であり、抑制と均衡及び法の支配の制度を支え、かつ恣意的統治に抗する安全弁を提供する。しかし批判者達にとってそれは、国家ないしそれ自身のもつ階級に有利に判決を下す、「支配的な」政治秩序の一部である。裁判官達も自分達の独立的な社会的・教育的環境や法的訓練からの政治的「偏向」ゆえにしばしば攻撃される。J・グリフィス（九七）は次のような定立についての活発な提唱者である。即ち、裁判官達は財産と法並びに秩序に関わる訴訟において当局の諸利益にはしばしば偏向があり（労組にとって敵対的である）、かつしばしば公益と政府の利益とも同一視している。しかしながら八〇年代にはそれは、きわめて多くの判決が閣僚達に反対して進んだとき、裁判官達について不満を言う保守党の変化であった。

証言される如く閣僚達は独立的調査委員会が不適切ないし悲惨といわれるものへとみなされ、ある国民を再び確保するために、委員会・調査法廷・及び他の調査・諮問機関の「中立的」成員達として裁判官達を使うのは便利とみなす。こうした特別司法活動への関与が司法上の中立性の神話を損なうであろうとの危険性が存在する。ヘイルシャム卿が一九七三年に不満を言った如く、「もしあなた方が次のような国民的批判によって独立的裁判官達を試練に恒常的にさらすならば、あなた方は英国では独立的裁判官の状態を保ちえないのである。即ち、その国民的批判はあなた方が彼らに調査法廷に対して主催するように要請するときはいつでも、不可避的であるばかりでなく正統にして適切であるというものである」（ドルーリー〈一九七五〉のものから引用）と。

〔三〕司法上の積極主義

執行部についての国会の低下を指摘する司法部のある支持者達は、執行部を抑制するのが裁判所にとっての役割であるとみなす。デニング卿（一九八二年まで記録長官）はしばしば次の如く述べた。即ち、裁判官達は前例で対立する、或いは何らの明瞭な立法上の方向が存在しない訴訟において特に、より創造的な役割を果たすべきであると。四九年に彼は次のように述べた。即ち、「それ（即ち、制定法において完全な明瞭性）の欠如には、裁判官は国会の意図を見つける建設的な任務を果たしはじめなければならぬし、裁判官は制定法の言葉からばかりでなく次のようなことの考慮からもなさなければならぬ。即ち、それを生み出す社会条件について、かつそれが救済を認められた弊害についての考慮からこれをなさねばならぬと。次に彼はその立法部の意図に「力と生」を与えるために、成文の言葉を補わなければならぬ」（Cited in Marshall, 1971, p.88）。

しかしながら、裁判所が執行部の行為を見直し得るのに抗する成文憲法など存在せず、かつこうした役割を果たす裁判所のいかなる伝統も存在せぬ。米国内にはより一層司法的に（かつ政治的に）積極主義的最高裁判所がこうした役割をもち、かつ政府の他の諸部門はその判決にこたえることが期待される。しかし近年におけるいくつかの論争のある諸地域での裁判所の判決は、市民権・学校での祈とう・人種的統合を促進する学童達のバス通学・及び流産についてのその判決に抗する政治的権利に関する反発を生み出している。公選の政治家達の法形成権と、非公選の裁判官達との間にははっきりとした一線が存在する。

近年、英国の裁判所は自分達の権限についてのあまりにも寛大な解釈に基いて行動している閣僚達の行為をより心地く打ち倒している。一九七五年に控訴裁判所は次のような判決を下した。即ち、内相は後に料金の増加を支払うのを避けたい人々によって前もって買われた、テレビの許可を取り消す権利をもたないと。七六年に同じ裁判所は次のように判決を下した。即ち、教育相は総合中等教育計画を覆えしたり、かつ学校選択を復活したりするのをテイムサイド教育局が阻止するのに権限を与えられないし、もしその教育局が「不合理に」行動していたと示し得る場合のみ、介入する権限が与えられるものであると。裁判所もレイカー航空への許可の拒否訴訟においてその閣僚に反する判決を下した（一九七六）。

一九七九年以後、裁判所の諸決定の誤まった陣営にあるのは保守党閣僚達の変化であったのである。裁判所はその閣僚が地方自治体の税財政の補助金を減少するのは制定法の権限を欠くと判決した（一九八一）。裁判所はまた八一年における大ロンドン市議会（GLC）の「公平な料金政策」の側に立つ判決を下した。労働党支配型のGLCはロンドンの自治体によって支払われた税を増加することによって一部分、基金を増加する安価な公共輸送政策を追求した。保守党支配型自治体からの税の増加に対する反対は、当該輸送が「経済的」でなければならぬという根拠で、八二年に貴族院で支持された。九二年に裁判所は関係諸団体との協議が不十分であるという根拠で、政府計画の炭鉱閉鎖計画に反対する裁決を下した。九三年に裁判所は教員達による学校の試験のボイコットが違法ではないと判決した。同年に法律貴族はある大臣が裁判所を侮辱しているとの控訴裁の決定に反する訴えを承諾した。その事件はザイールの反対者達の国外追放を差し止める裁判所命令についての内相の無視と関連した。九五年にスコットランドの裁判所は次のように判決した。即ち、首相の「パノラマ」番組のインタビューはそれが当事者達の報道での不均衡をつくるという根拠で、地方選挙前にすぐには示しえないと。司法審査の適用数は近年、劇的に増大している。

多様な諸要因は裁判所の「政治的」役割を増大させている。一つは裁判所に頼ることについての（立法に不満を抱く）諸集団のより大きな本意であり、かつ法の新しい領域（特に雇用・差別・及び中央・地方政府関係）への拡大である。一九七〇年代において年平均二八〇件の司法審査が存在した。これは八〇年代で約一〇〇〇件、及び九八年には四五〇〇件以上にのぼったのである。第二は、裁判官達の変化した見通しである。テイラー卿（以前の英国首席裁判官）及びトーマス・ビンガム卿（記録長官）をはじめとする高位にある人々は、欧州人権条約の英国法への組み込みを支持して論じた。彼等は裁判官達が政策形成において創造的な役割を果たすべきであると信じるのである。その積極主義は保守党政権の長期間において次のように意味付けた。即ち、「法は権力が行使され、かつ挑戦される仕方として政治を追い越しつつある。政府に説明するように要請するのは野党の議員達ないしメディア以上に法律家であり、それは政府の政策を制約する投票箱と同様に簡明である」（Lee, 1994, pp. 123-4）と。

政治と法との関連は労資関係分野で著しいし、労働組合は一九八〇年代において数多くの判決を蒙むったのである。八〇年と八二年の雇用法及び八四年の労働組合法は、不法なピケッティングと第二次的活動から生じる損害について労働組合を訴える、雇用者達の機会を増加させた。八四年法もその組合員の投票によって承認されなかった労使行動から生じる損害について組合に責任を負わせた。英国グラフィックアート協会は八三年において『メッセンジャー』誌のグループとの係争に関するその行動について罰金が科せられた。控訴裁判所と貴族院は次のような根拠で、八四年におけるチェルトナムにおける政府通信本部での情報調査労働者達への労働組合員資格を禁じる政府決定を支持した。即ち、閣僚達が国の安全に対して潜在的な脅威を与えるかどうかを決定するという根拠で。八四年に一団の炭鉱労働者達は、全国炭鉱労働者組合（ＮＵＭ）によって求められたストライキを違憲と宣する裁判所判決を成功裡に収めた。というのはＮＵＭの組合員投票は、そのストライキが求められる前には行われなかったからである。この労働組合は次に、それがそのストライキが公式的であると主張する故に裁判所による侮辱罪裁決で罰金をとられた。

より積極的な司法部のための特別な勢力は、市民的自由に対する欧州とその関心から生じている。

〔四〕 EUの影響力

ＥＵの英国加盟は、裁判官達により創造的な役割を与えるもう一つの力である。英国の立法がＥＵの要素をもつ訴訟において、或いはＥＵ条約ないし関連する諸事項についての係争がある訴訟において、或いは貴族院に達する訴訟において、明確な判決について欧州司法裁判所（ＥＣＪ）への付託が存在しなければならない。英国の国内法がＥＵ法と矛盾するところでは英国の裁判官達はＥＵに優先権を与えることが義務付けられる。英国政府は、それが常勤労働者と臨時労働者とを区別すべきではないというＥＣＪ判決に従って社会保障政策を変えなければならなかった。より徹底的なのは、ファクターテイム事件（一九九一）のインパクトであった。その事件によって英国内裁判所は法をおかすように思える議会法の諸規定を停止し、かつＥＣＪ判決を未決にする権限が与えられた。人は実際上ないし潜在的対立のあまりにも多くを為すべきではない。というのは英国はＥＵの法や命令に応諾する加盟諸国の最良な記録の一つをもつからである。しかしその欧州連合への加盟は国会主権を明らかに制限する。ＥＵはより大なる平等への課題を駆動しつつある。例えばアムステルダム条約（一九九七）の第一三条は何ものも男女別・人種ないし民族の系統・宗教ないし信条・身障者・年齢・或いは性別的指向の根拠で差別を蒙るべきではないと述べる。

最後にカバナはこの節を次のような「結論」項によって結んでいる。

政治と法との間の関連は近年成長しつつあり、かつ英国政治への欧州のインパクトの増大ゆえとは必ずしも言えないとしても、将来成長するように思える。司法審査の適用は増大しており、かつ閣僚達・省庁官吏達・及び独立行政法人をはじめとする公共的諸機関は、裁判官達が自分達の肩越しに見ていることに気付く。裁判所自体は政治論争へひき込まれるように思える。おもしろいことに、もし政治への司法介入が伝統的に左翼によって攻撃されているならば、過去一〇年間により頻繁に懸念を表明しているのは政治的右翼なのである(8)とカバナは説く。

第九節　英国政治機構モデルの連続性と変化

D・カバナはその『要論』の最終章を「結論」と称している。我々はそれが政治機構論に重点を置きつつ概括しているので、本節を「英国の政治機構モデルの連続性と変化」と冠した次第である。

カバナは、その中で次のような表現で始める。どの政治制度も不変であるというわけでもないし、英国の場合には過去二〇年間にわたって大きな変化を経験している。『要論』の結論が連続性と変化との間の均衡を図ろうと試みることは適切である。必然的に、その方向が進歩ないし衰退のうちの一つであるかどうかを決定することは議論のある事柄である。保守的な弁明者達は、諸変化の純粋な効果が有益である(が、彼らの反対者達は諸変化の多くを嘆く)と主張する。

〔一〕英国政治機構モデルの連続性について

その多くの連続性は明確である。第一に、国会制定法文書上での歳出と法の大多数は一九七九年に先行するばかりでなく、一九四五年にも先行する。国内総生産の割合として歳出は七九年における如く事実上同じであり、かつ課税における割合は僅かに高い。第二に社会民主党とその同盟の盛衰にも関わらず、一九八二年〜八七年の期間は今、その政党制が変えることができないときに潜在的な転換点にあったように思える。九二年の総選挙における自民党の得票率は議席数の倍増にも関わらず七四年における自由党のそれ以下である。

〔二〕　英国政治機構モデルの変化について

しかし以下のようなものをはじめとしてそれには変化が存在している。

第一に、その変化は一九七九年以降の政治のスタイルと役割における転換である。特に重要なのは、戦後の社会民主主義的コンセンサスについての多くの特徴の放棄である。これらは経済における政府介入からの転換・国営企業体の大規模な民営化・市場原理を福祉国家へと拡張する事・労働組合の免責と権利への攻撃・及びケインズ的経済運営技術の放棄を含む。

第二に、政治議論についての今日の語彙は徐々に市場・競争・選択・消費者の権利・事業評価基準・及び行政事務制における基準の改善についてである。中央政府と地方自治体において台頭するモデルは行政事務を請け負わせ、基準を設定し、かつ遂行を監視する決定形成者達の核心からなる。これらの諸観念の多く、及びそれらを刺激するように目論まれた諸政策は政治的右翼によって促進されている。新労働党もそれらを受け入れており、故にサッチャー主義的課題の大部分を受け入れている。英国の政策形成者達の関心事と即応の多くは他の産業社会においても見出される。その正しさが一九九二年以来の保守党が選挙支持において急落を蒙っているけれども、この議論を勝ち得ていたように思えるし、その将来の方向について分かれているのは興味をそそる。

第三に、諸権限の喪失・中央政府による強大なコントロールの強制・及びより厳しい財政的制約をはじめとする、地方自治の後退。このことはスコットランドや他の諸地域の議会への権限委譲によって相殺されている。諸決定が英国の内外（ＥＵにおいて）での異なったレベルで形成されるゆえに、英国政府だけではもはや語るのは困難である。

第四に、公選地方自治体の衰退の結果は、いわゆる新しい統治官制の発達であり、その成員は公選者ではないが、教育・保健・及び他の諸領域における主要な諸決定をなす独立行政法人へと閣僚ないし諸機関によって任命される。労働党は、きわめて多くの特別調査委員会の創設によってこれに加えている。これらの諸機関の役割は民主主義・説明責任・及び政治的任命権についての重要な諸問題を惹起する。

第五に、労働組合や経済政策形成の協調組合主義的スタイルの影響力における急激な低下が存在している。諸政権は経済政策についての主要な利益集団と交渉するのを潔しとせず、かつその独占的地位とその公言の実際にしきりに挑戦したがっている。

第六に、庶民院において主に二党制から三党制への政党の断片化が存在している。七九年以後、非保守党票の分裂は国会において野党を弱めたし、保守党をして大衆票のうちの四二パーセントのみで国会の圧倒的多数を集めさせた。保守党の選挙上の衰退は国会代表について政党制における主要な不均衡も生み出している。非国政選挙（ロンドン選挙・欧州議会選挙・スコットランド議会選挙・及びウェールズ議会選挙での）への比例代表制の導入は確かにこうした諸立法部において諸議席を少数党がうるのを助けた。実のところ比例代表制は古き二党制支配の復活をありそうにはせしめぬ他の諸要因を加える。

第七に、欧州連合は英国の国内政治を徐々におかしている。マーストリヒト条約と英国が単一通貨に加わるべきか否かについての議論の扱いはJ・メイジャー政権の弱点を示し、かつ弱点を加えた。主として政治的右派に見出された欧州懐疑派にとって、連邦的欧州は英国の主権を脅すばかりでなく世界におけるその個性と地位も脅すという。英国の主権の「共同利用」に関する提唱者達は、今日の国民国家の独立に対する「現実的な」世界の制約を指適する。これらの諸制約はEUの創設とそれに加わる英国の決定に導いている。対外的諸勢力（例えば英国を強いて一九九二年九月における為替相場制度（ERM）から締め出す国際金融権限をもつ有力者達）は国家の独立の諸制約の残虐な残滓であった。英国がEUの加盟国であろうがあるまいが、その主要な経済政策は国際市場の「よき管理維持」の期待を満たさなければならない。

第八に、司法部、一部にはEUへの英国の加盟結果として、かつ一部には人権法のゆえに、国内政策においてより重要な役割を果たしているし、果たすことになろう。

第九に、憲法上の変化の必要についての集中的討論の少なくともこの二〇年にも関わらず、一九九七年までにほとんど達成されていなかった。しかし二〇〇〇年まで比例代表制・地域への権限委譲・貴族院改革及び人権法への動きが存在している。これはたとえ我々が貴族院のより十全な改革と、国会選挙の改革についての国民投票を待つにしても、三年間で築かれた手ごわいプログラムである。しかし諸改革は今、更なる（恐らく予期されない）変化を解き放ち得る。スコットランドの比較的好ましい扱いは、歳出や議会代表についてイングランド地域議会への支持を刺激し得、或いは反スコットランドの憤激の引き金をひき得る。既にウェールズの民族主義者達は、ウェールズ議会がスコットランド議会の同じ多様課税・及び法形成権限をもつように要求している。ロンドン議会とスコットランド議会において行われている諸連合や準連邦制形態を刺激し得る、可能性(9)もある。

(1) D. Kavanagh,*British Politics*, pp. 2-14; A.Selden, 'Consensus',*Parliamentary Affairs*,47 (1994),pp.501-15,etc.
(2) D. Kavanagh,*op. cit.*, pp.44-65; J.Jowell et al.(eds.), *The Changing Constitution* (Oxford U.P.,2000),pp.v-x,etc.
(3) D. Kavanagh,*op. cit.*, pp.220-234; C.Pollit,*Managerialism and the Public Services* (Blackwell,1993),etc.
(4) D. Kavanagh,*op. cit.*, pp.238-267; D.Kavanagh et al., *The Power Behind the Prime Minister* (London,1999),etc.
(5) D. Kavanagh,*op. cit.*, pp.272-290; P.Riddell,*Parliament Under Pressure* (London,1998),etc.
(6) D. Kavanagh,*op. cit.*, pp.294-316; D.Marsh et al., *Reinventing Whitehall?* (Macrmillan,2000),etc.
(7) D. Kavanagh,*op. cit.*, pp.320-337; T.Byne, *Local Government in Britain* (London,2000),etc.
(8) D. Kavanagh,*op. cit.*, pp.342-356; Griffith, *The Politics of the Judiciary* (London,1997),etc.
(9) D. Kavanagh.*op. cit.*, *pp*.361-2

Ⅲ　おわりに

今日の英国政治は長所も短所も含めて様々な問題を生み出している。我々が概括してきたカバナの『現代英国政治（機構）要論』は、そうした主要な問題を要領よく論及してくれている。その「結論」部分でも変化の部分を中心に九項目にわたってそれらを指摘している。我々はそれら全てにわたって議論する紙幅をもたないので、我々の「序論」部分の問題に関連してその『要論』を通じてまとめる必要が出てくる。

我々は、フリンダーズによる「英国は政治機構における立法部と執行部との均衡を変えているのか」という問題に戻ろう。先ずカバナの文献における「序論」のなかの「均衡された政治機構」と題する要点項目欄を示さねばなるまい。

「広範な諸権力を行使する執行部は公選代議士達から構成された立法部によって均衡される。その立法部に執行部は権力行使の責任を負う。

実際上、あてにならぬ均衡が存在し、それは「ゲームの諸ルール」（例えば憲法）が存在することを認め、かつそのルールに従う政治行為者達に依拠する。

当然のことながら、その政府は庶民院の多数によって支えられる。これは国会主権理論と結合されるので、執行部がいかなる法も通過できることを意味する。

自由及び権力機構に対する抑制は、制度化された野党・国会に対する閣僚責任・同意による政治の伝統・

用心深くして自由なメディア・自由にして定期的選挙に基づく(1)」。

これはかなり広範な現代英国政治機構モデルの上に立つ視野であり、その長所をうまく融合させている。つまりそれは、議会制民主主義論・二大政党制による議院内閣制論、更には英国の寛容的自由主義を意味付けるものになっている。たとえ彼の論述は自国のそれを美化する傾向がややあるにしても、客観的に論じようとする努力は認められる。さらに彼の主として過程論的論法は、制度を相対化しようとする視点と見なすことができる。そうした彼の論理は、ある種のリアリズムの側面と解する事ができよう。

それらの伝統に対して、ブレア労働党政権の議会改革に関してはカバナの「結論」節におけるものが差し当り関連している。つまりそれは「比例代表制・スコットランド、ウェールズ、及び北アイルランドへの権限委譲であり、貴族院改革等」での言及である。

カバナのそれは、なるほどフリンダーズの問題提起には十分に明確に答えている部分はないにしても、彼の慎重な言い回しと広範な整理はその「均衡」の逆説を視野に入れている。

更に我々はカバナのその『要論』を英国政治機構モデルをより体系的に整理していると評してきた。その視点からその変化の側面については、その「英国憲法」節で「憲法変革への圧力」項目を設定し、比較的長い論点を掲載している(2)。我々はそれも紙幅の都合で部分的にしか示すことができなかった。この意味から我々は、彼の『要論』の長所を全て引き出しているわけではないことも記しておかなければならぬ。いずれにしても我々は、従来の英国政治機構モデル(3)が大きく変わろうとしていることに注目しなければなるまい。

（1）D. Kavanagh, *British Politics*, p. 3.

（2）D. Kavanagh, *op. cit.*, pp.56-61.

（3）従来の英国政治機構モデル（不文憲法・君主制・貴族院・小選挙区制などからなる）を非論理的にして実用主義的・経験主義体現とみなす見解については、拙著『現代政治機構理論』（サンワ・コーポレーション・一九九七年）第六章を参照されたい。

第三部　現代英国における政治機構理論研究

第四章　ＥＵ政治機構理論についての再検討

――Ｓ・ヒックスの所説を中心に――

Ｉ　はじめに

周知の如く、ＥＵ機構における最大の問題点のうちの一つは、その欧州連邦主義と国家連合主義の混在であるといわれる。つまり、その最高意志決定機関である欧州理事会とＥＵ理事会といった政府間主義機構と、ＥＵ委員会・欧州議会並びに欧州司法裁判所などの超国家主義的諸機構の並立状況における理論的矛盾の問題である。更にそこから生じる機構上の問題は、理事会と委員会の二大リーダーシップの矛盾の事柄である。例えばこれに対する最近の表現は、アンドリュウ・ダフの記述にあらわれる。即ち、「ライバルにある理事会と委員会のプレジデンシイズは、市民達や外国人達には同様に確かに混同しつつあり、かつ、ＥＵ統治のシステム全体にとって究極的には不安定にしてしまおう。一方において、行政的支出と（海外援助と開発をはじめとする）対外経済関係とを分け、他方で外交政策と活動的支出から分ける憲法にあって、執行権力の明確な分離などありえないのである。(2)」と。

こうした状況を、われわれがこれから主題とするつもりであるサイモン・ヒックスの理論は「二重の執行部[3]」モデルで説明しようとする。これは明らかに、政治機構理論で使われつつある「半大統領制[4]」モデルの応用である。更に彼は、そのＥＵ機構を体系的に「執行政治」、「立法政治」、及び「司法政治」と過程理論的視点を導入しつつ、政治システム論的手法を使ってまとめ上げている。こうした理論化は、従来、きわめて少なかった。換言すれば、従来のＥＵ機構理論は、おおむね、ＥＵの諸条約における条文の整理的側面からの形式的仮説、国際法的国際機構論、ＥＵ司法裁判所論、ＥＵ議会論といった各主要機構の個別研究[5]という形を採用してきた。それぞれは、それなりの地道な研究の積み重ねとしての成果を表現している。従って前記のヒックス学説とは、その体系的機構理論としては位相を異にするものであると言わなければなるまい。

なるほど、この理事会・委員会の「二重の執行部」仮説なり、その問題解決策として前出のＡ・ダフは「両者における一人の大統領制理論[6]」による解決を提案している。しかしそれは従来のＥＵ委員会のユニークな役割を否定しかねない問題も残す[7]。いずれにせよ、これまでにおけるＥＵ政治機構における長所[8]を含んだヒックス学説は、長い概括に値するものであると我々は考える。

（1）例えば、Hellen Wallace and William Wallace（eds.）, *Policy-Making in the European Union*,Oxford ,2000,p.6, etc.

（2）Andrew Duff, "Why Europe needs a president with two hats",in *Financial Times*（22 in Oct.,2002）. 彼は以下の著書を書

いている。A.Duff, *The Treaty of Amsterdam* (London,1997);—— et al.(eds.), *Maastricht and Beyond* (London,1994).

（3）Simon Hix, *The Political System of the European Union*, Macmillan, 1999, p.21. その他の彼の著書には以下のものがある。S. Hix et al., *Political Parties in the EU*（Macmillan, 1997）.

（4）例えば、拙著『現代政治機構理論』（サンワ・コーポレーション、一九九七年）、及び拙稿「セミプレジデンシャル政治機構理論についての再検討」（『日本法学』第六六巻第三号、二〇〇〇年一二月）など。

（5）拙著・前掲書の参考文献などを参考されたい。

（6）Andrew Duff,op.cit.

（7）この二つの執行部をいかす形の常勤大統領制（理事会）が、最近のＥＵの基本条約の見直し作業において浮上している。例えば、Daniel Dombey and George Parken, "Plan for a new Europe`will last 50 years'" ,in *Financial Times*（7 in Oct.,2002）.

（8）なお、その二つの主要機関である欧州委員会（Commission）と欧州司法裁判所（ＥＣＪ）との関係については、以下のものによって論及した。拙稿「欧州委員会と欧州司法裁判所との関係——Ｍ・シニの『欧州委員会』論を中心に」（『政経研究』第三四巻第四号、日本大学法学会、一九九八年一月、五四七—五八〇頁）。

Ⅱ　S・ヒックスによるEU政治機構理論

サイモン・ヒックスは前記の如く、自らのEU政治機構理論を三つに分けて論じるけれども、その序論章は彼の方法論などを含む導入部分である。この章は序、EU政治システム、そのシステムが作動する仕方、アクター達と諸機関、新機能主義の遺産に分けて自らの理論枠組みを説明する(1)。

第一節　EU政治システムへの序章

欧州連合（EU）は著しい業績である。それは西欧の国民国家間での自発的な経済・政治統合の一過程の結果である。それは六カ国で始まり、一五カ国を含み、かつまもなく二〇ないし二五カ国にまで組み込もうとしている。またそれは石炭鉄鋼共同体として始め、かつ経済・社会・政治同盟へと進化している。更に欧州統合は、他の多水準的政治システムのように欧州レベルでの一組の統治機構を生み出している。しかしヒックスのその著作はその構想が他の詳細で語られているような欧州統合や、この過程での主要な「転換点」

を説明しようとも試みるものではない。その代わりに、彼の理論の目的は、「どのようにEUが今日、作動するのかの仕方」を理解するためである。

彼はEUをユニークな実験として扱おうとする。どのように統治権力が行使されるのか。どんな条件下で議会は立法に影響を及ぼしうるのか。司法裁判所は政治的コントロールを超えているのか。これらはいかなる多水準的な民主主義的な政治システムについて尋ねうる問題であるのか。また政治学という学問は、これらの種類の諸問題に正確に答える、膨大な規模の理論用具や分析方法を発展させている。政治学は、どのように政治システムが作動するかの仕方についての一般理論の代わりに、全ての政治システムにおける主要な過程（例えば世論・政党の競争・利益集団の動員・執行と司法の裁量・立法交渉・経済政策形成・市民と国家との関係・及び国際政治経済関係）についての一連の中レベルの説明を有する。結果的にヒックスのその著作の主要な議論は、どのようにEUが作動するのかの仕方を理解するのに役立てるために、ヒックスが政治機構・政治過程・及び政策形成の一般研究からの用具・方法・及び交差的システム理論を使うべきであるということにある。こうしてEUについての教育と研究は、政治学の主流の一部であり得るのである。この序章は、いかにEUが「国家」であることなくして政治システムでありうるのかの仕方を説明することによって、この研究への文脈一般を据える。それは次に、EUの政治システムにおいて主要な利益・機関・過程を導入し、かつこれらの諸要素間での関連を導入する。本節は、現代の政治学の基本仮説のうちのいくつかを後で概観し、かつ最終的にそれは、どのようにこの概念枠組みが欧州統合の主要な理論と異なるのかの仕方を手短かに論じる(2)。

〔一〕EUは政治システムである。

周知の如くG・アーモンド（一九五六年）とD・イーストンは、初めて政治システムを定義付け、かつ分析する公式的概念枠組みを発展させた。今日の大抵の政治学者達は、これらのプロジェクトの「機能主義」仮説と総括的な理論上の目的を拒絶する。それにも関わらず、アーモンドとイーストンの定義は生き残っている。民主主義システムについての彼らの本質的特徴付けは、次の四つの主要素からなる。(1)集合的決定形成のための安定し、かつ明確に定義付けられた一組の諸機関及びその諸機関のあいだと、それらの内部での諸関係を治めるルールが存在する。(2)市民達や社会集団は、政治システムを通じて直接的にか、或いは利益集団や政党のごとき媒介組織を通じてかのいずれかで、自分達の政治的願望を達成しようと努める。(3)政治システムでの集合的諸決定は、そのシステム全体にわたって経済資源の配分や、社会・政治的諸価値の配分に重大な影響を与える。(4)これらの政治的出力、そのシステムへの新しい要求、新しい決定などとの間に継続的な相互作用（「フィードバック」）が存在する。

EUは、これらの諸要素全てを所有する。第一に、EUにおける機関的安定と複合性のレベルは、他の国際レジームよりもはるかに大きい。その基本的な「四角形」（委員会・理事会・欧州議会・及び欧州司法裁判所）は、一九五〇年代に樹立された。とはいえ、継続的な条約と条約改革（パリ条約・ローマ条約・単一欧州議定書・マーストリヒト条約・及びアムステルダム条約）ははるかに広範な執行権・立法権・及び司法権をこれらの諸機関に与えている。その上、これらの機構上の諸改革は、どのようにこれらの諸権限がEU諸機関によって行使されるのかの仕方を定める諸ルールや手続きのきわめて進化したシステムを生み出している。実のところ、ＥＵは恐らく世界における政治システムの決定形成ルールの最も公式化され、かつ複合的な集合を有する。

第二に、ＥＵ機構は統治に関するこれらの諸権限をもつようになっている如く、増大する数多くの諸集団は、そのシステムに諸要求を為そうと試みる（個々の会社や企業連合から労組・環境・消費者集団・及び政党まで）。ＥＵにおける最も強力にして制度化された地位をもつ諸集団は、ＥＵの構成諸国の諸政府であり、かつこれらの諸政府を組成する政党である。額面通りに、そのシステムにおける諸政府の中心性は例えば、国連や全欧安保協力機構の如き、他の国際機関の如くＥＵを思わせる。しかしＥＵにおいて、諸政府は政治的諸要求についての独占をもたない。全ての民主主義的諸政体におけるように、ＥＵにおける諸要求は公的集団と私的集団の複合的ネットワークから生じる。そして各々は、自分たちのもつ利益や願望を促進したり、擁護したりしてＥＵの政策過程に影響を与えるために競う。

第三に、ＥＵの諸決定は、次のようなものをはじめとして公共政策のあらゆる諸領域をカバーする。即ち、市場規制、社会政策、環境・農業・地域政策、域内問題、市民権、国際貿易、外交政策、防衛、消費者問題、輸送、公衆衛生、教育、及び文化をはじめとして。実のところ、ＥＵは構成諸国の市場において、財・サービス・資本の交流を治めるルールの八割以上を占める。ＥＵの第一次・第二次立法は、ＥＵの構成諸国における「国内法」の一部であり、ＥＵ法は国法に対して至高である。ＥＵ予算は国家の諸政府予算と比較して小さい。しかしいくつかのＥＵ構成諸国は、ＥＵ予算から彼等の国内総生産の五パーセントを受け取る。ＥＵの規制政策や経済通貨同盟は、欧州における諸個人・諸集団・及び諸国間で権力と資源の配分に強力な「間接的」インパクトをもつ。つまりEUの出力は「諸価値の権威的配分」（イーストン）に影響を与え、かつ欧州社会において「誰が何をいつ、かつどのようにして得るのか」（ラズウェル）に影響を及ぼす。

最後に、EUの政治システムの政治過程は欧州における政治生活の恒常的特徴である。構成諸国の政府の長達を含む六カ月毎の会合（欧州理事会）は、多くの市民達によって注目されたシステムの唯一の特徴であるかもしれぬ。これはEUが他の国際機関の如く、定期的「首脳会談」を通じて活動する印象をもたらしうる。しかしながら、EU政治のリアルな本質はブリュッセルでのEU諸機関内とそれらの間で、諸国政府の多様な省庁内で、諸政府間の二国間的会合で、かつブリッセルで、かつ国家レベルで、私的利益集団と政府官吏達との間での恒常的相互作用である。その結果、EUの仕事は他の国際機関とは異なり、事実上、毎年の日常的な多様な環境で行われる。

　これは、正確には二〇世紀後半の欧州における状況である。EUの政治システムは高度に集権化され、かつ原子化されており、構成諸国とその市民達の自発的関わりに基付いており、強制力や国家権力の他の諸形態を管理する下位組織（現存の国民国家）に依拠する。換言すれば、欧州統合は新しく、かつ複合的政治システムを生み出している。これは確かに欧州国家の役割の再定義を確かに含んでいる。しかしEUは、国家の領土的組織の完全な転換なくして十分に成熟した政治システムとして機能する（3）。

［二］ＥＵの政治システムが作動する仕方

［図四・一－二］はＥＵの政治システムにおける基本的な利益集団・諸機構・及び過程を示す（〈完全な実

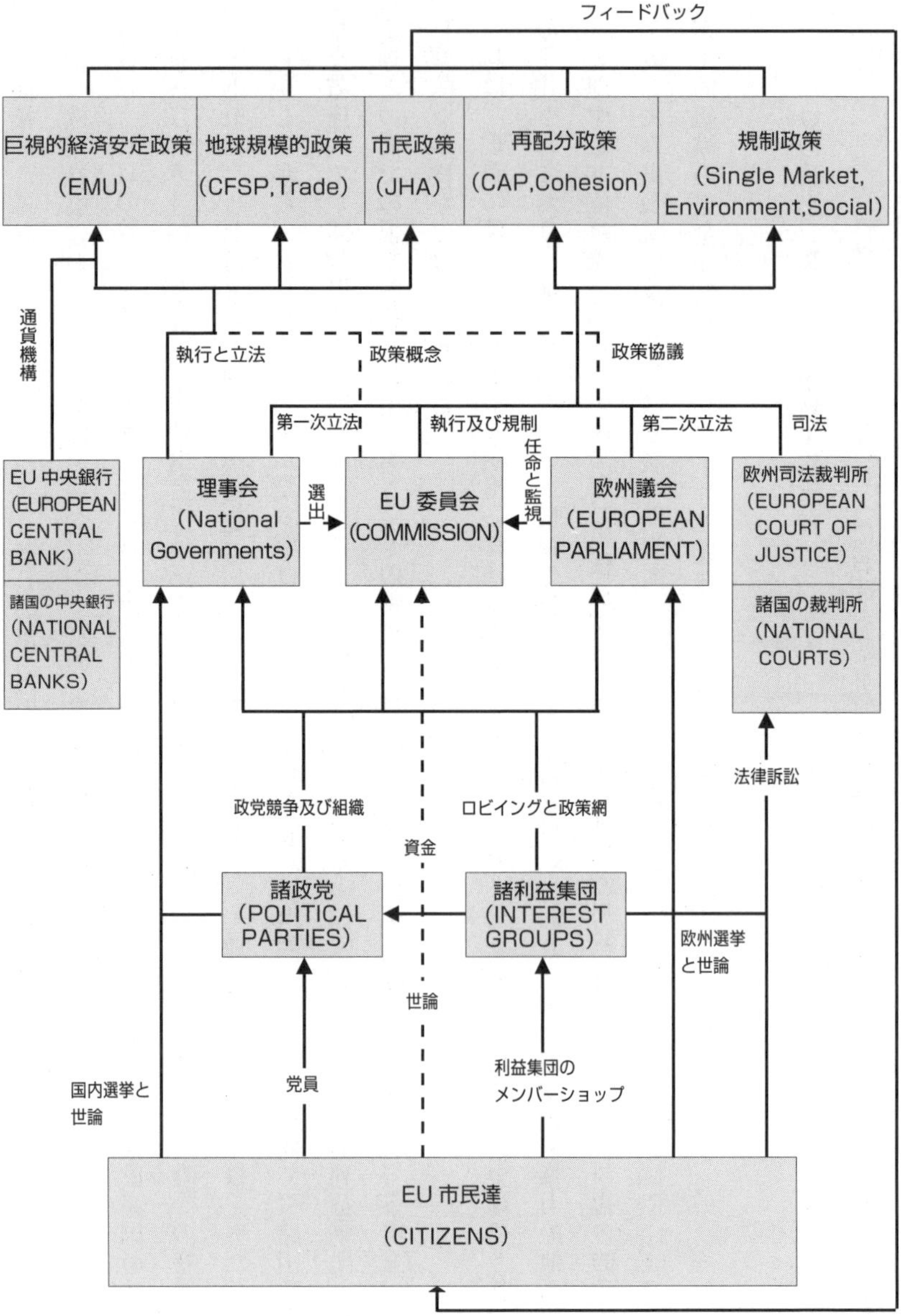

図４･１-１　欧州連合（EU）の政治システム

線と矢印は強力にして直接的リンク〉を示し、〈点線とその矢印は弱くして非直接的関連を示す〉）。そのシステムの基盤にはＥＵ市民がいる（一五の構成諸国の国民）。ＥＵ市民は、いくつかのチャネルを通じてＥＵシステムに要求を為す。国政選挙で市民達は政権を選び、その政権は理事会でその市民達を結果として代表する。欧州選挙において市民達は政党（その党員が欧州議会に出席する）を選ぶ。市民達は政党や利益集団に加わることによって、それらの媒介的組織に資源を提供する。市民達は国の裁判所や欧州司法裁判所に法律訴訟を起すことによって、ＥＵ法の発展と施行に影響を与える。そしてこれらのリンクの結果、公職保持者達はＥＵの政策過程で彼らの選好を限定し、かつ行動を選択する場合に「世論」に注目する。

　ＥＵの政策過程と公衆を結びつける「媒介連合」の二大類型が存在する。第一に、政党は全ての現代民主制の政治システムにおける中心的政治組織である。政党は次のようなありうる精神をもつ政治指導者達の機関である。即ち、彼等は共通の政治課題を発展する勢力に加わり、この課題のために公的支持を求め、かつこの課題を実施するために政治的公職を獲得すると。政党は国家政府の公職のために競い、かつその競争の勝者が理事会で代表される。ＥＵ委員会委員達も政党政治家である。彼等は国の政党組織でそのキャリアを費しており、指名を彼等の地位に負い、かつ国の指導者から支持を得、通常、政党政治の闘いに戻ろうと努める。欧州議会議員達は議会において政治組織や行動を構造付けるために、（国の）政党綱領で選出され、かつ欧州議会で「政党グループ」を形成する。そして主要な政党系列で各構成国やＥＵ諸機関において政党組織は、「超国家的な政党連盟」を通じてリンクされる。

　第二に、利益集団は諸個人や例えば、労働組合・企業連合・消費者団体・及び環境団体といった私的アクター達からなる任意団体である。これらの諸組織は、政治過程における自分達の利益を促進し、かつ擁護するために形成される。これは、いかなる民主主義政治システムにおけるものと同じである。国の利益集団は国の政府に圧力をかけ或いはＥＵの諸機関に直接的に近付き、かつ異なった構成諸国における類似な利益集団は、ＥＵ委員会の作業グループ、及び欧州議会に圧力をかけるために共に集まる。利益団体も国の政治とＥＵの政治において自分達の見解を代表する政党に資金を与える。各政策領域において公職保持者達や利益団体からの代表者達は、政策の妥協を十分に図る「政策網」を形成する。そして利益団体は国の裁判所や欧州司法裁判所に法的上訴を為すことによって、ＥＵ法の適用に影響を与える。

次は、欧州連合の諸機関である。

ＥＵ委員会は、二〇人からなる政治的「委員会委員団」（各構成国から一人ずつ、及び五大構成国から二人ずつ）と、二六の総局からなる官僚制機構から構成される。ＥＵ委員会は政策案を提出し、かつひとたびそれが採択されると、諸政策の実施を監視する責任を負う。故にＥＵ委員会はＥＵの主要な執行部門である。ＥＵ理事会は構成諸国政府をまとめており、諸国の官僚達からなるいくつかの部門的理事会（例えば農業閣僚理事会）へと組織される。理事会は、執行機能と立法機能を引き受ける。それは中・長期的政策課題を設定し、かつＥＵの立法過程における支配的議院である。理事会は通常、全会一致によって決定するが、数多くの重要な争点について特別多数決制を使う（そこでは構成諸国の投票は、その規模に従って重点を置き、かつ大多数は諸決定が通過するために必要とされる）。また理事会における各国政府は、ＥＵ委員会委員を選び、かつ諸政府は委員会委員達を集合的に指名する。

ＥＵの立法過程におけるもう一つの議院は欧州議会（ＥＰ）である。ＥＰは六二六人の議員（ＭＥＰｓ）から構成される。彼等は五年毎に欧州規模で選出される。ＥＰはＥＵの立法手続き（諮問手続き、協力手続き、及び共同決定手続き）下で立法協議・修正・拒否の多様な権限をもつ。ＥＰもＥＵ予算を修正できる。ＥＰはＥＵ委員会と理事会による執行権限行使を監視し、かつＥＰはＥＵ委員会委員長と、全てのＥＵ委員会委員団の理事会指名に投票する（任命手続き）。ＥＰはＥＵ委員会を不信任投票で総辞職せしめる権限をもつ。

ＥＵの司法権は、欧州司法裁判所（ＥＣＪ）と諸国の裁判所から構成される。ＥＵも独立通貨機構をもち、その欧州諸中央銀行システムは欧州中央銀行（ＥＣＢ）と欧州通貨同盟（ＥＭＵ）における構成諸国の中央銀行から構成される。

こうした諸機関は五つの政策出力類型をうみ出す。第一は、規制政策である。これは単一市場（そこでは政策実施費用は、ＥＵ諸機関によってはうみ出されぬ）において財・サービス・及び資本の交換についてのルールであり、単一市場の創設、諸国の規準の調和化、欧州規模の環境・社会政策、及び競争政策を含む。第二は、再配分政策である。この政策は、一つの社会集団ないし構成国から他のものへのＥＵ予算を通じての資源の移転を含み、かつ共通農業政策（ＣＡＰ）・社会経済政策及び地域結合政策・及び研究開発政策を含む。第三は、巨視的経済安定政策である。この政策はＥＭＵ（そこではＥＣＢが通貨供給や利子率政策を処理する）において追求される（理事会は為替相場政策や金融政策・失業対策についての協力を追求する一方で）。第四は、市民政策である。これは、ＥＵ構成国の諸市民の経済的・政治的・社会的権利を拡大し、かつ擁護するルールである。そして司法・国内問題（ＪＨＡ）、一般的避難民及び移民政策、警察・司法協力、及び「EU市民権」規定を含む。第五は、地球規模的政策である。これはEUが世界の舞台で単一の声によって行動することを保障することが目指され、貿易政策、対外経済関係、共通外交安保政策、及び防衛協力を含む。

規制・再配分政策は、超国家的（準連邦制的）実際を通じて採用される。そこではEU委員会は政策提案についての独占権をもち、立法は理事会とEPとの間での二院制的手続きを通じて採用され、特別多数決（QMV）はしばしば理事会で使われ、法は直接的に効果的にして国内法に対して至高であり、ECJは司法審査と立法裁定についての十全な権限をもつ。対照的に市民・地球規模的政策は、主に政府間的手続きを通じて採用される。そこでは理事会が主要な執行・立法機関であり、その理事会における諸決定は通常、全会一致によってなされ、EU委員会は政策観念をうみ出しうるが、その課題設定権限は制限され、EPのみ理事会によって協議される権利をもち、ECJの司法審査権は制限される。他方、巨視的経済政策は、超国家主義と政府間主義の混合を通じて採用される。そこではECBは独立的にして強力な連邦制的通貨機構（むしろ米国の連邦準備制度のように）であるが、経済・財務閣僚理事会（Ecofin）はEMUの集合的「経済政府」であり、かつEPは重要な審査的役割を果たすが、ECBないし理事会に対してはその望みを実施し得ない。

最後に、EUシステムからの政策出力と、そのシステムへの新しい市民の要求などとの間の「フィードバック」が存在する。とはいえ、このフィードバックの輪（ループ）は、他の政治システムと比較すれば、EUにおいて相対的に弱い。EU市民達はいかなる欧州のメディアのチャネルよりもむしろ国内の新聞・ラジオ・及びテレビからEUについての彼等の情報の大部分をうる。そして国内のメディアは、欧州レベルの政治よりもむしろ国内政府と政治に焦点があてられる。従って国内のエリート達は、EUニュースの主要な「ゲートキーパーズ」である。彼らはいずれの情報が重要かを、かつどのようにこれらが国内環境において「スピンがかけられる」べきかを決定する。例えば、農民やいくらかの実業団体といった、EU諸機関との直接的接触をもつ社会集団のみ、国内のエリート達によるEUの情報のろ過を避け得る(4)。

[三] アクター達と諸制度（現代政治学の諸基礎）

現代政治学の基本的な理論仮定は、次のような政治の基本等式で明らかにしうる。

Preferences（選好）×Institutions（制度）＝Outcomes（結果）

「選好」は政治アクター達の個人的必要と願望であり、「制度」はどのように集団的決定がなされるかの仕方を決定する公式・非公式のルールであり、かつ「結果」〈公共政策や新制度形態〉は、選好と制度との間の相互作用から結果として起こる。この簡明な等式も、次の二つの更なる政治学の基本ルールを例示する。第一に、選好が変化すれば、結果は変化するだろう（たとえ諸制度が恒常的であるにしても）と、第二に、諸制度が変化すれば、結果は変化するだろう（たとえ選好が恒常的に残るにしても）。

政治は進行中の過程である。アクター達は、特定の一組の機構的制約内と戦略的インタレストの特定の構造内部で、自分達の選好を極大化する行動を選択するが、あるアクター達は例えば新しい政治家達が権力につく如く、自分達の選好を変える。いずれかの場合にアクター達は新しい政策ないし機関的均衡に導く新しい行動を追求し、新しい選好などに導く。

これらの諸仮説は、ＥＵに容易に適用できる。ヒックスが上述した如く、ＥＵシステムには数多くのアクター達が存在する。例えば国や欧州レベルで国の政府・超国家的機関・政党・国やＥＵ行政における官僚達・利益集団・及び個々の有権者のようなアクター達が存在する。ＥＵの作業の仕方を説明するために、ヒックスは全てのこれらのアクター達の利益、相互に対する彼らの戦略的関係、彼等の行動、彼等の最適な政策戦略、及び彼等が彼等の目標をよりよく確保しようと努める機構上の改革への制度的制約の利益を理解せねばならないと説く（5）。

第二節　ＥＵ政府機構における執行権の構造及び政治と公行政

ヒックスによるとＥＵ政治機構理論における支柱のうちの一つは、「執行政治」である。その「序」では、「ＥＵが進化するにつれて、ＥＵ構成諸国政府はＥＵ委員会に、政治的リーダーシップ・政策実施や規制についての重要な諸権限を委任する」と説き起す。その結果は、理事会やＥＵ委員会が「政府機構」の責任を共有するＥＵの「二重の執行部」であると説く。この制度化された分離は、他の「二重の執行部」制度における如く行き詰まりに導く。とはいえ、合意と安定は理事会が長期を統治し、かつＥＵ委員会は短期を統治する分業によって、かつ例えば「コミトロジー」（理事会諸委員会網）の如きＥＵ委員会の裁量を扱う高度に発展したメカニズムを通じて確保される。ヒックスは、これがどのように生じたのかの仕方を理解するために先ず、次のようなタイトルを設け、論及する(6)。

[一] 執行権・委任・及び自由裁量についての理論

古典的立憲制理論では立法部が決定し、執行部が執行し、かつ司法部が裁決する。とはいえ、現代の政府機構はたんに法を実施する以上のものである。実のところ政府機構は次の二つの異なる類型の執行権をもつ。政治的類型は政策と立法提案による社会のリーダーシップであり、行政的類型は法の実施・公収入の配分・及び第二次的・第三次的ルールや規則によるものである。

いくつものシステムでこれらの諸権限全ては、一組の公職保持者達の手に集中される。しかし、例えばEUの如き多くのシステムにおいて執行部の仕事は、異なったアクター達や諸機関との間に分割される。異なった執行部アクター達の間の関係を概念化する一つの方法は、「依頼人(プリンシパル)—代理人(エージェント)分析」である。このアプローチにおいて「依頼人」(執行権の初めの保持者達)は、いくつかの諸権限を「代理人達」に委任することに決める。換言すれば、依頼人達は(代理人達が「供給」する)いくつかの仕事を求める。権限の最終的分割は、執行部の仕事の要求と供給が一致するところに置かれる。この枠組みは米国議会(依頼人達)と、米国大統領と連邦官僚制(代理人達)の関係を分析するのにもともと展開されたのである。しかし類似な関係は、EUを構成する諸政府とEU委員会との間に存在する。

依頼人達は、代理人達に責任を委任するとき、中立的な仕方でこれらの諸権限を、代理人達に行使してもらいたいのである。とはいえ、代理人達は、いくつかの資源から引き出す彼等自身のもつ利益や政策選好を有する。第一に、ひとたび官僚制ないし規制機関がある程度の自治を得ているならば、それは私的な利益集団によるロビイングの目標になる。代理機関による官僚制活動の的である利益集団は、その代理人達を「利用する」誘因をもつ。更に代理機関の長は彼ないし彼女の任期が切れるとき、例えば関連性のある産業における十分な給与を得る仕事ないし上級の地位の如く、利益集団によって申し入れられた誘導によって誘うことができる。第二に、公的官吏達は、政治過程における自分達の影響力を増大するのに関心をもつ。古典的公共選択理論において、公的官吏達は「予算極大主義者達」である。彼等は自分達自身の給料を増大し、より多くのスタッフを雇用し、より多くの任命権を確保し、或いは自分達の人物評価を高めようとするのにより大きな予算を求める。その上、代理人達は、制限された公的資源を確保するのに相互に競争状態にある。故に彼等は、自分達の競争者達との関連で「降格」を阻止するのに、彼らの予算の必要性を意図的に過大評価し、かつ政策出力（可能な限り多く消費することによる）を過剰に供給する。その結果は、公的資源のための官僚制によるはるかに大きな主張になる。第三に、選択肢的見解は、事務部が自分自身の目的を形成するのを好むということである。異なった事務部は異なった予算の必要性をもつ。直接的権限付与と補助金を供する引き渡し機関はより大きな予算で、より多くの利益を配分できる。規制機関のみ人員・調査・行政費用をカバーする必要がある。更に各代理機関内部では、上級・中級の官吏達が異なった誘因をもつ。中級の官吏達は処理するのに多くの資源を求めるが、上級官吏達はより大きな予算のうちの数少ない個人的利益しかもたなかろう。実のところ、より大きな予算は通常、より多くの圧力を意味する。その代わりに上級官吏達は、政策の影響力・仕事の確保・及び直接のラインの責任から自由を確保することに第一次的に関心をもつ。上級官吏達（及び特に規制機関）はそれ故、予算を極大化するよりもむしろ、コントロールからの彼らの独立と、政策過程を決定するために彼等の機関を極大化しようと努めるであろう。

　これらの諸理論の含意は同じである。代理人達は、依頼人達のもともとの政策集団から移りたい願望をもつ。次に主要な争点は、どれくらい代理人達がこうし得るのかの範囲である。依頼人達にとっての問題は、権限の委任が「官僚制の一般的傾向」においてしばしば生じることである（そこでは代理人達は、その理論的な地位により近く最終的な政策結果をもたらすためにその「政策裁量」を使い得る）。この現象は二つの次元でＡ・Ｂ・Ｃの点で「最上の政策選好」をもつ三つの政府がある二次元的政策空間を示す〔図四・二－二〕に例示される。ＥＵ委員会は、政府間の選好（三角形で示された）の「核心」の外側で最上の政策選好をもつ。諸政府はＸの地位に、自分の「政策核心」の内部での立法の一部分と一致する。ＥＵ委員会は、この立法を実施するのに責任を負う。この実施を通じて、ＥＵ委員会は最終的政策を形成し得る。即ちそれはその理想的政策選好へとＸから結果的政策を離れて移動する。事実上、ＥＵ委員会は地位Ｙまで最終的政策を移動できる。ＡとＢの政府は、そのもともとの扱いよりもこの政策結果を選好する。というのはＹはＸよりも彼らの理想的な選好に近いゆえである。その結果、彼等はＥＵ委員会を踏みにじるのに新しい立法を導入する誘因をもたぬし、こうした行為をとる政府の試みに反対するだろう。とはいえ、ＡとＢの政府は、この方向におけるいかなる政策にもこれらの二つの政策もこれら二つの政府に魅力的であるよりもＹの地位に魅力的であろう。次にその結果は、ＥＵ委員会が立法者達の選好構造の制約内でもともとの政策を変える自由裁量をもつ。

それにも関わらず、依頼人達は官僚制の一般的傾向を制限できる。第一に、彼らは代理人達の行動を監視するのに自分達の随意でいくつかの権限をもつ。例えば、彼等はその代理人のパフォーマンスについての情報を集めることができ、かつ公聴会での情報をその代理人に対して開示するように強いる（それは「警官のパトロール」の監視措置として知られる戦略である）。しかし情報収集の過剰コストは、その責任を委任する利益をしのぎえよう。その代わりに、依頼人達はそのために監視するのに、公私の利益集団を使いうる。ある代理人の行動の的である利益集団は、代理人の行動についてのこの特定の専門知識と情報をもち、かつもしその代理人が特定的利益によってとらわれるならば、相競う諸集団はその依頼人達に知らせるだろう。その結果、依頼人達は行動する前に不満について明らかに懐手をして待つことができよう（それは「火災警報」監視措置として知られる選択肢的戦略である）。第二に、依頼人達は代理人の自由裁量を極小化するルールや手続きを目論むことができる。例えば次のように特定するルールが樹立できる。即ち、どのように代理人達が決定に達する前に行動しなければならぬのか（例えば、その議論の両陣営に聞くようなもの）、どのようにして代理人が他の行政・政治官吏達に関わるのか、そしてどのように代理人の熟慮がそのメディアに伝えられるべきかを特定するルールが。

これらのコントロールの結果は、もともとの政策意図から移動する一代理人の能力の制限である。これは［図四・二―二］で例示される。［図四・二―一］における如く、諸政府はXにおける立法に合意するが、政策結果を移動させるEU委員会の自由裁量を制限するために、諸政府はどれくらい正確にEU委員会がその仕事に取りかかるのかの範囲を定義付ける一組の手続きを導入する。その結果はEU委員会の理想的な

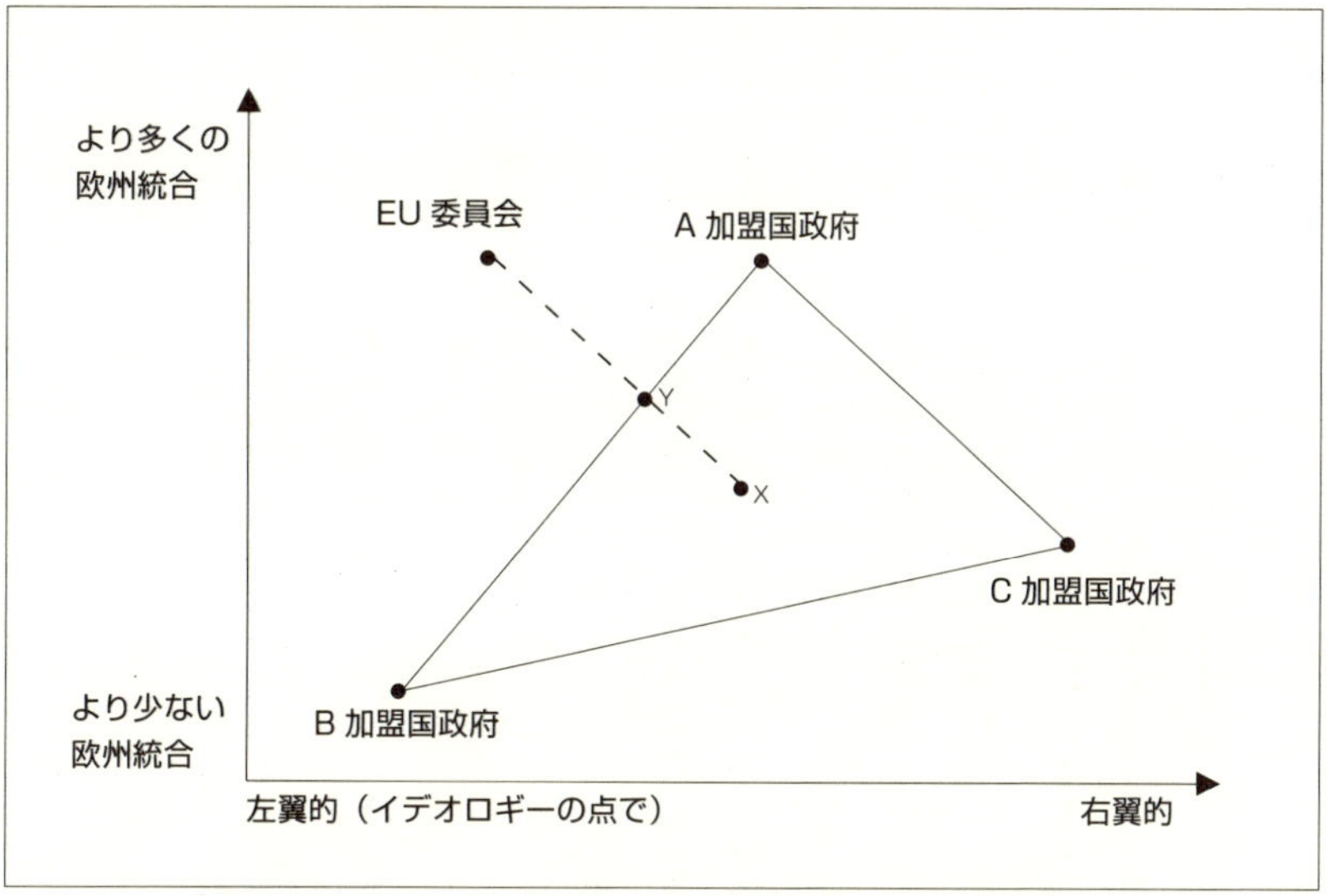

図４・２－１　EU 委員会による官僚制の一般的傾向

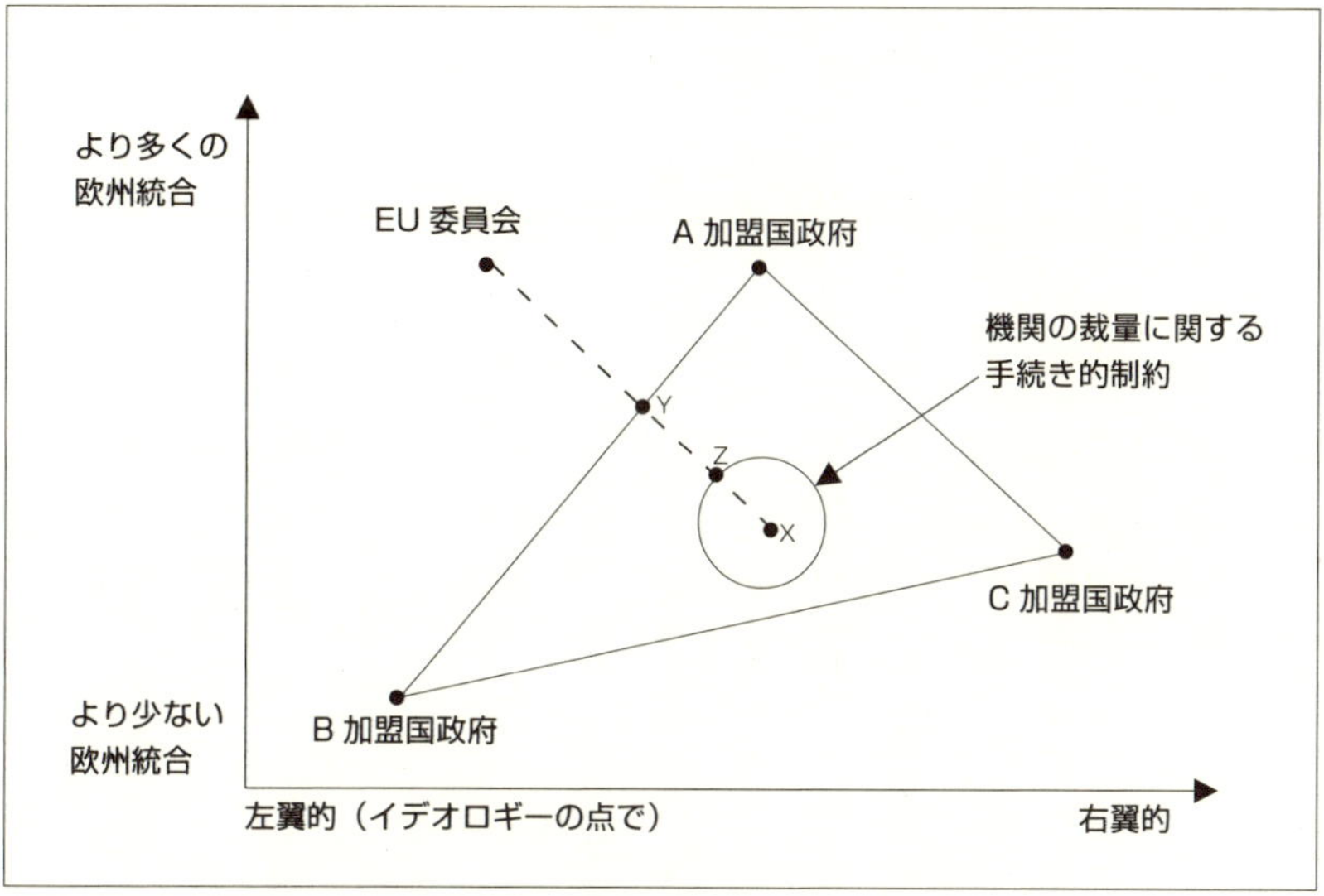

図４・２－２　自由裁量を制限することによって官僚制の
一般的傾向をコントロールすること。

点へのある傾向であるが、それはYの代わりにZに対してのみである。

要約すれば、いくつかの執行部の仕事や制度上の配置は、他のもの以上に執行部の代理人達に多くの権限を与える。継続的な条約改革と第二次立法の結果として、EUにおける執行権は理事会とEU委員会との間に共有される。「依頼人（プリンシパル）―代理人（エージェント）分析」は、理事会とEU委員会との間の緊張を我々に概念化せしめる(7)。

〔二〕理事会と構成諸国による統治

序章節で論じられた如く、理事会はEU加盟諸国政府からの閣僚達によって構成される。理事会は執行権と立法権の双方をもつ故に、EUの「決定形成センター」である。立法権を行使する理事会の組織と活動は、次章節で取り組まれ、本節ではヒックスは理事会の執行権に焦点をあてる。そしてその執行権を理事会は、次の四つの仕方で行使する。第一に、条約や改革において理事会は、EUの長期的政策目標を設定し、かつEUの長期的目標のためにEU委員会に権限を委任する。第二に、構成諸国の長達からなる欧州理事会といくつかの他の理事会は、中期的政策課題を設定する。第三に、構成諸国は、彼等のもつ官僚制を通じてEU立法を実施する責任をもつ。第四に、EUの諸政府は、「コミトロジー制」（理事会諸委員会網）を通じてEU委員会と協力してEU政策の日常的行政を管理する。

このリストのうちで最初の二つは執行の政治的局面と関係し、かつ第三と第四の局面はその行政的局面と関係する。

この部分を要約すれば、諸国政府（理事会においても国内レベルにおいても）は、ＥＵにおける主要な執行機能をもつ。ウェセルズ（一九九七）は、これを純粋な政府間主義（そこでは諸権限が超国家的諸機関に委任されない）と、純粋連邦主義（そこでは諸権限が別々の連邦的執行部に集中される）との間の「第三の道」として記す。とはいえ、ＥＵは「執行連邦方式」の形態とみなしうる。そこでは下位のユニットからなる諸政府は政治システムにおいて（かつ連邦レベルでの立法提案と採択において）支配的役割を果たす。その上、執行・連邦制における如く、ＥＵの諸政府は中央レベルでの執行権の他の保持者達（ＥＵ委員会）との恒常的競争状態にある（8）。

〔三〕ＥＵ委員会による統治

ＥＵ委員会は、次のような六つの任務をもつ。(1)ＥＵ発展のための中期的戦略を発展させる任務、(2)立法提案をし、かつ立法過程において調停する任務、(3)二者間的・多方面的貿易交渉においてＥＵを代表する任務、(4)ルールや規則を形成する任務（例えば競争政策）、(5)ＥＵ予算を管理する任務、(6)条約と第二次立法の実施を監視する任務。

これらの任務を遂行するために、ＥＵ委員会は諸国政府のように多く組織される。そこでは、「核心的執行部」（ＥＵ委員会委員団）は政治的任務（換言すれば、そのリスト上では(1)・(2)・(3)である）に焦点をあてる。官僚制（総局〈ＤＧ〉）は立法草案、行政任務やある規則任務（そのリスト上では、(2)・(4)・(5)・(6)を引き受ける。準自治的諸機関網は、規範的任務を遂行する（特に(6)（9））。

〔四〕 コミトロジー（EUの二重の執行部の接点）

EU委員会はEU立法を実施するとき、政策結果を全く完全に自由に形成するわけではない。理事会は「諸国の専門家達」が委員会の提案された実施法案についての意見を出す、「コミトロジー」として知られた諸委員会の精緻なシステムを構想している。ある手続下でコミトロジーは立法者達（加盟諸国政府）が執行部（EU委員会）を監視しうるが、またある手続き下ではコミトロジーは加盟諸国政府がEU委員会に願望を強い、かつゆえに立法権及び執行権の双方を行使するところでの諸権力の融合を形成している。

コミトロジー制は、一九八七年一月に理事会決定によって設立された。その決定は、三組の諸委員会（諮問委員会・管理委員会・規制委員会）と彼らの活動を治める一組のルールを設定した。公式上、EU委員会は三八〇のこうした諸委員会をあげるが、もし下位諸委員会と臨時委員会が数えられるならば、コミトロジー制には一〇〇〇もの諸委員会が存在するかもしれぬ。諸委員会のメンバーシップは彼らの役割に依存する。国家公務員からなる諸委員会は立法の実施を監視し、EU委員会は、それがより広範な協議が必要であると考える諸領域における私的な利益集団代表からなる臨時的諸委員会を設立している。科学者や「専門家」からなる諸委員会は、技術的争点について助言を与える（10）。

〔五〕 EU執行部の民主主義的コントロール

大抵のシステム下で、執行部の政治的・行政的役割は異なった仕方で正統化される。政治的リーダーシップの役割は、政治的公職をめぐっての選挙戦での競争や、政治課題のコントロールを通じて通常、正統化される。大統領選挙では執行部の長は直接公選である。議院内閣制において執行部は議会多数に責任を負う。対照的に、行政的役割は特定の政治的多数の諸利益よりもむしろ、官僚や規制者をして「公的利益」に役立てることを可能にせしめる、選挙及び議会多数から通常、関係が解かれる。その代わりに公務員や規制者達は「閣僚責任」（そこでは閣僚達は彼等の責任下で、公務員達の行動に責任を負う）原理、及び文書や情報への公的アクセス権（例えば、情報自由法）を通じて通常、責任が負わされる。

［六］ＥＵにおける執行権組織を説明すること。

従って、ＥＵ理事会と委員会との間の執行部の責任のこの区分は、どのように説明できるのか。その回答は、ＥＵ委員会への委任の水準と類型は、独立的執行権への加盟諸国政府による要求がＥＵ委員会による政治的リーダーシップ・行政・及び規制の供給を満たす点にあるというものである(12)。

［七］二重の執行部による政治

政治課題を設定し、かつＥＵ政策を実施する権限は、（理事会における）ＥＵの諸政府とＥＵ委員会との間で共有される。基本的に理事会はＥＵ条約を改革し、かつＥＵ委員会に政治・行政任務を委任する事を通じて、長期的・中期的課題を設定する。これらの執行権が委任される諸領域において、ＥＵ委員会は重要な政治的リーダーシップの役割をもち、かつＥＵ予算の配分を引き受け、加盟諸国による政策実施を監視し、かつ諸ルールや諸規則を形成する責任を負う。諸権力のこの分立は、理事会とＥＵ委員会の諸戦略間の相互作用を通じて進化している。

一方ではEUの諸政府は、集団行動の諸問題を克服し、交流コストを削減し、かつ政策上の信頼度をうみ出すためにEU委員会に諸権限を委任している。とはいえ、諸政府はこの委任について選択的である。例えば諸政府は、競争・農業政策の如きいくつかの「規制」争点についてEU委員会手段を制限している。諸政府は例えば、政府間会議を通じての条約改革、司法・国内問題（JHA）や共通外交安保政策（CFSP）下での政策形成、欧州理事会における長期的課題設定、及び前線政策実施といった主要な執行権限のコントロールを維持している。諸政府はコミトロジー制を通じてEU委員会の自由裁量も制限しており、かつEU委員会委員達の選択に対して自分達の独占を維持している。

他方では、EU委員会は超国家的「政府」の諸特徴の多くを発展している。政治レベルでEU委員会委員団は、内閣政府の方針に従い、集団責任と対等者達の間の首位者としての委員会委員長の指導によって活動する。また委員会委員達は、EU政策過程において彼等自身が有するイデオロギー的目的をもつ政党の幹部政治家である。行政レベルではEU委員会の諸総局（DGs）は準省庁であり、EU委員会はEU規制諸機関の台頭するネットワークの核心にある。また諸国の行政の如く、この欧州官僚制機構はそれ自身のもつ行政文化、機構上の諸利益、政策目的を有する社会集団を支えつつある。その結果、EU委員会はEUの諸政府から独立的に課題を追求する強力な誘因と、重要な政治・行政資源を有する。

その結果は、強みと弱みをもつ一システムである。その主要な強みは、EU執行部の二重の性格がEU政策の採用と実施において広範な審議と妥協を容易にする。これは台頭する政治システムのための重要な業績であり、システム崩壊の見通しを減少させる。とはいえ、次のような二つの弱みがある。第一に、妥協の一方は総体的リーダーシップの欠如である。二重の執行部システムは、政策の現状維持によって特徴付けられる傾向がある。第二にしてこの争点とリンクされるのは、民主主義的説明責任の問題がある。欧州の「放逐」しうる、何らの単一の「行政官」がいないのである。その結果は「世論と政治的亀裂」という章［省略］で検討する如き、大抵の欧州市民達にとって縁遠いように思える政治システムである(13)。

第三節　ＥＵ立法過程における政治組織と交渉

ヒックスは、立法機能を果たすＥＵ機構を二院制立法部とみなす。一方は諸国を代表する理事会であり、もう一方は市民達を代表する欧州議会（ＥＰ）である。とはいえ多くの他の立法部とは対照的に理事会はＥＰよりも強力である。それにも関わらず、「共同決定手続き」下ではＥＰと理事会は本当の共同立法者である。最後に理事会における主要なアクター達が諸国政府であり、ＥＰにおける主要なアクター達が政党であるという事実にも関わらず、二つの議院における対内政治と政治組織はきわめて類似する。ヒックスは、どのようにこのシステムが作動するのかの仕方を理解するために先ず、立法活動と組織のいくつかの諸理論を検討する(14)。

〔一〕立法上の連合と組織の諸理論

立法部についての今日の学者達は、その諸機能に興味をもつよりもむしろ、どのように立法交渉、連合形成、及び組織が作動するかの仕方を説明するのに興味を示す。第一のこうした諸アプローチのうちの一つは、「最小限勝利」連合についてのライカー（一九六一）の理論であった。ライカーは、立法者達が勝ちを得る連合において可能な限りの多くの影響を与えることを目指すと論じた。その結果は、連合が多数を達成する必要のないいかなるグループも含むようには思えないということである。きわめて少ない連合のパートナー達は諸利益の配分において満足するきわめて少数の利益集団であることを含意する。しかしもしある政党が最小限勝利連合が多数を得る連合へと変わるのに決定的であるならば、それは連合に参加するには高価な代償を要求できる。故にアクター達が望むものは、立法連合形成において「軸」（要）であることである。アクター達が軸（要）であるように思えば思うほどますます、それが連合交渉において「力」をもつようになろう。とはいえ、アクター達は単にあるものとの連合を形成するばかりでないのである。連合はもしそれが類似な政策選好をもつアクター達の間にあるならば、ともに保持することは容易である。これは、政策次元について相互に次ぐ立法者達の間で、「最小限の関連付けられた勝ちを得る」連合の見込みについてのアクスルロッド（一九七〇）の議論の基礎である。かくして、ライカーの理論が「政策に盲目的」であるけれども、アクスルロッドの理論は「政策推進」アプローチのために論じる。

米国議会における立法行動を研究するために、メイヒュウ（一九七四）は類似な政策推進過程を採用した。彼は立法者達の第一次目的が再選をうるためであるが、この目標を達成するために立法者達は彼らの支

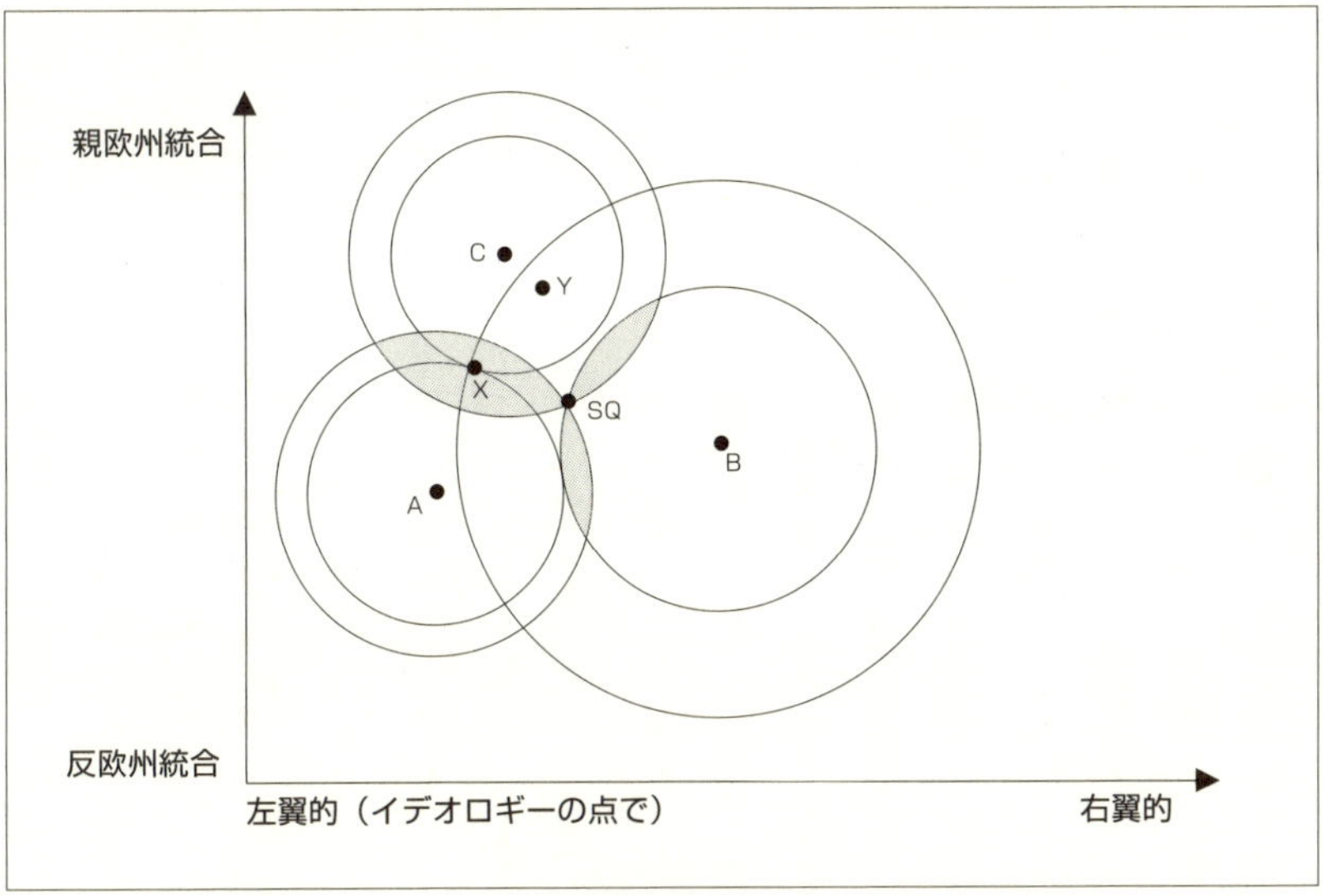

図４・３－１　二次元的政策空間における立法上の不安定

持のために政策出力を確保しなければならない。これらの出力を確保するために、立法者達は勝ちをうる多数を形成するために他の立法者達と投票を交換しようと試みる。例えば、農業支持層からの立法者達を支えるのに合意するだろう。この立法交換はその結果が通常、新政策イニシアティブと、増加した公的歳出である故に、しばしば「助け合い」、或いは「散蒔き」政治と呼ばれる。

とはいえ、これらの政策アプローチについての基本的問題は、投票交換が本来的に「不安定」であるというものである。これは［図四・三－一］において例示され、そこでは三人の立法者（A・B・及びC）が親・反欧州統合次元と左右両翼イデオロギー次元についての「理念的政策」の立場をもつ。

最近の政策状況（現状SQ）は、三者の立法者の真ん中にある。SQを通じる円は、各立法者にとっての「冷淡カーブ」である。そこでは、これらの円でのいかなる政策も立法者の理念的政策と同様に異なる。各立法者達はもしそれが彼女ないし彼の理念的政策に近いならば（冷淡カーブの内側）、ＳＱよりもある政策を選好する。その結果、共有された諸領域におけるいかなる政策も（ＳＱに対する「勝利型」）はＳＱよりも立法者達の多数によって選好される。従って立法者達は、ＡとＣがＳＱのかわりに投票するＸ政策を提案できる。しかし立法者Ｃは次に、ＢとＣがＸを破るために投票するＹ政策を提案する。そして立法者ＢはＳＱを提案するだろうし、それをＡもＢもＹを破るために支持する（等々、無限に）。その結果は「混沌」である。そこには、二つないしそれ以上の政策次元での立法多数によって選好される何らの安定した政策（「均衡」）も存在しない。

これは、多数決主義（マジョリタリアン）型民主主義に関する問題である。とはいえおかげで投票循環は、制度的諸ルールが「構造誘発型均衡」を生み出す故に、実際上おこる。例えばもし異なった政策次元が別々に取り組まれれば（「適切性ルール」）、安定した立法多数は各次元の上に構築しうる。例えば［図四・三‐二］において、立法者達ＡとＢは親・反欧州次元でＳＱを破る安定多数を形成する。そして立法者ＡとＣは左右次元についてＳＱを破る安定多数を形成する。その効果は例えば、議会諸委員会において立法「専門化」を通じて樹立できる。もし各専門家委員会が特定の政策争点について「諸ゲートをコントロールする」とすれば、彼等はもう一つの争点が論じられつつあるとき、彼等の政策争点の考察を予め含むことができ、従って結果として生じる争点リンケージを阻止する。

とはいえ、クリビエル（一九九一）は、立法専門化の選択肢的説明を申し入れる。彼は次のように論じる。即ち、立法者達は可能な限り、自分達の理念的立場に近い諸政策を得ようと努めるけれども、彼等は立法手段と最終的な政策結果との間の明確な関係について確かではないのである。かくして、立法の専門化を通じて政策の専門知識を育くむ全ての立法者達のために一つの誘因が存在する。この観点から、立法組織は情報を得、かつ広める必要性から、その結果として生じる。立法交渉を容易にするために、立法者達の専門集団は、情報と専門知識を独占することが許されるだろう。

政党は、立法上の安定を容易にもする立法機関である。なぜ政党は存在するのか。これは個々の立法者の再選の機会が彼らの選挙公約を立法にかえるために結合した立法政党に依拠する。とはいえ、これは米国議会と欧州議会（ＥＰ）において説明することは困難である。ＥＰでは選挙運動は、立法部における政党のリーダーシップの政策公約について戦わされない。それにも関わらず専門化とともに、立法政党組織は個々の立法者達にとっての集団行動の問題に打ち勝つために存在する。例えば、個々の立法者達は、自分達の政策目的のみを目指すようには思えない。立法者達は自発的に協力し得ようが、各連合は別々に交渉されなければなかろう。それ故に諸個人をともに拘束する公式上の関係を樹立することによって、連合形成の「交流費用」は減少される。諸政党も情報ギャップに打ち勝つことを助ける。他の立法者達の選好と、立法的決定のインパクトについての不確かさとともに、類似な政策選好をもつ立法者達は、自分達自身の中で情報収集と政策専門知識を分ける機関上の装置から利を得るだろう。その結果は「任務の委任」である。平議員達は労働と資本を供し、かつ政党指導者達は委員会（コミッティ）や政党職務を配分し、かつ複雑な立法争点について「政党方針」を決定する。そしてひとたびこれらの組織上の取り決めが設定されると、個々の立法者にとって立法政党を離れる費用は高価である。

最後に、立法の不安定の問題に対する更なる解決策は、二院制（立法部）である。二つの立法議院とともに二つの異なった多数はそれが次のような法になりうる前に提案を支持しなければならない。即ち、その法は可能な政策選択の集合に従って制限し、ゆえに立法交渉を簡明化すると（Riker,1992;Tsebelis and Money,1997）。とはいえ二院制は、どのようにその諸手続きが組織されるのかのその仕方に依拠するのであるから、交渉過程において他方の議院に対する一方の議院を支持できる。例えば、下院が「第一のものに進む」とすれば、かつ上院が「いやならやめろ」状況と直面させられるならば、上院の多数は現状よりも自分達の「理念的選好」に近くなるとすれば、その提案を受け入れることに決めるだろう。この状況下では、下院は「課題設定権」を保持する。とはいえもし不一致が特別の議院間委員会（例えば「調停委員会」）の開催に導くとすれば、上院はそれが二院制的交渉におけるその理念的立場に近い、あることを達成しうる希望で、下院からのその提案を拒絶するように思える。

本項を要約すれば、公式上の立法研究の「三世代」が存在している。第一世代は、制度解放環境において個々の立法者達の動機と連合形成に焦点をあてる。第二世代はなぜ立法結果が安定し得るのかの理由を説明するのに、例えば諸委員会・政党及び二院制といった諸機関を導入した。そして第三世代はどこでこれらの諸機関を形成し得るのかを説明した。ともにこれらの諸理論はどのようにＥＵ立法過程が作動しうるのか、どんな連合が形成されるように思えるのか、なぜ対内的理事会と欧州議会（ＥＰ）ルールはそれらが存在する仕方を組織化するのか、そして誰がＥＵ立法手続き下で最大の権限を保持するのか、を我々に理解させるのに役立つ(16)。

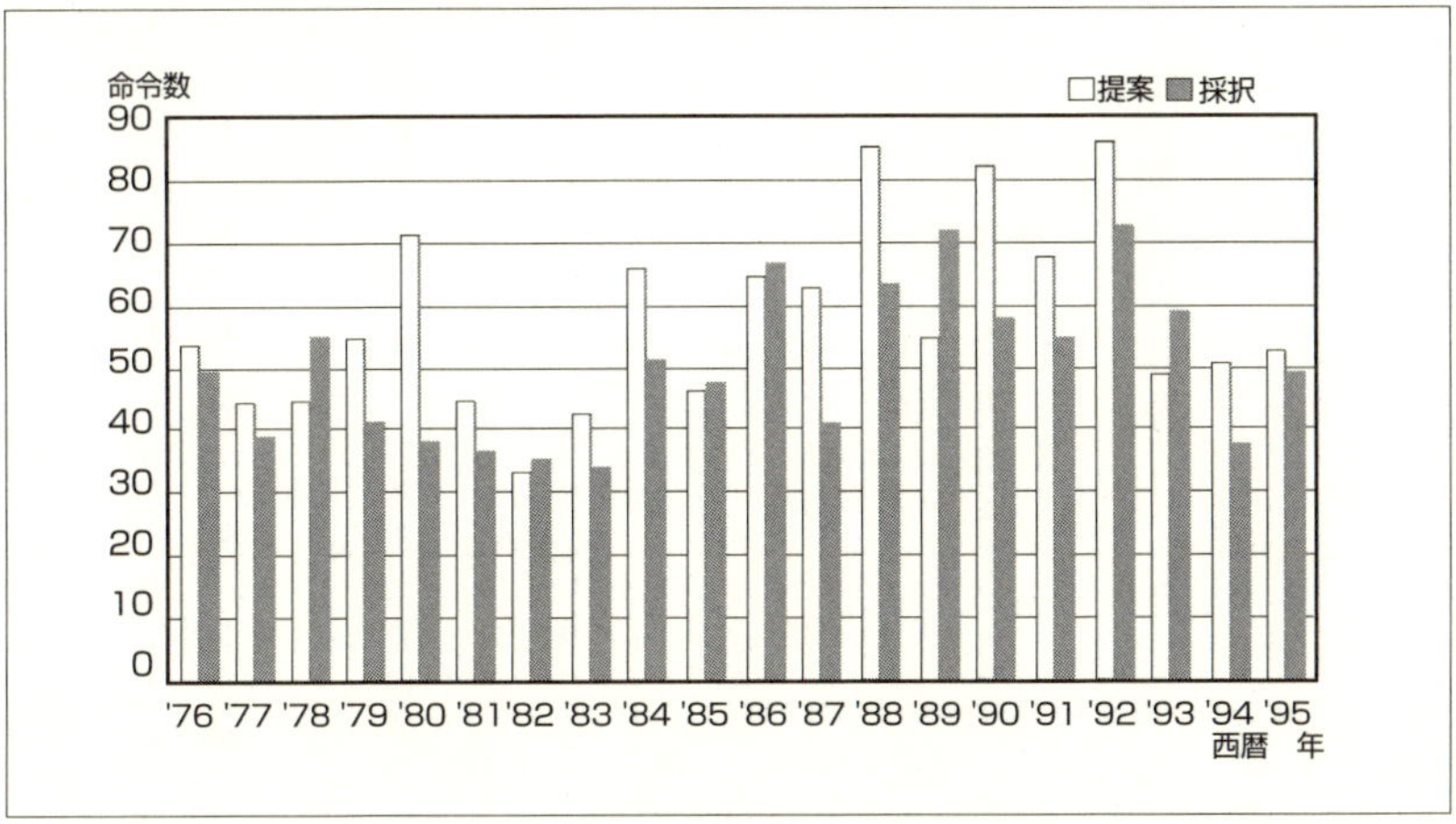

Source:Calculated from data in Golub(1997).

図４・３－２　EU 立法の提案と採択の量

〔二〕 EUの立法システムの発展

その複雑性にも関わらず、EUの立法システムは法を発展させ、修正し、かつ通過させるのにきわめて効果的である。〔図四・三－二〕が示す如く、一九八五年と一九九五年との間に、六七の命令の平均がEU委員会によって毎年提案され、そのうちの五六の命令は欧州議会（EP）と理事会によって採択された。また、一九七〇年代後半と一九八〇年代前半におけるよりも一九九〇年代前半においてより多くの立法が提案され、かつ採択された。それは一九九二年末までに単一市場の完成に関する三〇〇くらいの立法に主としてよる。それ以来、EU立法の毎年の量は低下している(16)。

〔三〕 理事会内の立法政治

前節で論じられた如く、理事会はEU加盟諸国からの閣僚達（換言すれば、農業閣僚理事会における農業閣僚達と、経済・財務理事会における経済・財務閣僚達）から構成される。これらの諸政府の主要な目標は、国内政権職の再選である。従ってもし理事会の前の立法が政権を構成する諸政党にとっての主要な投票集団の利益を脅すならば、その政府はその立法を阻止しようと努めよう。この点で理事会における諸政府は、議会における立法者達にも似ている。そこでは社会全体に対する可能な利益は、個々の支持層に対する可能な損失に抗して重点が置かれる。

それにも関わらず、異なった閣僚達の間では、理事会における諸政府内の諸利害の衝突もありうる。これらは、次の二つの主な理由ゆえに生じる。第一に、連立政権（大抵のＥＵ加盟諸国における事実）において異なる諸政党からの閣僚達は異なった中核的選挙民を有し、ゆえに理事会の前の政策提案は一つの統治政党の支持者達には有益でありうるが、他の政党支持者達を脅かす。これは、異なった理事会会合で反対の立場をとる異なる閣僚達に圧力へと導く。第二に、異なった閣僚の担当分野は異なった機能支持グループと金融利益をもつ。例えば経済・財務理事会における閣僚達は、公的歳出を制限する利益をもつけれども、社会事情理事会、地域事情理事会ないし雇用理事会における閣僚達は彼らの社会的プログラムについての公的歳出を増大するＥＵの出力におけるインタレストをもつ(17)。

〔四〕欧州議会内部での立法政治

ＥＵ理事会とは異なり欧州議会（ＥＰ）は固定された本拠地をもたず、ＥＰはＥＰ事務局の公式上の本拠地がルクセンブルグにあるけれども、ストラスブルグでその総会期の大部分を開催する。とはいえ欧州議会の作業の大部分はブリュッセルにあり、そこでは増大する数多くの総会が開催され、政党グループや諸委員

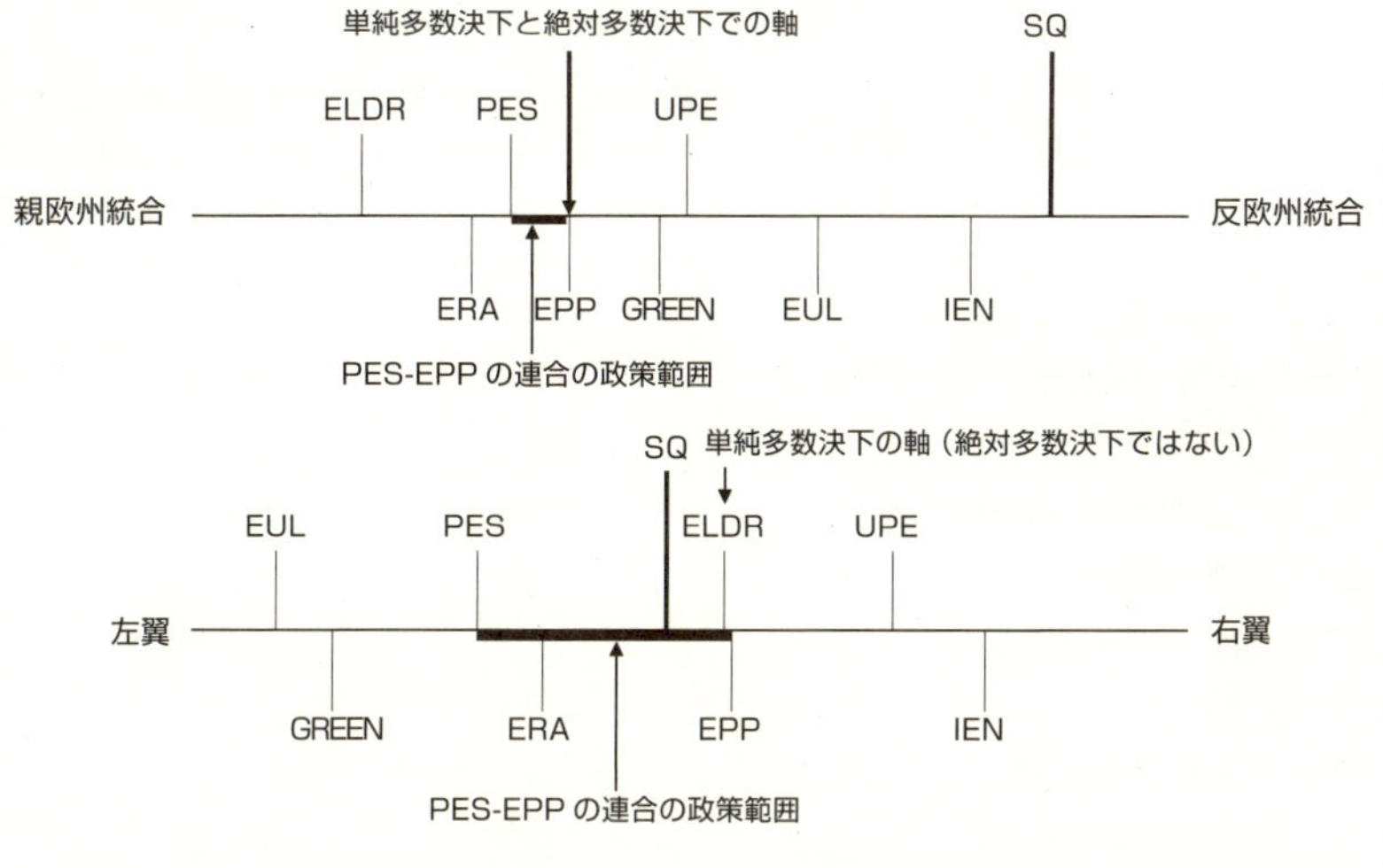

（注）ヒックスとロード（1997 年）は EU における全ての国内政治についてそれらの二次元に関する政策位置を含める。欧州議会政党グループの域内決定形成が（通常、まとめて投票する政党グループによる）多数決によっているけれども、その図における政党グループの政策位置は（MEPs の数に従って加重される各政党グループの得票による）、その政党グループにおける中間的加盟国諸国の政党の位置である。

Source : Calculated from data in Hix and Lord (1997)

図４・３-３　欧州議会政党グループの政策位置

会が集まり、欧州議会議員達（ＭＥＰｓ）、政党グループ、及び委員会（コミッティ）事務局の諸部局が拠点を構える。このハンディキャップにも関わらず、ＥＰは国会の如く活動し、ＥＵ立法やＥＵ執行部に影響を与えるために組織され、かつ動員される。とはいえＥＵの制度設計（執行権と立法権の分立）は、ＥＰが欧州における大抵の国会よりも米国議会に似ている。ＥＰはＥＵ政権を構成しない。したがって、ＥＰにおいてその支持する多数についてのその意向を実行するＥＵ政権なども存在しない。

［図四・三－三］は、ＥＰにおけるＩＥＮ（反欧州派）の弱みを示す。もし連合形成が多数に達しうるいかなる諸政党間の無作為過程であるならば、（［表四・三－一］が示す如く）そのときＩＥＮはＵＰＥ（保守主義

表4・3-1　単純多数決と絶対多数決下での政党グループの投票権

	議席の割合	単純多数決下の権限 一政党グループが軸である事例の比率 (Shapley - Shubik)	絶対多数決下の権限 一政党グループが軸である事例の比率 (Shapley - Shubik)
PES（欧州社会党）	34.2	30.2	50.3
EPP（欧州庶民党）	32.2	25.5	39.5
ELDR（欧州自民改革党）	6.7	9.5	1.2
UPE（欧州同盟党）	5.6	7.6	1.2
EUL（欧州統一連合）	5.4	7.3	1.2
G（緑派）	4.3	5.6	1.2
ERA（欧州急進同盟）	3.2	4.1	1.2
IEN（欧州諸国独立派）	2.4	2.9	1.2
伊の無所属議員達	2.4	2.9	1.2
仏の無所属議員達	1.9	2.3	1.2
墺の無所属議員達	1.0	1.1	0.4
ベルギーの無所属議員達	0.5	0.7	0.3
英国の無所属議員達	0.2	0.2	0.1
勝利議席の比率（数）		50.2（314）	66.8（418）

派）と同様に強力であり、かつ他の小さな諸グループの二倍である。とはいえ空間分析においてIENはEU政治の両次元について（反欧州の極において、かつ極端な右について）隔離される。これはIENグループに連合をしえなくし、かくしてERA（急進的自由主義派）、GないしUPEより一層弱くせしめる。

要約すれば、理事会に相対する共通なEPの利益なしに、二大グループ間の寡占関係は絶対多数要件、政党諸グループの最近の強み、及び左右と親・反欧州次元での政党諸グループの政策布置によって行われる。欧州社会党（PE

S）と欧州庶民党〈保守主義・キリスト教民主主義派〉（EPP）は立法一般を確保し、かつ自分達の政党利益と政策目標を擁護すべく協力する。しかし事実に反して、立法投票における単純多数とPESとEPPの更なる強化（例えば、ERAとEUL〈急進左派〉のいくらかのものがPESに加わり、かつUPE〈保守主義派〉がEPPに加わる場合）によって選択的連合は形成しはじめるかもしれぬ。左右の争点ではこれは、勝者連合の「キング・メーカー」としてFLDR〈自由主義派〉に重要な力を与えよう(18)。

〔五〕理事会と欧州議会との間の立法交渉

〔図四・三－四〕はEUの立法過程の詳細を示す。第一読会段階は、EU委員会による立法提案である。EU委員会は、単一市場の設立と規制についての大抵の条約条項下での立法提案をする独占的権利をもつ。EU委員会は、EPと理事会の双方に立法提案（命令草案ないし規則草案）を提出する。EPはEU委員会テクスト（案）に対する一連の修正を通常含む意見を採択し、かつその修正の大部分は立法提案について「報告した」EP委員会（コミッティ）によって提案される。

次に理事会はEU委員会提案とEPのテクスト（案）を検討し、かつEPの修正を受け入れ、或いは拒絶するかどうかを決定する。諮問手続き下で、理事会が特別多数決（QMV）によるか全会一致によるか、法を採択しうるか、或いは理事会は決定を為すことを拒否しうるかのいずれかである。いずれの場合でもその立法は止まる。協力手続きと共同決定手続き下で理事会はEU委員会提案に対する一連の修正を含むQMVによって共通の地位（CP）に合意する。その修正の大部分は、理事会議長をもつ政府によって提案される。

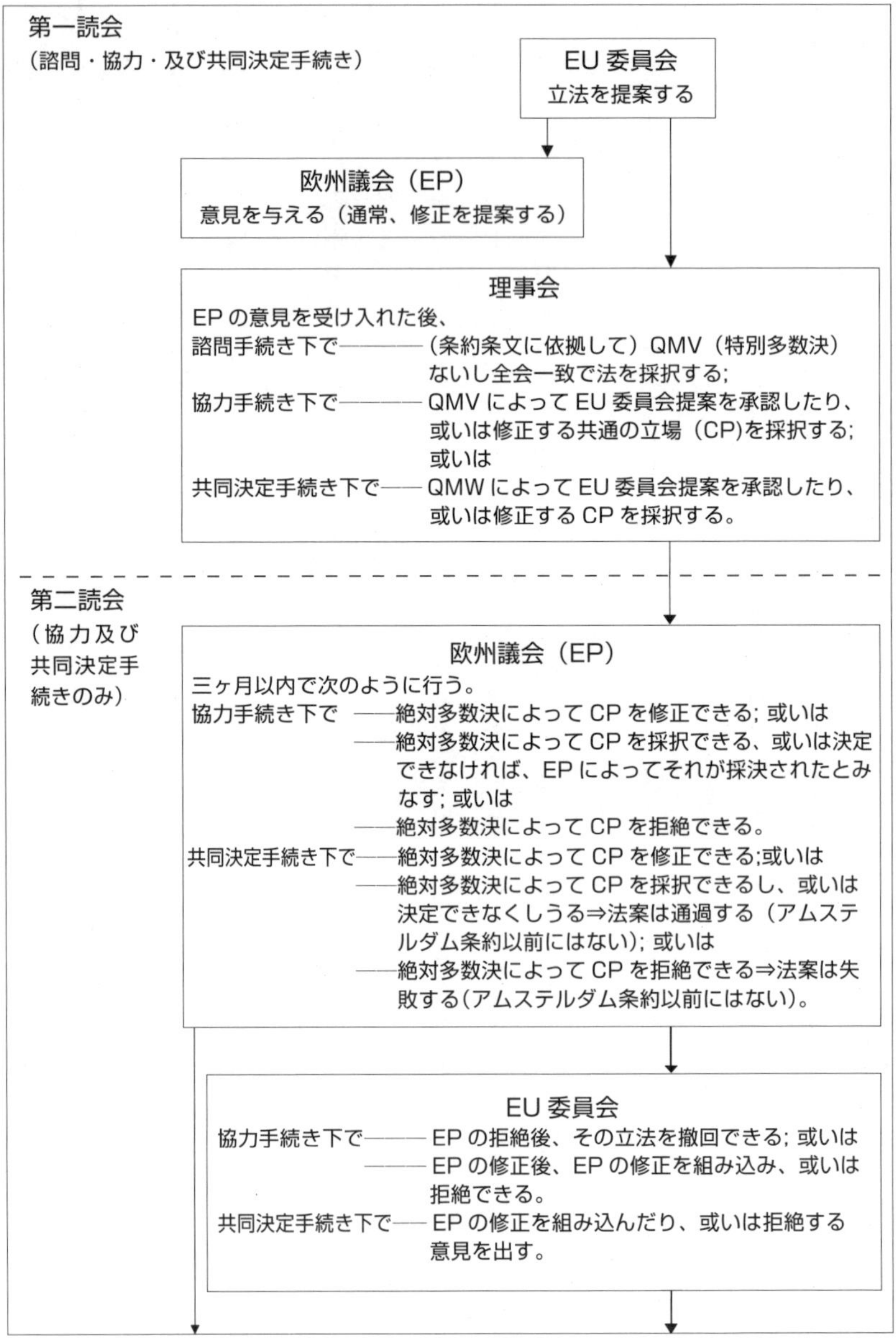
第一読会
（諮問・協力・及び共同決定手続き）
EU 委員会
立法を提案する
欧州議会（EP）
意見を与える（通常、修正を提案する）
理事会
EP の意見を受け入れた後、
諮問手続き下で――（条約条文に依拠して）QMV（特別多数決）ないし全会一致で法を採択する；
協力手続き下で――QMV によって EU 委員会提案を承認したり、或いは修正する共通の立場（CP)を採択する；或いは
共同決定手続き下で――QMW によって EU 委員会提案を承認したり、或いは修正する CP を採択する。
第二読会
（協力及び共同決定手続きのみ）
欧州議会（EP）
三ヶ月以内で次のように行う。
協力手続き下で――絶対多数決によって CP を修正できる；或いは
――絶対多数決によって CP を採択できる、或いは決定できなければ、EP によってそれが採決されたとみなす；或いは
――絶対多数決によって CP を拒絶できる。
共同決定手続き下で――絶対多数決によって CP を修正できる;或いは
――絶対多数決によって CP を採択できるし、或いは決定できなくしうる⇒法案は通過する（アムステルダム条約以前にはない）；或いは
――絶対多数決によって CP を拒絶できる⇒法案は失敗する(アムステルダム条約以前にはない)。
EU 委員会
協力手続き下で――EP の拒絶後、その立法を撤回できる；或いは
――EP の修正後、EP の修正を組み込み、或いは拒絶できる。
共同決定手続き下で――EP の修正を組み込んだり、或いは拒絶する意見を出す。

図4・3-4　EUの立法過程

理事会

３ヶ月以内で行う。

協力手続き下で
- EP の修正がなかったならば、別の法案を採択できる;或いは
- QMV で EU 委員会によって受け入れられた EP の修正を採択できる⇒法案は通過する;或いは
- 全会一致で EP の拒絶を覆しえるし、或いは EU 委員会によって受け入れられた EP の修正を拒絶できる⇒法案は通過する。

共同決定手続き下で
- （アムステルダム条約以前では、EP の修正がなかったならば、法として CP を採択できる）。
- EU 委員会によって受け入れられたものについては QMV によって、かつ EU 委員会によって拒絶されたものについては全会一致によって全ての EP 修正を受け入れることができる。⇒法案は通過する;或いは
- 調停委員会を開催しなければならない。

調停

（共同決定手続きのみ）

調停委員会

理事会から 15 名、EP から 15 名、及び EU 委員会から 1 名（投票権なし）から構成され、6 週間以内で次のように行う。
- 理事会メンバーによる QMV によって、かつ EP メンバーの単純多数決によって共同案（JT）を採択することとする、或いは
- 共同案を採択しないこととする⇒その法案は通過できぬ(アムステルダム条約以前ではない)。

第三読会

（共同決定手続きのみ）

理事会

6 週間以内で
- QMV によって JT を採択することとする（アムステルダム条約以前には、もし共同案がないならば QMV によって CP を承認する）、さもないと
- その法案は通過できない。

欧州議会（EP）

6 週間以内で
- 絶対多数決によって JT を採択することとし、その法案は通過される、さもないと
- その法案は通過できない。

協力手続きと共同決定手続き下で、立法は第二読会へ進む。双方の手続き下でEPは、理事会のCPを修正し、受け入れ、或いは拒絶するかどうかを決定するのに三カ月の許容を有し、かつ絶対多数決によって行う。もしEPが決定するのに失敗するならば、立法はEPによって受け入れるとみなされる。とはいえ、アムステルダム条約は共同決定手続き下でEPの第二読会に二つの変化を導入した。第一に、EPがこの段階でCPを受け入れるならば、法案（アクト）は理事会による後の再是認を待つことなしに、EP議長による法への署名がなされる。第二に、もしEPがこの段階でCPを拒絶するならば、その法案は止まる。マーストリヒト条約の共同決定手続き下で、EPは「拒絶意図」を宣しなければならなかったし、立法案は理事会に戻って通過したのである。

EU委員会は理事会にその立法案を再提出する前に、EPの修正を受け入れるか、或いは拒絶するかどうかを決定する。理事会は三カ月間の許容を有する。協力手続き下では、QMVによって行動する理事会はEPが修正しないならば、その立法案を法として採択できるか、或いはEU委員会によって受け入れられたEPの修正を採択しうるかのいずれかである。しかし理事会はその立法のEPの第二読会の拒絶を覆したり、或いはEU委員会によって受け入れられたEPの第二読会の修正を拒絶するには全会一致を必要とする。共同決定手続き下では、理事会はこの段階で通過される立法のEP修正全てを受け入れなければならない（EU委員会によって受け入れられたものにはQMVによって、かつEU委員会によって拒絶されたものには全会一致による）。さもなければ、理事会は「調停委員会」を開催しなければならない。

かくしてEPと理事会が第二読会後に合意しないならば、「調停委員会」が開催される（理事会とEPの双

表４・３-２　1988 年～ 97 年の間の欧州議会（EP）における立法手続きの量

	1988	1989	1990	1991	1992	1993	1994	1995	1996	1997
諮問手続き	(amend or rejected by EP)									
	131	128	159	209	243	199	168	164	164	154
	(66)	(76)	(105)	(152)	(148)	(120)	(118)	(92)	(90)	(70)
協力手続き（第一読会）	(amend or rejected by EP)									
	45	55	70	62	70	50	33	26	31	19
	(41)	(45)	(52)	(52)	(43)	(45)	(30)	(24)	(26)	(17)
協力手続き（第二読会）	(amend or rejected by EP)									
	45	71	49	37	66	46	21	12	34	15
	(18)	(48)	(28)	(21)	(35)	(24)	(9)	(11)	(29)	(12)
共同決定手続き（第一読会）	(amend or rejected by EP)									
						5	18	35	34	3
	-	-	-	-	-	(2)	(16)	(30)	(26)	(28)
共同決定手続き（第二読会）	(amend or rejected by EP)									
							34	19	37	27
	-	-	-	-	-	-	(22)	(15)	(22)	(18)
共同決定手続き（第三読会）	(rejected by EP)									
							8	7	9	21
	-	-	-	-	-	-	(1)	(1)	(0)	(0)
同意手続き	(assent refused by EP)									
	14	3	2	3	11	8	11	17	8	15
	(0)	(0)	(0)	(0)	(3)	(1)	(0)	(0)	(0)	(0)
立法手続き全体	(amend / rejected by EP)									
	235	257	280	311	390	308	293	280	317	325
	(125)	(169)	(185)	(225)	(229)	(192)	(196)	(173)	(193)	(145)

Source : General Reports on the Activities of European Communities/European Union.

方からの一五の成員、及びEU委員会の投票権をもたぬ一代表からなる）。六週間以内で調停委員会は理事会代表のQMVによって、或いはEPの代表の単純多数によって共同案（JT）を採択しなければならない。アムステルダム条約の改革下で、もし調停委員会が合意に達しえないならば、その立法案は止む（マーストリヒト条約の共同決定手続き下で、その手続きは第三段階へ続こう）。

最後に、調停委員会におけるJTの採用に続き、共同決定手続き下でその立法は理事会やEPにおいて第三読会へ進む。そこでは二つの機関が各々決定するのに六週間の許容を有する。アムステルダム条約下では、理事会はQMVによってJTを承認せねばならぬし、EPは絶対多数によってJTを承認せねばならぬ。さもなければその立法案は止む。とはいえアムステルダム条約以前の共同決定手続き下ではもし調停委員会でJTを生み出すのに失敗したら、この段階では理事会はその共通の地位（CP）を再承認することにQMVによって選択し得よう。そしてこうした手段によってCPは、EPが再承認されたCPを拒絶する絶対多数によって投票しなければ法となる。

［表四・三－二］は一九八八年と一九九七年との間にこれらの手続きの使用の表示を与える。一九九七年までに全ての立法手続きの多数は諮問手続き下にあったが、共同決定手続きの導入後、その手続き下での多様な読会は、EPの立法予定表の増大する比率をとりあげている。即ち、それは一九九四年には手続きの二割、九五年には二二パーセント、及び九七年には二五パーセントである。更にアムステルダム条約は、新しい共同手続きへと協力手続きによってカバーされた政策能力の大部分を通過させた。故に、EPはその立法予定表の五割近くが共同決定手続き読会に包摂されることを期待する(19)。

〔六〕 複雑であるが馴染みなＥＵの立法政治

ＥＵは、精緻化された効果的な立法システムを発展している。理事会と欧州議会（ＥＰ）は、構成諸国の市場を調和化する過程によって脅かされる多様な国家的・区画的・社会的諸利益を調和すると同様に、三億五千万人の消費者達の単一市場を規制する高度に技術的任務と対峙できる。これらの挑戦を満たすために理事会とＥＰは、高度に組織化され、かつ集権化された立法議院へと進化しており、それらは競争と分割による代わりに合意を通じて支配する傾向がある。

しかしこれは機能主義的論理である。立法の複雑性と利益の多元性は、立法の専門化と合意をうみ出す。立法行動についての現代理論は、理事会とＥＰの対内組織と交渉及び連合形成の諸過程をＥＵの立法者達（理事会における諸政府と、欧州議会議員達〈ＭＥＰｓ〉と政党諸グループ）の合理的な自利心の所産としてみなす。諸政府は理事会議長制を設定し、かつＭＥＰｓは課題設定を促進するＥＰの指導構造を設定した。同様に部門的理事会とＥＰの諸委員会は、類似な利益や情報要件をもつＥＵの立法者達をして彼等の領域を独占することを可能にせしめる。政党諸グループは、類似な選好を有するＭＥＰｓや国家の派遣団をして連合形成、並びに情報収集の交流費用を減じることを可能にせしめる。

同様に、理事会とＥＰにおける連合形成での合意と過剰な多数は、多様な社会的利益集団に即応するよりも、機関的諸ルールやアクター達の政策選好の結果である。大抵の立法的争点についてＥＰは、絶対多数決によって決定することが必要とされるが、本会議における低出席率によってこれは、非公式な欧州社会党（ＰＥＳ）と欧州庶民党（ＥＰＰ）の「大連合」を強いる。とはいえ、この連合は理事会とＥＰの相互作用における主要な政策次元についてのＰＥＳとＥＰＰの政策上の立場によって育まれもする。親・反欧州次元についてこれらの二つの集団は、穏健的に親欧州統合的である。同様に理事会において多くの立法的争点についての全会一致要件は、合意を強いる。そして理事会における親・反欧州争点について独仏政府は彼等をして理事会によって受け入れられるように思える提案を形成し得る、特別多数決下で理事会の軸（要）となる成員に近い。しかしもしある争点が左右の線に沿って理事会を極小化するならば、独仏での左翼政権は理事会の軸となる成員とはあまりにも異なり過ぎて、その課題をコントロールできないのである。

最後に、機関的諸利益と政策選好によって動機付けられた、論争と対立の基本的構造は理事会とＥＰとの間の二院制的相互作用において明らかにされる。ＥＰが直接公選ゆえに、ＥＰは立法過程における影響力を（協力手続き下での「いやならやめろ」提案を理事会に提示する、諮問手続き下での立法を遅らす脅しによって、かつ理事会が共同決定手続き下でのＥＰの意見を誇示している場合に、その拒否権行使によって）極大化しようと試みている。ＥＰはいつも勝ちを得ているわけでもないが、欧州での多くの国会と比較すれば、ＥＰは理事会が他の方法で採択していないＥＵ立法へと修正を割り込ませるのに全く成功している。その結果、比較的短期間でＥＵの立法政治は他の民主制政治システムにおける二院制国会の観察者達には馴染みなものへと進化している。全ての立法者の如く、ＥＵの諸政権とＭＥＰｓは自分達の有権者達を満足させ、諸集団を支持し、自分達の個人的キャリアを促し、或いは自分達のイデオロギー的諸目標を促進する立法を求める。そしてこれらの諸目標を達成するため、ＥＵの立法者達は自分達の諸機関を組織し、かつ他の立法制度への類似な仕方で相互に競い、かつ対峙する(20)。

第四節　司法政治とＥＵ憲法の発展

ヒックスは、ＥＵの政治機構に関する第三の部分を「司法政治」と名付ける。ＥＵはその言葉の伝統的意味における「憲法」をもたない。「憲法」とは単一の法典化された文書における一組の基本原理と諸規則である。それにも関わらずＥＵは諸国の政府による機関上の諸選択間の相互作用・欧州司法裁判所（ＥＣＪ）による憲法上の諸理論の樹立・及びこれらの諸理論の、諸国の裁判所による国内の諸憲法への組み込みの結果として徐々に「憲法化される」ようになっている。我々はどのようにこの「司法政治」が作動するのか、そしてなぜそれがＥＵの準憲法的枠組みに結果としてもたらしているのかを説明するのに役立てるため、憲法の樹立と裁判所の権限と裁量についての政治学におけるいくつかの諸理論を調べることができる[21]。

〔一〕憲法と裁判所の政治理論

政治学における共通の議論は、諸憲法が「集合行動問題」を解決するためにつくられる。集団行動がしばしば問題とされる理由を例示する簡明な仕方は「囚人のディレンマゲーム」であり、ＥＵの事例を使用するこのゲーム版は〔図四・四－一〕において示される（cf. Ordeshock, 1992, p.166）。

この仮説的事例においてＥＵは他の加盟諸国からの財やサービスに対する国内市場の開放を目論む、単一市場計画を採用している。とはいえ、憲法なくして加盟諸国は、その計画を実施するかしないかを自由に決

		B 加盟国（Member State B）	
		単一市場を実施しない（離脱）	単一市場を実施する（協力）
A 加盟国（Member State A）	単一市場を実施しない（離脱）	Cell Ⅰ A= $0 B= $0	Cell Ⅱ A= +$7m B= −$3m
	単一市場を実施する（協力）	Cell Ⅲ A= −$3m B= +$7m	Cell Ⅳ A= +$4m B= +$4m

図４・４-１　単一市場の樹立における集合行動問題

定する。そしてこの決定を形成するのに、各政府は自分達の利用できる選択肢の費用と利益を計算する。単一市場を実施する各政府にとっての費用が一〇〇〇万ドルと仮定しよう。そうすれば、もし一加盟国がその市場を開放すれば、各国は過剰な貿易から七〇〇万ドルを利するであろう。かくしてもし両加盟国が単一市場を実施すれば、各々は四〇〇万ドルを利するだろう（$（7×2）－10,000,000）。これは、それがその最大の全体的利益（$ 8,000,000〈Cell Ⅳ〉）を生み出そう。

とはいえ、この結果はありそうではない。その代わりに各政府は、彼等の「最善の戦略」は単一市場を実施しないことであるとみなそう。例えばもし加盟国Aが単一市場を実施しないことに決定すれば、加盟国Bがそのプログラムを実施しよう。その場合には加盟国Aは七百万ドルを得よう〈CellⅠ〉、或いは加盟国Bはそのプログラムを実施しないであろう（その場合には加盟国Aは何も失わなかろう〈CellⅡ〉）。逆に加盟国Aが単一市場を実施するならば加盟国B

はそのプログラムを実施しないことにただ決定し得るだけであり、かつ加盟国Aが三〇〇万ドルを失う一方で、七〇〇万ドルを得る。失うリスクを極小化し、かつ他の国が「ただ乗り」するのを阻止するために、加盟国Aにとって唯一のオプションは単一市場を実施しないことにある。逆に各国が彼らの最善な戦略を追求するならば、いずれの国もそのプログラムを実施し得なかろう。しかしこれは全体としてのEUが協力の集団的利益を失う如く、「半分の最適」結果である（CellⅣ）。その結果、囚人のディレンマは次のように例示する。即ち、「憲法なしの世界」においてそれは協力する集合的利益にあり得るが、それは「離脱」に対する個々のもの達にしばしばある。

とはいえその集合行動問題は、諸政党が「法の支配」を設定できるならば、克服できる。協力は合意が参加者達に結びついているということによって、かつ離脱を罰する一組のメカニズム（裁判所）を作ることによって実行し得る。我々の例において憲法が存在するならば、単一市場プログラムを実施しない加盟国は、ECJの前に挑戦しうる。この状況では両加盟国は協力する誘因をもち、そのことは最適な結果を生み出す。

この解決策は、法の実施者達（裁判所）が立法多数から独立していることを必要としている。立法多数はそこに法律違反が存在しているかどうかを決定できるならば、協力する誘因が減じられる。ゆえに信じうる法の支配について、それは司法部と立法多数との間の「諸権力の分立」によって支えなければならぬ。

この諸権力の分立はゆえに、裁判官達が中立的な政治アクター達であるゆえに作動する。彼等は「意志」の代わりに「判断」を行使する。或いは別言すれば、法の支配は裁判官達が単に「規則×事実＝決定」（Frank,1973）という公式に従うことを必要とする。

注：Ｌ＝立法部の位置　Ｅ＝執行部の位置　Ｃ＝裁判所の位置　Ｘ＝ＬとＥとの間の政策合意の位置；故にＸ－Ｅ＝Ｅ－Ｙ（即ち、執行部はＸとＹとの間で、「冷淡」である）。

図４・４－２　諸権力の分立制度における裁判所の自由裁量

しかし裁判官達は「意志」をもち、憲法は彼らをしてこれらの意志を行使させることを可能にするのに十分柔軟な文書である。立法行為の司法審査が進化するにつれて、かつ社会がより訴訟的になるにつれて、裁判官達は異なるイデオロギー的立場の間での選択に徐々に関与するようになる。従って「司法上の選好」、及びこれらの選好から結果として生じる裁判所の判決は政策過程の最終的政治結果の重大な決定要因である。この実現は「司法政治」と「司法政策形成」についての比較研究に関する文献の増大を生み出している。そのことについてのＥＣＪの役割はその一部である。

司法政策形成を説明するために、政治学者達は政府・立法部及び裁判所との間の相互作用モデルを展開し始めている。米国の統治制度に基付いた一つのこうしたモデルは、［図四・四－二］において例示される。そのモデルは立法部・執行部・及び裁判所が一次元的政治空間における単一的アクター達（それぞれＬ・Ｅ・Ｃという諸点での理念的政策位置によって）であると想定する。立法Ｘは、立法部と執行部との間の合意の結果である。とはいえ裁判所は訴訟がその前にもたらされるとき、その立法を自由に解釈するならば、それはＣへと政治的結果を移動させようとするだろう。しかし政治は進行中の交渉過程であり、そこでは立法部と執行部が裁判所の判決を覆す新立法を通すことによって裁判所の解釈に反応できる。しかしこのことを念頭に置くことによって、裁判所はY点に政策結果をなお移動し得る。この事は同様に、Xの位置と同じく執行部の理念的な点に近いのである。その結果、執行部はXとYとの間では「冷淡」であり、故に執行部は裁判所の判決を覆す新立法を導入する少しの誘因ももたない。

とはいえこの分析類型の含意は、裁判所の裁量が次のような可能性で逆に異なるということである。即ち、新立法がその諸決定を廃止するのに導入し得る可能性で。新立法の採用の容易さが上昇するにつれて裁判所の裁量は下降する。その結果、裁判所は多くの立法アクター達と多様な政治選好が存在する政治システムにおいて最も多くの自由をもつ。立法部における多様な諸政党と共に、或いは立法が二院制立法部によって、或いは執行部や立法部によって是認されなければならないところで、現状からの変化を阻止できるいくつかの「拒否権プレイヤー達」が存在する。かくして権力分立制度（例えば米国やEUにおける如く）によって採択されねばならぬところで、裁判所は少なくとも一アクターがもともとの立法意図よりも裁判所の解釈を選好し、故に裁判所の決定廃止を阻止すると合理的に想定し得る。

逆に裁判所は、司法権と立法権の融合が存在する憲法上の装置下でより多く制限される。例えば英国では何らの法典化された憲法も存在せず、「議会主権」理論は将来の多数を拘束する規則も法も導入しうる少しの立法多数も存在せぬと主張する。その結果、議会は自由に裁判所の判決を覆す。

要約すれば、司法政治の核心には逆説が存在する。他方、諸憲法は法の支配や独立的裁判所や司法部によって支援され、集合的合意を施行する自由な市民達によって採用される。他方、諸憲法は裁判官をして単に法を適用するよりもむしろ法を「形成」せしめ得る。立法多数は、裁判官達の権限を制限するように諸憲法を構想し、或いは裁判所の決定を廃止するのに新立法を導入しえようが、これは所有権や契約を保全する法制度の能力を損うだろう(22)。

〔二〕ＥＵの法制度と欧州司法裁判所

ＥＵ法は、特有であるが国際法やＥＵ加盟諸国の法制度と密接に統合され、かつ三つの主要法源から引き出す、切り離された法制度を構成する。第一に、ＥＵ加盟諸国の諸政府間での「第一次」立法がある。これらはパリ条約・ローマ条約・併合条約・単一欧州議定書（ＳＥＡ）・欧州連合条約（ＴＥＵ）・アムステルダム条約・四つの加盟条約・二つの予算条約・及びＥＵの基本的な機関構造を改革する多様な他の条約を含む。第二に、これらの諸条約における諸条文から引き出す、欧州議会（ＥＰ）・理事会及びＥＵ委員会の「第二次」立法・執行立法がある。ＥＵ条約の第二四九条［ex189］は第二次立法の五つの異なった種類を述べる。(1)規則（これは一般的適用を有し、かつＥＵと国家の双方のレベルで拘束しつつあり、加盟諸国で直接的に適用できる）。(2)命令（これは全ての加盟諸国に向けられ、かつ達成されるが、諸国の当事者達によって法へと転換されなければならぬ）。(3)決定（これは加盟諸国ないし市民達、或いは会社のような法的存在に向けられ、かつそれら全体を拘束している）。(4)勧告。(5)意見（これは全ての加盟国ないし市民にも向けられ、かつ拘束力をもたない）。

とはいえその記述は幾分誤まっており、特に規則と命令との間の区別においてである。命令は、それが加盟諸国による立法の置換における巧妙な策略には少しの余地も残さぬ程詳細化される。また一連の判決を通じて欧州司法裁判所は、私的市民達に直接的に権利を与える彼らの能力に関して命令を規則により近付けている。

これら形式的・成文的法源に加えて、EU法の更なる法源は「法の一般原則」である(23)。

[三] 欧州連合(EU)の「憲法化」

一九八六年での判決における、今知られた声明で欧州司法裁判所(ECJ)は創設条約を「憲法上の憲章」と記した。これはその司法裁判所が諸条約を記すのに「憲法」という用語を使った最初である。法律学者達はある時には、諸条約の憲法上の地位を指していたけれども。それにも関わらずEU憲法は、創設条約にあるというよりもEU法制度の漸進的「憲法化」状態にある。本憲法の二つの中心的原理は、EU法の直接的効果と至高性である。それらは「連邦制」法制度における古典的学説である(24)。

[四] 国内法制度へのEU憲法の浸透

EU法の国内法制度への浸透は、質量ともに発展している。量的側面では、欧州司法裁判からの中間判決を要請する第二三四条[ex177]の使用における実体的増加が存在している。質的側面では、国内裁判所は国内法や憲法に対してのEU法制度の存在と至高性を徐々に受け入れている。

[五] EU憲法の発展についての説明

なぜ欧州司法裁判所は、直接的効果と至高性についての諸理論を発展させたのか。そしてこの過程は、加盟諸国政府によって、かつ国内裁判所によって受け入れられたのか。EUの学者達は次の五つの異なった答を取り出している。即ち、(1)法の構造的・文化的形式主義、(2)欧州司法裁判所の利益と行動、(3)国内裁判所の利益と行動、(4)超国家的訴訟当事者達と超国家的法的共同体、(5)諸国政府の利益と行動、といった答をとり出したのである(26)。

[六]「知られない目的」か、或いは台頭する均衡か

EUは連邦制的法制度についての基本的理論のうちの二つ（EUを通じて個々の市民達についてのEU法の直接的効果と、国内法と憲法に対するEU法の至高性）を含む法的憲法的枠組みを有する。また欧州司法裁判所においてEUはEU法の実施を監督し、かつEU諸機関を抑制しておく強力な憲法上・行政上の裁判所をもつ。

どのようにしてこれが生じたのかは、論争のある事柄である。その真理は恐らく、我々が論じている諸説明間のあるところに存在する。一方では、政治アクター達（諸国政府・ECJ・諸国の裁判所・及び超国家的訴訟者達）は特に諸利益や政策目標をもつ。しかしながら、アクター達は自分達の文化的・制度的・政治的・情報的文脈（環境上の制約）によって、かつその制度内での他のアクター達の諸利益（戦略的制約）によって制約される。それにも関わらず、特別な「機会の窓」においてアクター達は例えば、制度構造を改革し、制度上の規範を確立し、或いは諸国の法文化を修正することによって彼等の環境上の周囲の状況を形成

する。

更に、我々が司法政治の一般理論についての議論でみたように、裁判所は他のものよりもいくつかの状況的枠組内でより多くの自由裁量をもつ。欧州司法裁判所はＥＵにこの論理をあてはめることによって、ＥＵ条約が欧州司法裁判所の諸権限を減じるように改革され、或いは新立法がその諸決定のうちの一つを覆すのに通過されるわずかな可能性しか存在しないゆえ、計画変更のきわめて高い余地を有する。ＥＵシステムにおける多くの「拒否権プレイヤー達」（少なくとも一加盟国、ＥＵ委員会、欧州議会、或いは一団からなる強力な超国家的な経済アクター達）が存在する故、その状態は、欧州司法裁判所の諸権限の減少、或いはその諸決定のうちの一つの打倒といったものを阻止するように思える。

しかし、欧州司法裁判所は他のアクター達がその諸決定に反応する仕方についての不完全な情報をもつ。例えば、諸政府は彼等が数年毎で再選されなければ故に、裁判所よりも短期間の範囲しかもたぬ。つまり、諸政府は欧州司法裁判所に諸権限を委任する長期的含意に関心をもつよりもむしろ、一決定の直接的な政治的顕著さに関心をもつ。しかし新政権が選出されるとき、新しい政治的争点は選挙課題に置き得るし、その結果として欧州司法裁判所はその諸決定が政治的に顕著となるかどうかについては不確かである。とはいえ、たとえ欧州司法裁判所（ＥＣＪ）が誤算をおかすにしても、特定の決定に反対する諸政府はＥＣＪの決定の打倒に拒否権を発動することを、ＥＣＪに同感的アクター達に対して阻止せしめる決定形成手続きを見出さなければならない。例えばＥＣＪは情報の欠如ゆえ、（男女の対等な年金の権利についての問題について）バーバーの判決の政治的突出に驚かされた。しかし正しい制度的メカニズムは、ＥＣＪの決定を変更する諸政府のために存在する必要があったし、故に諸政府はその判決の遡及的適用を阻止するＥＵ条約に議定書を加えるべくマーストリヒト条約を交渉する政府間会議を使ったのである。ＥＣＪは、その議定書に従ってこの領域における積極主義を修正した。

この司法政治ゲームは、不完全な憲法をうみ出している。例えばＥＵは権利章典をもたず、かつ誰が管轄権をもつのかは明らかではない。ワイラー（一九九三年）はゆえにＥＵが「知られない目的」をもつと論じる。しかし我々の理論的結論はその最近の憲法的機構が均衡（一方ではＥＣＪと諸国の裁判所の自由裁量と、他方では経済統合を可能にする法の支配を構築する諸国政府における意識的決定との間のバランス）であると提案する。

それにも関わらず、その均衡は次のような政治的文脈（例えば世論・政党の競争とイデオロギー・及び利益集団といったもの）における変化によって覆されよう。即ち、その政治的文脈はＥＵをして完全な連邦制的憲法構造へと推進し、或いは（マーストリヒト条約についてのドイツ憲法裁判所の判決で起こった如き）憲法上の後退をもたらしさえするというものである[27]。

（1）Simon Hix,The Political System of the EU,pp.1-17.

（2）S.Hix,*op.cit.*,pp.1-2.

（3）*Ibid.*,pp.2-5.

（4）*Ibid.*,pp.5-9.

（5）*Ibid.*,pp.9-14.
（6）*Ibid.*,p.21.
（7）*Ibid.*,pp.21-25.
（8）*Ibid.*,pp.25-31.
（9）*Ibid.*,pp.32-41.
（10）*Ibid.*,pp.41-45.
（12）*Ibid.*,pp.45-50.
（12）*Ibid.*,pp.50-54.
（13）*Ibid.*,pp.54-55.
（14）*Ibid.*,p.56.
（15）*Ibid.*,pp.56-59.
（16）*Ibid.*,pp.60-63.
（17）*Ibid.*,pp.63-74.
（18）*Ibid.*,pp.74-84.
（19）*Ibid.*,pp.84-96.
（20）*Ibid.*,pp.90-98.
（21）*Ibid.*,p.99.
（22）*Ibid.*,pp.99-103.
（23）*Ibid.*,pp.103-107.

（24）*Ibid.*,pp.107-113.
（25）*Ibid.*,pp.113-118.
（26）*Ibid.*,pp.118-127.
（27）*Ibid.*,pp.127-129.

Ⅲ　おわりに

我々の目的は、サイモン・ヒックスによるＥＵ政治機構理論が体系的にその機構を政治学理論によって捉えようとするゆえに、その総括を果たすためである。従って我々は彼の主著における結論部分がＥＵ政治機構の説明を補っている部分があるので、それを示さなくてはなるまい。

「政治機構から政策形成へ」の関連から、ＥＵ統治の制度的諸ルールは、特定の政策結果を容易にする。例えば、ＥＵ委員会やＥＣＪへの執行・司法権限の委任は「より一層緊密な」同盟政策を「固定化」している。ＥＵ委員会とＥＣＪはＥＵシステムにおける彼等自体のもつ機関的利益を擁護し、かつ彼等の利益（ＥＵ委員会のまわりで組織された利益集団、及び諸国の裁判所、並びにＥＣＪの周囲の法的共同体）を確保するのにそれらの権限を行使している。また、諸政府は情報の欠如ゆえ、短期間ゆえにこれらの諸結果を予測できなかった。そして条約改革は全会一致を必要とする故、この委任はいつも「一方通行」である。立法ルールも、政策結果を形成している。理事会での特別多数決は規制緩和政策やＥＵ規模の製品基準についての一致を容易にしている。対照的に、全会一致投票は共通な処理基準を（例えば労働者の権利）を採用する努力を損なっている。また欧州議会（ＥＰ）は、主要な政党グループの諸政策（例えば高度なＥＵ環境擁護の欧州社会党〈ＰＥＳ〉の目標の如く）を促進するのに協力手続きや共同決定手続き下のその権限を行使する。しかしこれは少しの共通規則もいかなるＥＵ立法も好まない理事会での諸政府の多数には通常、条件的である。

とはいえ、諸政府が諸機関ルールと政策結果との間の長期的関係を徐々に理解するにつれて、諸政府は特定の政策結果を促進したり、或いは擁護したりする制度設計を意識的に決めている。例えば、大抵の政府は、基本的な国家主権の諸領域において執行・司法権限をしぶしぶ委任している(例えば外交政策や国内保安についての如く)。同様に、反欧州統合政権と中道右派政権は、諮問手続きや、連邦主義者や左翼の結果に生じるように思える政策領域における全会一致投票(例えば税制調和化の如く)を維持するために戦っている。

最後に、政治機構と政策形成から政治までの関連は、反対の方向における関連よりも一般的に弱い。EUの発展は、国内の選好形成と競争の諸過程に限定的インパクトのみ与える。EU市民はEU統治について悪く伝えられており、国内の政党は国内政権の公職と政策出力《アウトプット》のための闘いに焦点があてられる。その結果、国内政治はEUの課題についての新争点(例えば、一九九〇年代後半での国境を越えた犯罪と不法移住と闘う必要の如く)に導きうるけれども、EUの政策決定は国内の反対にも関わらず、まれにしか覆されない。例えば一九九〇年代前半において世論の多数決・いくつかの主要政党・及び数多くの社会集団(例えば労組)はEMUに反対したが、統治政党は国民が最終的にその考えに「変える」だろうという希望ゆえに、国内の政治課題にこの争点を近付けないことが可能である。それにも関わらず投票者達と利益集団の選好は、彼らの誘因と環境が変化するにつれて変化する。これは諸政府やEU諸機関が国内システムにおける選好構造を変えるのにEUの政策出力《アウトプット》を使わせている。例えば中道右派政権は、公開市場での利益とより大きい私的部門の中産階級(それは中道右派政党を支持する傾向がある)をもつ国内企業を生み出すためにEUの競争と国家援助政策を促進させる。同様に、親欧州統合的ＥＵの諸政府とＥＵ委員会は周辺諸国におけるＥＵへの支持を求めるために、ＥＵ地域政策を使っている。そして事態は変化し始めつつある。寛容的合意の終焉、ＥＭＵの開始、及びＥＵ課題に対する政党政治の抗議の発達は全て、ＥＵ市民・普通の政党員・及び非政権政党エリート達が欧州レベルで統治過程と政策形成過程について注目しはじめつつあることを含意する。その結果は、ＥＵレベルにおけるエリート達の戦術の自由に対する制限を増大しつつあるということである(1)。

この部分は、ヒックスによる政治機構と政策形成（更には政治過程を含む）にかかわる補足部分である。修正にＥＵ機関間関係と国内政治（国民達も含む）との相互作用への論及を含んでいる。その上、彼はその将来の見通しも予見する。

さて我々は、ヒックスのＥＵ政治機構論に対する評価の段階に差しかかっている。彼の理論の長所は、従来の政治システムの中規模理論を使いつつ、アムステルダム条約以後の時期における進化したＥＵ機構を「過程論(2)」的に整理していることにある。そのモデルは、従来の国際法的国際機構論やＥＵの個別主要機構論とは異なっている。ヒックスはその切り口において独自性を発揮している。たとえそれが従来の政治学のありふれた理論を使っているにしても（例えば、彼の「二重の執行部」モデルをＥＵ機構の説明として使用しているものは説得力をもちうる）、従来の説明にはきわめて少なかった形である。更に、彼の図表を数多く駆使した様式も、より説得的なものとして評価できる。

他方、短所を探せば、その論調はかなりの冗長さが目立つ点も指摘せねばなるまい。我々にとってきわめて周知の事項が繰り返されている点は惜しまれる。またある論者が指摘している如く、政治システム的な説明としては従来よりもはるかに明確性をもつと考えるが、必ずしも全ての人々を納得させているわけでもないことも記しておかなければなるまい(3)。例えば、ヒックスの諸理論は、ある面では問題提起にとどまっている側面がある。

（1）S.Hix, *The Political System of the EU*, 1999, pp.360-362.

（2）Hellen and William Wallace（eds.）,*Policy-Making in the European Union*, Oxford U.P.,2000, p.37.

（3）Clive H. Church, Review article , in *Political Studies*（vol.48, 2000）, p.884.

第五章　半大統領制政治機構理論についての再検討

――R・エルジーによる所説を中心に――

はじめに

冷戦の終焉の象徴的な出来事であるベルリンの壁が一九八九年一一月九日に開放されてから、昨年で一〇周年を迎えた。その歴史的評価は、長期的視点からの判断が必要であるにしても、その東側の政治体制における国民に対する自由の抑圧的側面は否定できない。即ち、民衆の側は自由選挙、人権擁護、権力分立機構などの要求をその変革過程で主張してきたことから明確であろう。政治機構（ないし政治制度）理論的アプローチを採用するものにとっても、冷戦終結のインパクトは大きかった(1)。周知の如く、従来の世界の政治機構は大統領制型、議院内閣制型、及び社会主義型に大別されていた。そうした第三のものは以前のソビエト連邦がロシア連邦へと移行し、ソ連の衛星国としばしば称せられた東欧諸国のほとんどが、その民主集中制を根幹とするものから自由民主主義的な政治機構とされるものへと変化してきた。その変化の前後における米国の政治学者達の状況についてダニエル・フランクリンは次のように記している。即ち、

「マイケル・J・ボーンと私はシカゴでの米国政治学会（APSA）の一九九二年大会中、『政治文化と立憲制（比較的アプローチ）』の著述に導く我々の経験を分有した。マイケルと私は、我々の異なった研究上の争点（彼は東欧について、私は米国について）ゆえに専門的大会で同じ研究会に出席するのはまれである。しかし我々の議論において我々は共通な筋道を発見した。一九九二年にその適用された大会でその技術を行使する機会を最終的に得ている政治学者達の間に大きな興奮があった。何百人もの政治学者が民主主義制度の構築について助言を求める東欧や以前のソ連の新独立共和国から招待されていたのである。私は、カスピ海沿岸の以前のソ連の一共和国であるアゼルバイジャンへのこうした旅にいったことがある。マイケルは東欧全体にわたって広範囲に旅行をしたし、特に前のドイツ共和国に旅行した。我々がそれぞれ別々に、我々の旅行と、この学会の研究会での参加の結果として到達した結論は、ともかく以前のソ連の民主化に対する興奮の多くが要点をはずしているということであった。これらの諸国の政府と協議するのにかける努力の多くは、民主主義的制度の樹立に先立つ社会的諸条件を欠いている故、浪費されているように我々には思われた。国家建設への制度的アプローチの重要性を決して否定しないし、このようなアプローチは、民主主義的政治制度の構築に既に導く諸条件の存在には最も適切なように思われる。我々にとってより興味のある問題は民主主義国家の建設に必要な諸条件の性質にかかわったことなのである。我々は、この問題を論じる時、民主制国家建設に重要である異なる社会因子を熟考しはじめた。私の経験から私は法律に自発的に従うその市民達の側での潔さ（本意）が民主制国家に存在する必要があることに気付いている。その本意は政府の行動が正統的であり、国民の同意に応え、かつコントロールに関する既成の手続きに応じた訴えに服するという意味に基付いている。法の支配が主に自発的服従に基礎を置くというこうしたシステムは、「立憲制国家」と称するものが最もふさわしかろう。立憲制国家において法の支配は裁判所ないし警察がそうすべきだと言うからではなく、法の一般的受容と法への信頼が存在する故に浸透するのである。というのは社会がこうした立憲制国家を達成することは、政治的・社会的・経済的発展の複合的相互作用を必要とする。マイケルと私は次のように考えた。即ち、我々の専門化ゆえ、我々の経験の規模はあまりにも限定的過ぎ、立憲制国家の発展についてのいかなる一般的適用可能な声明もなし得ないと。我々は世界の様々な地域に焦点をあてる専門家達の参加を強く求め、かつ本書での成果を刊行することを決心した（2）」。

先ずフランクリンは前段で、その共編者であるボーンとともに九二年の米国政治学会での冷戦以後の政治機構への移行直後の国々の問題状況のインパクトの側面を示している。確かに彼らは民主主義ないし民主制という用語の米国の学者特有の表現（共産主義でないもの）を使う点は、G・サルトーリのいう「概念の拡張（3）」であるけれども、そこでの立憲制に関する米国の価値観とそれに対する旧共産圏におけるギャップを問題としているところは的を射ている。その上、彼らが立憲制とそれにみあった政治文化の問題を自分達の政治機構を再認識しながら、立憲制先進国、日独の如き急速に変革した類型、中進国型と発展途上国型などの比較事例研究は、政治機構論における重要な側面についての野心的な試みであろう。しかしわれわれが問題としたいのは、そうした諸国を含めた政治制度に関するモーリス・デュヴェルジェらによる「半大統領制」概念の適用可能性の問題（4）なのである。なるほど、近年のジョヴァンニ・サルトーリやアーレンド・レイプハルトらのものはデュヴェルジェ説の批判的検討であって、それを経験的にも理論的にもより広範に適用しようとする積極的なものではなかった(5)。これを実践しようと試みたのは、我々が一定の評価をなそうとするロバート・エルジーらの『ヨーロッパにおける半大統領制（Semi-Presidentialism）(6)』である。我々はその分析を通じて、その概念の適用可能性の問題を再考しようとするものである。

（1）冷戦終結についてのインパクトに関しては、拙著『現代政治機構理論』（サンワコーポレーション、一九九七年）序文を参照されたい。

（2）Daniel P. Franklin and Michael J. Baun（eds.）, *Political Culture and Constitutionalism: A Comparative Approach*, M.E. Sharp, 1995, pp.vii-viii. この著作については、前掲拙著第六章を参照されたい。

（3）Giovanni Sartori, `Comparing and Miscomparing', in *Journal of Theoretical Politics*, vol.3, no.3（1991）pp.243-257.

（4）Maurice Duverger, `A New Political System Model: Semi-Presidential Government', in *European Journal of Political Research*,（8）2, pp.165-87. これについては前掲拙著第五章参照。

（5）Giovanni Sartori, *Comparative Constitutional Engineering: An Inquiry into Structures, Incentives, and Outcomes*, Macmillan, 1994; Arend Lijphart（ed.）*Parliamentary Versus Presidential Government*, Oxford U.P., 1992. これについても前掲拙著第五章参照。

（6）Robert Elgie（ed.）, *Semi-Presidentialism in Europe*, Oxford U.P., 1999.

第一節　その半大統領制概念枠組みについて

R・エルジーらのその欧州における半大統領制論は、共同事例研究の形式を採用する。そうした比較政治的なものも数多いけれども、彼らのそれはその編者である研究者の強い理論上のリーダーシップによるところにその特徴を見出せる。というのはその著作は全一四章から構成されるが、彼がその中核をなす諸章、即ち、「半大統領制の政治学」・「フランス」、及び「半大統領制と比較制度設計」を担当していることで容易にうかがえる。さらにそれを幅広く展開している研究も必ずしも多くないからである(1)。またそうした半大統領制機構を日本ではフランス型（ロシア型も代表的なものと示す）〔大統領制と議院内閣制の〕混合型政治制度としたり、或いは議院内閣制の系統とするものが多い点から(2)判断しても、必ずしも多数派とはいえぬ側面は否めない。とはいえ彼らのそれは、そうしたものに明確な枠組みを与える可能性を含むものとみなしたい。

さて本節は、その「半大統領制の政治学」章を扱う。その第一節は「半大統領制（その概念と批判者達）」というものである。彼はそれを初期の用語から説き起す。

「一般の人々の文脈において「半大統領制」用語は最初に、一九五九年、ユベル・ブーブ・メリという『ル・モンド』紙のジャーナリストにして創立者によって使われた」という。しかしこの時にはこの用語の意味付けはむしろ曖昧にして定義付けられないままになお残った。学術的文献において半大統領制概念は最初に

M・デュヴェルジェによって練られた。デュヴェルジェは一九七〇年にあらわれる政治制度と憲法についての教科書の第一一版でその用語を用いた。デュヴェルジェは、一九七四年に僅かにより詳細にその主題を扱かい、かつこのテーマに関する彼の最初の全体規模の著作が一九七八年に登場した。次にフランスではその用語は正規の使用になったし、一九七〇年代の終り頃までに激しい論争の的であった(3)。

他の国ではこの概念への関心は展開するのに幾分時間がかかった。一九八〇年、本主題に関する論文は、デュヴェルジェ自身によって英文であらわれた。一九八三年、国際会議が特にポルトガルやフィンランドの政治学者の寄稿者達（一九八六年のデュヴェルジェの文献にある如く）を含む半大統領制のテーマで開催された。一九八四年、デュヴェルジェの著作に基礎付けられた最初の主要な研究は、南半球の学者によってスペイン語で登場した。一九九〇年代初期において民主化の過程が東欧及び以前のソ連で速度を早めるとき、その概念へのドイツ語による関心の増大があった。全体的に一九九〇年代の末までにこの用語の使用は広範になっており、かつ政治学の教科書は半大統領制についての一節を徐々に含むようになっているという。実のところ、一九九七年にデュヴェルジェの一九八〇年論文は『欧州政治研究ジャーナル』の歴史の最初の二五年で刊行された最も影響力をもったもののうちの一つとして指定され、かつ選出されたのである(4)と説く。

次に半大統領制概念は十分にして真に発達段階に達しているという。とはいえ、その最初の定式化以来それは進化していると説く。更にそれは一貫して批判の対象でもある。実のところその概念とそれに向けられる批判を取り巻いており、かつ取り巻き続けるその混同は次のように示唆する。即ち、その用語の定式化は半大統領制政治研究が引き受け得る前に必要とされると(5)。

その批判についてまとめ、かつそれに答えつつエルジーは、論を進める。そして彼はデュヴェルジェの定義解釈についての問題を提起する。その問題は半大統領制が「かなりな諸権力」をもつ大統領を示さなければならぬデュヴェルジェの規定によって結果として生ぜしめられる。この問題点を除くために必要とされることは、半大統領制諸国の主観的分類のための機会を残さず、かつ半大統領体制の明瞭なリストを樹立する半大統領制の定義である。これはデュヴェルジェの定義が少しく再定式化されるならば達成されるしかないのである。そのときにのみ比較政治の客観的研究を促進する半大統領制に関する明確なリストを作成することが可能であろう(6)。

半大統領制概念が時代が経過するにつれてある程度の混乱の的であり、かつデュヴェルジェの標準的定義の二つの要素(普選の大統領及び彼のかなりな権力)の批判がある程度まで正当化されることが論証されている。それ故、あくまでも次のような半大統領制概念の再定式化が提案されよう。半大統領制は、「公選による固定任期の大統領」が「議会に責任を負う首相と内閣」とともに存在する状況として定義付けられよう(7)と。

これは純粋にその概念の憲法上の定義である。更にそれは国家の長や政府の長のいずれかがその公職につき、かつ彼らがどのようにその公職にとどまるかの仕方を簡明に示す定義である。それは、これらの二つのアクターの実際上の権力について少しの想定もなさないのである。これもデュヴェルジェの標準的定義にきわめて近い利点をもつ半大統領制の明確にして直截的な定義でもある。更にそれは次の二つの更なる利点をもつ。第一に、それはデュヴェルジェの定義の第一の要素が誤りであり得るというサルトーリの論点を説明

アフリカ	南北アメリカ	アジア・中東	中・東欧	以前のソ連	西　欧
アンゴラ ベニン ブルキナ・ファソ カペベルデ ガボン ガーナ マダガスカル マリ ナミビア ニジェール トーゴ	ドミニカ共和国 ガイアナ ハイチ	レバノン モルジブ モンゴル 韓国 スリランカ	ブルガリア クロアチア マケドニア ポーランド ルーマニア スロヴェニア	アルメニア アゼルバイジャン ベラルーシ グルジア カザフスタン キルギスタン リトアニア モルドバ ロシア ウクライナ ウズベキスタン	オーストリア フィンランド フランス アイスランド アイルランド ポルトガル

図５・１－１　地域別による半大統領制の諸事例

する。それは直接公選の大統領が半大統領制に必要とされるという合意を、公選大統領が必要とされる（それは直接公選ないし、直接公選に準ずる方法で選出される大統領を意味する）と入れかえることによって説明する。従って例えば、改革以前のフィンランドのような諸国は半大統領制として明確に分類できる。第二に、それは大統領権力をさすデュヴェルジェの定義の第二の要素を全く省く。つまりこの参照によって生じせしめられた諸問題は除かれる。そういうものとして例えば、オーストリア、ブルガリア、アイスランド、及びアイルランドのような弱い大統領をもつ諸国は、例えばフィンランド、ポーランド、及びポルトガルのようなある種の制限的大統領職をもつ諸国と同様に、フランスやロシアのような強力な大統領をもつ諸国とともに半大統領制と明確に分類できる。こうした半大統領制は、他のこうした純粋類型（特に、大統領制や議院内閣制とともに存在する純粋な政治機構分類の一例）として台頭する(8)という。

この定義に基付き、「半大統領制」と明確に分類できる政治制度のリストが樹立できる（［図五・一－一］参照）。このリストはデュヴェルジェが半大統領制であるとして一貫している六つの西欧諸国を含む。それも一九八九年ないし一九九一年以後の半大統領制政治機構形態を採用した中・東欧並びに以前のソ連の大多数の諸国を含む。それは、南アジアと東南アジアにおけるこの最も頻繁に論じられた諸事例（スリランカ・韓国）をそれぞれ含むという。最後に、それはアフリカにおける大多数の半大統領制と米州における小数の半大統領制を含む。全体的に、もし民主主義の政治制度における体制類型が導かれるとしたら、それは大統領制よりも（中米や南米にはそうではないけれども）より広範であることがわかろうし、恐らく議院内閣制よりも少しも広範でもなかろう（中・東欧や以前のソ連諸国にはより広範であるけれども（9））。

明らかに半大統領制は、同じ基本的な憲法構造を共有する。半大統領制は全て、立法部に責任を負う首相や内閣を有する。しかし既に述べられている如く、実際上半大統領制諸国は多くの異なった仕方で行動する。大統領、首相、及び内閣の憲法上の権力は丁度、大統領、首相、及び内閣が異なるのと同じく異なる。特に憲法上強い大統領が政治的に弱い場合もあり、かつ憲法上弱い大統領が政治的に強い場合もある。大統領が首相を支配する場合もある。一方が他方を支配しない場合もある。それ故、半大統領制政治を検討するために、政治的実際の多様性を各国毎に捉える枠組みを樹立する必要がある（10）という。

その第二節では、エルジーはデュベルジェが次のように頻繁に繰返すもので始める。即ち、「半大統領制概念の目的は、なぜ比較的に同質的な憲法が基本的に異なる仕方で適用されるのかの理由を説明するためであると」。次にデュベルジェにとって半大統領制概念は、特定な一組の憲法上の取り決めの記述と同じ発見的仕組みである。デュヴェルジェにとってこうした仕組みの主要な利点は、それがどのようにこれらの体制が機能するのかの仕方についての「深い説明を認める分析モデルの構築」にある。更に彼によると「それは単に半大統領制の過去と現在の具現を説明する問題であるばかりでなく、それらの将来の具現を予測する問題でもある」。この分析モデルの基礎は、なぜ半大統領制がこうした異なった仕方で作動するのかの理由を説明する適切な一組の変数の明確化である(11)。

デュヴェルジェに従っている人々は、彼ら自身の一組の変数をしばしば明確化している。バルトリーニ(Bartolini)は次のように述べている。即ち、その制度的システムは外因的な諸要因は同じ憲法上の諸特徴が実際上大いに異なって作動する理由を説明するために、明確化する必要がある。彼にとって次の四つの要因が重要である。即ち、「(1)問題となっているその体制の政治文化的起源、(2)大統領と議会の候補者達が選出される過程、(3)大統領と議会の選挙制度との関係、及び(4)大統領と政党制の連立構築との間の関係」が重要であると。類似な傾向においてリンツは次のように論じる。即ち、「より大きな政治システムから無関係に相反する両極端をもつ体制の遂行を分析することは不可能」であるし、この点で「彼は特に重要である二つの要因（政党制と複雑な歴史的状況）を選抜している」と。同様にパスクィノ（Pasquino）は、半大統領制についての彼の分析において二つの変数（選挙制度と政党制）に焦点をあてる(12)という。

半大統領制体制においてみられる多様な実際を最も適切に説明する諸要因について、少なくともある程度の合意が存在するというのはこのリストから明白である。けれども今まで予期される如く、デュヴェルジェ自身が自ら明確化する諸要因のリストは時代を経過するにつれて変わっている。とはいえ、一般にデュヴェルジェのリストはこの合意を補強する。大部分、デュヴェルジェは次の三つの変数を特に重要であるとみなす。即ち、(1)主要な行為者《アクター》達の憲法上の諸権力、(2)その体制の形成を取り巻く出来事、(3)議会多数の性質及び、大統領とその多数との関係を。これらの諸変数の各々は、手短かに考察されている(13)。

　エルジーはこの章を次のように結ぶ。彼はその著書が半大統領制政治を検討するという。特にそれは中・東欧、西欧、及び以前のソ連における大多数の半大統領制の経験に焦点をあてる欧州の半大統領制を検討する。この文脈で問われている主要な問題は、なぜ同じ基本的な制度構造を共有する諸国が実際上そのように行動するのかというものである。半大統領制についてのデュヴェルジェの著作は、われわれがこの問いに答えはじめることができる枠組を与える。そういうものとして特別な注目をあてる諸章において、政治アクター達の憲法上の権力、その体制創設を取り巻く状況、議会多数の性質、大統領とその議会多数との関係に注目がなされよう。しかし同時に他の諸要因は特定の諸国において重要であるとも示されようし、これらは適切な時に適切なところで明らかにするという。そしてエルジーらの「結論」章では比較制度工学についての学術的な議論について、かつ大統領制、半大統領制、議院内閣制の賛否についてこの著者達に教えることを考察する(14)。

（1）　Robert Elgie（ed.）, *op. cit.*

（2）〔大統領制と議院内閣制の〕混合型という表現は、典型的には以下の文献で代表される。樋口陽一・吉田善明編『解説・世界憲法集』（第三版、三省堂、一九九四年）三五九頁など。なお依然として大統領制と議院内閣制の二大分類に固執するものもある。例えば、近藤敦『政権交代と議院内閣制』（法律文化社、一九九七年）など。

（3）Robert Elgie（ed.）, *op. cit.*, p.1.

（4）*Ibid.*, p.2.

（5）*Ibid.*

（6）*Ibid.*, pp.2-12.

（7）*Ibid.*, pp.12-13.

（8）*Ibid.*, p.13-14.

（9）*Ibid.*, p.14.

（10）*Ibid.*

（11）*Ibid.*, p.15.

（12）*Ibid.*

（13）*Ibid.*

（14）*Ibid.*, p.20.

第二節　仏露における半大統領制政治機構事例研究

エルジーらの事例研究で扱う半大統領制諸国は、欧州のオーストリア、フィンランド、フランス、アイスランド、アイルランド共和国、ブルガリア、リトアニア、ポーランド、ルーマニア、ロシア、スロヴェニア、ウクライナの十二カ国(1)である。紙幅の都合上、われわれは、その原型であるフランスと世界的に影響力をもつロシア連邦に限定したい。なぜなら事例研究もその著作の重要な部分であるゆえ、それなりの実証的分析が必要であるからであり、かつその成否はその理論の根幹にかかわるからである。

[1]　フランスの半大統領制

第五共和制憲法は、一九五八年に国民投票によって採択された。憲法第六条は次のように規定する。即ち、共和国大統領はほぼ八万人からなる選挙人団によって選出されることとし、それは主に議員と地方政府の代表からなると。他方、第二〇条は首相が国民議会に責任を負い、第四九、五〇条は首相がその議会の信任投票で敗れるならば、辞任の選択肢しかないことを明らかにしている。これらの特質によって、一九五八年憲法のもともとの原文は議院内閣制を明らかに設定した。とはいえ一九六二年一〇月、憲法はもう一つの国民投票によって修正された。第六条は普通選挙制による大統領選挙にかけるように変えられた。それ故、第五共和制は半大統領制に変えられたというのである(2)。

ある著者（ヴィンセント・ライト）が見事に述べている如く、たとえ一九六二年の憲法改正が何ら新しい権限も大統領に与えないとしても、「それは大統領に新しい権威〈即ち、民主制的正統性〉を与えたのである」という。一九六二年に先立ち、大統領は主要な政治アクターであった。大部分、これは、最初のこの職の保持者であるシャルル・ド・ゴールの個人的性格によった。しかし六二年改革以後、その大統領職は主要な政治アクターであった。この制度に影響を与える大統領の権能は制度化されたのである。大統領の選挙運動の約束は、その政権が実施することが託される選挙公約になった。しかしそのとき以来、大統領の権力の範囲はなお多様であった。フランスの半大統領制の性質は、大統領が首相の助けなくして権力を行使できぬというものである。一般的ルールとして第五共和制の初期の数年には、首相は従順な部下で大統領が最高位のものとして君臨したのである。しかし徐々に、大統領は首相・大統領支配が公けに挑戦されるにつれて、政治的敵対者を任命せざるを得なくなっている。この項では第五共和制における大統領と首相との関係が探究される。その第一の部分で大統領・首相関係の概観が与えられる。第二は、憲法状況、六二年改革の創設的文脈、及び大統領と議会多数との関係が論じられ、第三では、大統領・首相関係のより広範な文脈が考察され、執行部リーダーシップの変化する特性が論じられる。かくして第五共和制の今日的性質が定立されるというものである（3）。

〈1〉　政治的リーダーシップの類型

第五共和制は大統領と首相がともに当然に重要な人物であるという意味から、二頭制執行部ないし執行部二頭制によって特徴付けられる。とはいえ、第五共和制は、指導部の責任が大統領部にある場合もあれば、

大統領	首相
シャルル・ドゴール（1959-69）	ミッシェル・ドブレ（1959-62）
	ジョルジュ・ポンピドー（1962-8）
	モーリス・クーブド・ミルヴィル（1968-9）
ジョルジュ・ポンピドー（1969-74）	ジャック・シャバン・デルマ（1969-72）
	ピエール・メスメール（1972-4）
ヴァレリ・ジスカール・デスタン（1974-81）	ジャック・シラク（1974-6）
	レイモンド・バー（1976-81）
フランソワ・ミッテラン（1981-95）	ピエール・モーロワ（1981-4）
	ロラン・ファビウス（1984-6）
	ジャック・シラク（1986-8）
	ミッシェル・ロカール（1988-91）
	エデス・クレッソン（1991-2）
	ピエール・ベレゴヴォワ（1992-3）
	エドアール・バラデュール（1993-5）
ジャック・シラク（1995-　）	アラン・ジュペ（1995-7）
	リオネル・ジョスパン（1997-　）

図5・2-1　1958～99年の間のフランス大統領と首相

首相部にある場合もあるという階序制的二頭制として分類できる。広く言えば、大統領職はその体制の初期間中には最強であった。他方、首相政権は八〇年代半ば以来通常的期間で起こっている。大統領は強力なアクターである。これは「高等」政治の領域に特にあてはまる。大統領はフランスの最も顕著な国際的代弁者であり、首脳会議でのフランス派遣団を導き、世界の最強な指導者達と緊密な接触を保ち、海外からのフランス大使館からの報告文書を受け取る。歴代大統領達は防衛政策事項に対する制御を維持し、フランスの核抑止への大統領の責任から生じる。大統領はまた外交事項において積極的であり、六〇～七〇年代における米ソ二超大国からのフランスの独立を一貫して主張し、かつ共産主義以後のシステムにおけるフランスの利益を促進している。大統領達も欧州共同体・連合に対するフランスの政策もかつ欧州レベルにおけるその機関の政策もともに形成している。全体的に「高等」政治領域におけるこの影響力は歴代大統領に語らせ、かつあたかも彼らがフランス自体を体現せしめているかの如くあらわしめている。従って大統領の言葉はいつも雄弁であり、かつ大統領の肖像は君主的な局面である（五八年以来の大統領と首相のリストは［図五・二―一］参照（4））。

また首相も強力なアクターでもある。大統領（その行政支持構造は軽い）と対照的に、首相は広範な一組の政府・行政・情報機構の長である。政策形成過程はこれらの諸機構なしには機能し得ない。従って首相はそれが政策の準備及び実施の基本的な事実上のビジネスになると、その機構内での最も戦略的に重要な地位を占める。この立場の結果は、首相が政府のビジネスの日々の指導と絡み合わされてリンクされる。「保革共存」の外で大統領は政府の政策決定が成功するか否かにかなりな個人的な関心をもとう。しかし首相こそが（その政治的将来が）その政権の短期的政策遂行と最も直接的に結びつけられるのである（5）。

首相は議会の仕事と立法部選挙の行動とも密接に結びつけられる。かくして第五共和制は大統領と首相の任務の合成であり、この意味から二頭制執行部が存在するのである。しかし証拠が示唆する如く、第五共和制執行部二頭制は単一様態の政治的リーダーシップによっては特徴付けられない。たとえ全体的に大統領への傾向があるにしても、政治的任務の類型はいかなるときにも起こる大統領と首相との関係の作用でいつもある。更に証拠が示唆する如く、近年、大統領制への一般的傾向はそれ自体弱められるし、首相政権への機会がより多く示される。次の項ではこれらの基本的傾向を設定し、かつその関係の詳細をつくるのに役立つ諸要因が考察される（6）。

	絶対多数			準多数	多数なし
	単独政権	不均衡な連立	均衡のとれた連立		
大統領と議会の多数が一致する	1968-73 1981-6	1962-8 1973-4 1974-8	1995-7 1978-81	1988-93	(1958-62)
多数が大統領と一致しない		1997-	1986-8 1993-5		

図５・２－２　1958～99年のフランスにおける大統領と議会との関係の様態

〈2〉　フランス半大統領制の文脈

ここではエルジーは次の三つの部分に分けて論を進める。即ち、(1)憲法上の権力、(2)創設の文脈、(3)大統領と政党の関係（その関連図が〔図五・二－二〕のもので示される）がそれである[7]。

〈3〉　フランスの半大統領制の今日的性質

第五共和制には大統領権力研究に対する多様なアプローチがある。デュヴェルジェが規定している枠組みはこうしたアプローチを代表する。このアプローチの強みは、それがなぜ大統領がその制度における主要なアクターで一貫してあるのか、についてばかりでなく、なぜ大統領権力が脆弱であるのかの理由も論証する事実にある。それは、大統領が双頭の執行部制内で行動し、かつその制度内の基本的変数が議会多数と大統領との関係であるという論点を強調することによってそうなのである。しかしなお、大統領職も首相職もともに彼らの広範な政治的文脈におくことも必要である。フランスの半大統領制は一連の重複関係で組み立てられる。これらは大統領と首相との関係、並びに大統領と首相と議会多数との関係を含む。しかしそれらも他の諸関係も含む。それらは執行部とより広範な国家構造との関係、政治エリートと国民との関係、及び一般にフランス、欧州、並びに世界との関係も含む。これらの関係の性質が変化する如く、執行部権力（全体としてかつその内部での）も大統領と首相のそれぞれの権力をかえる(8)。

この点からこれらの関係の近年の進展は、フランス執行部の基本的権威に挑戦している。例えば、フランスは一般的に国家中心型ではなくなっている。国家のある公企業体は民営化されている。国家のコントロールの他の諸局面は、独立行政機関へ移されている。国家計画一般はグレイドが下げられており、かつ評価、消費者憲章、及び新しい公経営の言語が規範になっている。同時に、国民と国民代表との間の隔りは拡大している。今日、政治家に託することを心よく思っている人々は少ない。より多くの人々は「通常的ではない」諸政党に投票するように思われる。通常の政党組織をバイパスする社会的抗議にかかわる気でいる人々は多い。伝統的な政治権威構造を尊重することに幸福感をもつ人々は少ない。同様に、フランスのその欧州と世界のパートナー達との関係は変化している。フランスは多くの基本的諸領域における政策形成機能についてコントロールを失う危険にさらされ、或いは少なくともコントロールを失うとみなされる危険にさらされている。予算政策の選択は制限されている。通貨政策の選択は削減されている。世界貿易交渉は放送政策を脅す。欧州の規則は競争・産業政策をかえる。これらの手法の多くにおいて、フランス国家は多くの他の既成の自由民主主義諸国における国家と同様に打ち負かされるに至っている。その結果、統治責任者達は自分達の本質的な任務の遂行について益々統治しなくなっている(9)。

フランスにおける統治の変化する性質は、その制度における大統領と首相の地位と、彼らの権力分析に影響を与える。過去には、フランスの政策は少なくとも相対的に独立的になされた。フランス国内では国家は強力であった。国内では執行部が影響力を行使した。次に執行部内で、大統領と首相との戦いは政治権力のための主要な戦いであった。この文脈において憲法の原文は重要であったし、大統領の前例は必須であったし、議会多数の性質は決定的であった。しかし独立的政策形成の衰退、国家の弱体化、及び執行部の地位への挑戦とともに、大統領と首相との闘いは徐々に周辺的なように見える。実のところ、憲法は政治的ゲームの規則を定め、国民はなお大統領と政府が結果を達成することを期待し、かつ議会多数の構成は大統領と首相の影響力の基本的輪郭を決定し続ける(10)。

次にこうして変化するフランスの統治の性質は、フランスの半大統領制の性質の説明へと統合される必要がある。それは、なぜ第五共和制が一般的に最強であったのかの理由を説明するのに役立つ。それもなぜ近年の大統領達が国民の期待に適合し得ないかの理由を説明し、かつ国民が益々変わりやすくなるにつれて、なぜ「保革共存」期間が徐々に頻繁になっているのかの理由を説明するのに役立つ。しかし同時にトワネ(Toinet)がフランスの「病」の最近の表現の限界を強調し、かつそれをその適切な歴史的文脈におくことも強調することは確かに正しい。その制度はなお統治できなくはないし、過去はいつもよりよいところにあるわけでもない。実のところ、そのジョスパン政権の最初の年にそれに対する国民の支持の高水準はその議論の新しい関係と取り組み、かつ適切な対応を与える政治指導者達がなお成功裡の国政術にかかわり得ることを示唆した。この文脈において大統領と首相との競争は、フランス政治の本質的な要素でなおある。エルジーは「双頭の執行部の二つの構成要素との関係は、なおフランスの半大統領制《セミプレジデンシャリズム》の明確な特徴である(11)」とこの部分を結ぶ。

（1）Elgie（ed.）, *op. cit.*, pp.vi-vii.
（2）*Ibid.*, p.67.
（3）*Ibid.*, pp.67-68.
（4）*Ibid.*, pp.68-69.
（5）*Ibid.*, pp.69-70.
（6）*Ibid.*, pp.70, 74.
（7）*Ibid.*, pp.75-83.
（8）*Ibid.*, p.83.
（9）*Ibid.*, pp.83-84.
（10）*Ibid.*, p.84.
（11）*Ibid.*, pp.84-85.

［2］　ロシアの半大統領制

ロシアの大統領職は比較的最近に起源を辿る。いつも首相か或いは（ソ連時代には）閣僚会議の議長が存在したし、実のところレーニンはソ連の初期の頃には党の指導者としてではなく、人民委員会議として知られたものの議長として支配的な人物であった。首相とその同僚はソ連議会（ソ連の最高会議）によって選出された。特に集団統治機関（最高ソビエトの最高幹部会）によって選出され、その機関の議長が国家の長の職務を実行した。ひとたびL・ブレジネフが一九七七年に最高幹部会議長に選出されると、「ブレジネフ・プレジデント」と外国語の大文字で彼を指すことが普通になった。しかしなおそういうものとしてのプレジデント職など存在しなかった。思われる如く、スターリンが考えたが、次のような根拠で一九三〇年代でのその考えを拒絶した。即ち、最高ソビエトの如き人民全てによって選出され、かつ最高ソビエトに挑戦できる個々の大統領のための地位などないと。そしてそれはフルシチェフ下で再考察されたが、彼が職務から追放されるや否や取り下げられた。いかなる場合でも、幹部会議長も首相も議会にも（なおさらそうでも）選挙民大衆にもいかなる有意義な仕方でも責任を負わなかったし、むしろこの種の諸問題についての諸決定は政党指導部によってなされ、かつ通常的に承認された(1)。

これは全てソ連の後期に変化し始めていた。ゴルバチョフがもともと論じていた如く、統治機関というものは「一人物の手にあまりにも多く集中」し、かつ第一にそれは議会の議長という新しい地位を創設することに決定され、それにその政党指導者が型通りに選出された。しかしその議論は続いた。例えばアンドレイ・

サハロフは一九八九年春における彼の選挙演説と、以下のような憲法草案において議会議長の直接選挙を提案した。即ち、彼は「主に国民によって五年毎に選出される、欧州とアジアにあるソ連の諸共和国のプレジデント」を含むとその年の後半に提案する憲法草案において。大統領制へ移行する決定はゴルバチョフの顧問達がこうしてのみ彼らが彼らの政治的反対者達から主導権を再び掌握すると説得されるに至ったように、同年の後になされた。大統領職が一九九〇年三月に急いで是認され、ゴルバチョフが投票する代議員のうちの七一パーセントの支持によって、その最初にして最後の公職者として選出された。例外的にその選択は国民全体によるよりもむしろ人民代表会議によってなされ、これは彼のロシアの相対するものが次の年に主張できた国民の委任を新ソ連大統領から奪ったのである(2)。

ボリス・エリツインは九〇年五月にロシア議会議長に選出され、次に九一年六月に彼は五人の他の候補者達に抗して直接公選でロシア初代大統領に選出された。大統領職（それがこの時までに設立された如く）は通常、選挙による公職であったし、それは執行権をもつ地位であった。（以前の首相であったニコライ・リゾフが述べた如く）ゴルバチョフもエリツインも「イングランドの女王の如く君臨する」考えを好まなかった。エリツインが既に自らの相当な諸権限を拡大する憲法の採択を確かなものにしようとして、議会解散後に自らの支配権を行使したように、実のところロシアで九三年一二月以後、政治制度の性格を定義付けるのは大統領職であった。エリツインは『イズベスチヤ』において、「私は〔憲法〕草案における大統領権限がかなりであることを否定せぬが、あなたはツアーや強力な指導者達に扱われる国において何を期待するのか(3)」と言ったのである。

ロシアにおける展開は、以前の諸共和国におけるばかりでなく、共産主義や共産主義以後の世界を通じて、執行部大統領職への広範な傾向の一部であった。ソ連自体は多様な水準でその諸大統領の数で世界を導いたし、諸共和国の中ではトルクメニスタンは初めて九〇年にこの種の地位を設定していたし、九四年にベラルーシが新憲法の採択によって最後のものになった。東欧の大部分は同じ時まで執行部大統領制へ動いた（アルバニア、チェコ共和国、ハンガリー、及びスロヴァキアは主な例外であるけれども）。同時に八〇年代後半は「制度を真剣に考える」多くの研究の展開をみていた。その文献において執行部ないし半大統領制さえ、政党制ないし政治的安定の形成へとはそれほど一般的に貢献するようには思われない多くの兆候があった。九〇年代の半ばまでのロシアの経験はこれらの暗い予想を裏付けたのか。強力な均衡は、公選大統領（自らが任命する政府）と、直接的にも選出される議会との間に見出されていたのか。そしてどのようにロシアの半大統領制はデュヴェルジェによって描かれ、かつエルジーらの著書の諸ページで体系的に検討された広範な枠組みと関係付けたのか(4)。

〈1〉　ロシア半大統領制の文脈

ソビエト支配は共産主義以後の継承者達に複合的な遺産を残した。特にロシアにおいてそれは、新設の執行部大統領職と、九〇年春選出議会（人民代表会議）との間で解決されぬ緊張を残した。エリツインが後に観祭した如く、ソ連時代の終りに「二つの権力機構」間の衝突が存在するのは「不可避」であった。彼が不満を言った如く、人民代表会議は「ただ拒絶するだけで、ただ打ち砕くだけ」である傾向があった。あまりにも多過ぎる代議員達は「やすき大衆迎合主義と公然たるデマゴキー……そして結局は全体主義的な共産

表5・2-1　ロシアの大統領職

1993年12月憲法下で、ロシア大統領は次のような存在である。
即ち、
（1）国家元首（第80条第1項）であり；
（2）憲法の保証人（80条2項）であり；この憲法に大統領は忠誠の誓いを為し；
（3）大統領は「国家の国内外政策の基本的方向を定め」（同条3項）、国内的にも国際的にもロシア連邦を代表し（同条4項）；
（4）彼は、直接・平等・秘密投票によって四年任期で選出され（81条2項）、彼は少なくとも35歳以上でなければならず、少なくとも10年間ロシア連邦に居住していなければならないし、二期連続して選出してはならない（81条3項）。
（5）大統領は、「ロシア下院（State Duma）の合意によってロシア連邦政府の議長＜即ち、首相＞を任命し」、政府の会合で主宰する権限をもち、かつ「ロシア連邦政府の辞任に関する決定を為し」、国家連邦銀行総裁候補を指名し、大統領は首相の推薦によって副首相や閣僚を任免し、憲法裁判所・最高裁・仲裁裁判所裁判官候補者を指名し、安全保障会議を構成し、かつ統括し、連邦軍の最高指揮官として対外諸国と国際機関における外交上の代表部の最高指揮官であると同様に、諸地域におけるその全権代表を任免する（第83条）；
（6）大統領は下院に選挙をおこなうように要請し、特別な状況下では下院を解散し、国民投票を要請し、法案を提出し、かつ「国における状況」や、「国家の国内外政策の主要な方向」について上院に毎年報告書を提出する（84条）；
（7）大統領は最高司令官であり、かつ緊急事態（88条）と同様に戦争状態を宣することができ（87条）、彼は恩赦を与え（89条）、かつ連邦諸地域を通じて法の効力を有する大統領令を発する（90条）。

主義制度の復活に」かかわった。議員達や彼らの議長であるR・カズブラトフにとってその問題はむしろ異なった争点であった（政府が公選の代議員に責任を負うべきかどうかとか、広範な代議制議会がさもなくば圧倒的に強力な執行部であるものに対する重しとして行動する事を認めるべきかどうか）。カズブラトフにとってロシアの歴史と次にマルクス・レーニン主義は単一の「ツアー」の権力を誇張するのに組合わされていたのである。これらの状況下で「安全な権力分立を樹立し、社会全体の代表機関」として国家の役割を展開することが必須であった。特に議会は執行部に対する「重し」として役立ち、議会が他の諸国でなす如く公歳出、立法、及び政府の構成に対してその影響力を行使しよう。彼はより一般的に次の如く論じた。即ち、大統領制的共和制は合意や国民の理解を極大化する必要があり、共産主義以後のロシアの特定状況には適切ではない(5)と。

結局のところ、これらの相違は次のような時に力によって解決された。即ち、議会が九三年九月二一日に大統領令によって解散され、次にクレムリンを占拠し、かつ自分達の権力機構を樹立するためにカズブラトフ、ルツコイ副大統領、及び彼らの支持者達による企てに続く一〇月四日にロシア軍の砲撃によって服従させたのである。エリツインは彼らに抗する自らの改革計画の支持者達との間の「決定的な闘い」を予想していたし、前の春にもしそれが弾劾投票を是認した場合にはガスや軍事力によって「議会議員達を逮捕する」ための計画が既にあったのである(6)。

〈2〉　憲法上の諸権限

ロシアは、半大統領制モデルの形成における伝統と状況をもつ確かに一例であった。長年の伝統は強力な指導者（彼がツアーであれ、第一書記であれ、或いは大統領であれ）から発した。首相（古くない伝統によって）はその支配者によって任命され、かつ公選議会に対してよりもむしろ（通常の状況において）その支配者によって任命され、かつ彼に責任を負う独立的政府当局者よりもむしろ執行者であった（首相が現実の権力機構の拠点になるかもしれぬように思える時〈レーニン下で新体制の最初の時期において、或いはスターリンの死後の如く〉があったけれども）。実のところ、ゴルバチョフがソ連時代においてさえ是認的に語る「抑制と均衡」への動きがあった。特に六四年以後、首相の地位は一人物の手への権力の過大な集中を避けるために、政党指導部から分離されたし、たとえ党指導者が明らかに支配的人物であったとしても、「集団指導部」への強調があった。同様に初期の共産主義以後の制度は公選議会に対抗して公選大統領を均衡させ、あるときには共産主義以後のロシアが一人物（その権力が副大統領によって均衡され、公選議会へのある程度の責任）によって均衡されるように思えた。結局のところ九三年九、一〇月に起こった大統領クーデタは、一九世紀フランスにおいてナポレオン三世の権力と比較可能である諸権力を大統領に与える（解説者達の見解では）憲法の導入を可能にした。実のところジャーナリスト達はエリツインを「大統領ツアー」と名付けた(7)。

大統領、首相、及び議会の憲法上の権限について大統領が明らかに支配的人物（[表五・二－一]を参照）であった。大統領は国家の長にして憲法自体の担保人であったし、その憲法はありうる形では実のところきわめて大きな権限を彼に与えたのである(8)。

〈3〉　大統領・首相・及び議会

大統領、首相、議会との複雑にして不満足な関係は大統領制のより一般的な特徴であった。一二月憲法は、大統領に有利にこの種のいかなる緊張も解決することが意図された。それは確かに首相や政府を指名し、もし自らの選択を是認することを繰返して拒絶するならば、下院国家議会を解散し、かつ法の効力によって彼自身の大統領令を出す広範な権限を彼に賦与した。九四年と九五年にエリツインのみで議会に一〇〇以上の法案を提出し、連邦議会がそれらを承認した後、自らの署名のゆえに提出される諸草案の三分の一以上に拒否権を発動した。実のところ大統領令、アピール、憲法上のメッセージ、及びマス・メディアにおける言明への頻繁な依拠は、彼をして自らの権限での立法の源（権力分立原理の明確な侵害）をあらわしめ

表5・2-2　1996年のロシア大統領選挙結果

第一回投票（1996年6月16日）	登録選挙人数 ＝108,495,023	
ボリス・エリツィン（独立派）	35.3	26,665,495
G・ジュガーノフ（共産党）	32.0	24,211,686
A・レベッジ（無所属）	14.5	10,974,736
G・ヤブリンスキー（ヤブロコ）	7.3	5,550,752
V・ジュリノフスキー（自民党）	5.7	4,311,479
F・フェドロフ（労働者自治党）	0.9	699,158
M・ゴルバチョフ（社会経済及び政治研究国際基金）	0.5	386,069
M・シャクム（社会経済改革派）	0.4	277,068
Y・ヴラゾフ（国民愛国党）	0.2	151,282
V・ブリンツァロフ（ロシア社会党）	0.2	123,065
A-ジェルデイツリーフ （共産党：ジュガーノフを支援して最終時に撤回）	0.0	308
全候補者に反対	1.5	1,163,921
有効投票	68.7	74,515,019
無効投票	1.0	1,072,120
投票率	69.7	75,587,139

第二回投票（1996年7月3日）	登録選挙人数 ＝108,589,050	
ボリス・エリツィン（独立派）	53.8	40,203,948
G・ジュガーノフ（共産党）	40.3	30,102,288
両候補者に反対	4.8	3,604,462
有効投票	68.1	73,910,698
無効投票	0.7	780,592
投票率	68.8	74,691,290

出典: Derived from Tsentral'naya izbirates'naya komissiya Rossiiskoi Federatsii, *Vybory Prezidenta Rossiiskoi Federatsii. 1996. Elektoral'naya statistika*（Moscow: Ves, mir, 1996）, 128 and 130.

た。更に彼の大統領令のいくつかは、彼が九四年一二月のチェチェンでの戦争の勃発に基付く大統領令をはじめとして、ロシア議会の立法を綿密に調査する権限について言うまでもなく秘密裡にしてよく理解されずに出された（それは例えば、七三年の米国議会が海外への米軍派兵を企てる大統領権限を制限する、戦争権限法を採択したことといった諸理由ゆえ(9)であった）。

ロシアにおける政治は、多民族国家におけるものであるなどのゆえに多党制的であり、議会でも多数形成の必要性を求めている。しかし大統領は三回その提案（例えば首相承認）が拒否されると、解散権をたてにすることによって承認を得ているところから判断して、強力な大統領権限によってその停滞を乗り切る側面は特徴となりつつある。けれどもその多数派の形成も当然ながら、安定的にしてよりよき政策形成のために必要と思われる。従って大統領は二回投票制を採用し、議会選挙は半分が比例制で半分が小選挙区制を採用する(10)。

〈4〉　エリツインとロシア半大統領制

半大統領制全ては、大統領と首相の人物にきわめて依拠する。ロシアの制度は憲法の形式的規定をはるかに越えて進んだ仕方において、かつ大統領の政策選択についてばかりでなく彼の身体上の健康や人格についても、多くの他のものよりもそれに依拠する。九三年憲法は副大統領の地位（共産主義以後の世界において、ブルガリア、韓国、カザフスタン、及びキルギスタンはこの種の地位を保った）を廃することによってこれらの懸念を加えた。この憲法下で我々がみている如く、大統領は自分の辞任、弾劾、或いは「健康上の理由で自らの職務の遂行不能」の結果としてその任期終了に先立ちその職を放棄することとする。こうした状況下で大統領の権限は首相への臨時的基礎の上にあり、新しい選挙が三カ月以内で求めなければならぬ（第九条）。しかし誰が（と解説者が問うた如く）大統領が「全体的に自らの権限を行使し得え」ないか否かを決定するのか。大統領自身は大統領令に署名することによってなのか、首相なのか、医師達の特別会見なのか。誰を含むのか、或いは恐らく大統領補佐なのか（いずれか）。こうした問題には答などなかった限り、大統領が権力から隔離され、かつその国は「強力な〝舞台裏の人物〟」による「彼の名で」統治され(11)よう。

エリツイン自身には多くのこうした不在が存在したし、大統領の健康がその理由であると認められるいくつかの機会があったし、病院への各々の訪問が「彼の権威を損う議論やうわさ」によって伴われることは驚くにあたらなかった(12)。

ソビエト体制は共産党の手に政治権力を独占することによって、かつ共産党内でその指導部の手に権力を集中することによって効果的な統治形態を維持していた。一九八八年以後に存在した部分的に改革された体制は、「上からの」党の主導と、「下からの」選挙のコントロールの不安定な組合せであったし、それは結局のところ有権者達の支持で解決された緊張である。とはいえ共産主義以後の体制は、執行部の大統領と強力な議会の別々の選挙での新しい緊張の源を導入した。議会と大統領との緊張は九二年と九三年を通じて統治上の手詰まり状態へと追いやったが、九三年一二月に導入された憲法は少しの長期的解決も規定しなかったし、その修正の継続的要求があった。先ず第一に、大統領と議会選挙はそれらが共通の政府の計画をもつ機会を極大化するために、同日に行われるかもしれなかった。英国ないし北欧の如き議院内閣制への更に徹底した要求が存在したし、それは大統領よりもむしろ直接公選議会に責任を負う首相によって導かれた政府によるものであった。野党の共産党は大統領職に敵対的であったし、ジュガーノフ党首はそれが一人物が野党から選出されれば、新大統領の「第一の行動のうちの一つ」として全て廃されるように求めた。同じ見解はニコライ・リズコフとロシアを議院内閣制共和国と「長期的に」みなした下院議長によって強調された。上院議長であるイゴー・ストロエフはたとえ全体としての政府でないにしても、鍵となる閣僚の選択に少なくとも影響を与える能力が与えられるよう下院に求めた。(13)

明らかに思えた如く、機能できるシステムは、大統領が国民の委任を享有するより十分に半大統領制「フランス」のシステムへの動きを必要とするが、その政府は或いは少なくともその鍵となる閣僚達は議会多数の支持を必要とした。ロシアの伝統は中央集権的方向へのその注目において強かったし、その将来はそれが責任と国民の同意をもつ他のより西洋的な伝統を組み込み得る程度に依拠するように思えるとこの項の著者（S・ホワイト）は推論する(14)のである。

（1）　Stephen White, "Russia", in R. Elgie（ed.）, *Semi-Presidentialism in Europe*, Oxford U.P., 1999, p.216.

（2）　S. White, *op. cit.*, pp.216-217.

（3）　*Ibid.*, p.217.

（4）　*Ibid.*, pp.217-218.

（5）　*Ibid.*

（6）*Ibid.*, pp.218-219.
（7）*Ibid.*, p.221.
（8）*Ibid.*, p.222.
（9）*Ibid.*, p.226.
（10）*Ibid.*, pp.226-228.
（11）*Ibid.*, p.229.
（12）*Ibid.*, pp.230-231.
（13）*Ibid.*, p.231.
（14）*Ibid.*,

第三節　半大統領制と比較制度設計

中・東欧及び以前のソ連における民主化の最近の過程は、憲法構築及び制度設計の主題にかなりな関心を集めている。大多数の新興の民主化された諸国は新憲法を採用せねばならず、特定な一組の政治制度を選ばなければならない状態にある。実のところ、類似な選択は欧州（特にイタリア）では深い憲法変動が今数多くの年月の間に政治課題にのぼっている。これらの諸国全てにおいて政治指導者達は、採用されるべき最適な憲法上の取決めが存在するか否かについての争点に直面している。いくつかの憲法上の取り決めが他の取り決めよりもよいのか。この争点の一局面は執行部と立法部関係の問題にかかわる。どんな体制類型を国が採用すべきか。この点においてそれは、議院内閣制の長所が大統領の責任を凌ぐとある著者達（特にリンツ）によって論じられる(1)。

言うまでもなく半大統領制概念は、これらの議論にかつ、次の二つの仕方で適切である。第一に、多くの国々はいわばともに意思表示をしており、かつ半大統領制を実際上採用している。例えば中・東欧と以前のソ連の諸国において今、一七の半大統領制（[図五・一－二] 参照）が存在する。一握りの議院内閣制（アルヴァニア、エストニア、チェコ共和国、ハンガリー、ラトヴィア及びスロヴァキアを含む）と、より小数の大統領制（グルジア、タジキスタン、トルクメニスタン）が存在するにしても。第二に、憲法構築者達が実際上決定しているのに加え、学界は半大統領制構造を採用する賛否を論じている。従ってデュヴェルジェは次のように論じている。即ち、半大統領制は「東欧や旧ソ連において民主主義の独裁制からの移行について最も効果的手段になっている」と。サルトーリもある状況下である国が半大統領制を選択することが適切であり得ると主張している。対照的に、半大統領制が本来的な制度上の危険を含むと論じる他の著者達もいる。例えば、リンツは次のように書いている。即ち、「純粋な大統領制よりも多く、かつ二重の執行部制は大統領の人格と能力に依拠」し、「責任が拡散されるようになり、かつ特別な衝突があり得、かつありそうに思える」と付け加えるに至る(2)。

この学術的論議がこの節の「焦点」であるとエルジーは定める。このことがいわれたのでこの節はこの議論の規範的な側面は扱わないという。それは半大統領制が大統領制ないし議院内閣制よりもよいか、或いは悪いかであると論証することを目指すものではない。それは半大統領制の長所や短所の一定のリストを樹立する意図で書かれてはいない。その代わりにエルジーのこの節はこの議論の用語にかかわると示す。それは最近の現状では、多様な体制類型の賛否についての議論が基本的には弱点があると示すことを目論む。その目標は今日の議論を基礎とする諸仮定が、これらの体制類型の真の長所短所についての意味ある結論が描き得る前に再考察されることを示すためである(3)。

本節の第一項は前の各国研究に向ける故、多様なリーダーシップ類型が欧州の半大統領制に見出される。第二項は半大統領制研究のためのデュヴェルジェの枠組みに戻り、かつこれらのリーダーシップ類型がきわめて異なる理由を決定することについて歴史的・憲法的・政党政治的及び他の諸要因の重要性を考察する。最後に第三項は欧州の半大統領制の経験が比較制度設計問題について我々に教えることを示す(4)というのである。

〔1〕 半大統領制リーダーシップの諸類型

半大統領制は多様な政治的実際である。これは新しい論点ではない。実のところ、デュヴェルジェは次のような観察によって半大統領制についての彼の古典的研究をはじめた。即ち、彼が扱う七カ国（オーストリア、フィンランド、フランス、アイスランド、アイルランド、ポルトガル及びワイマール共和国）において政治的実際がとてつもなく多様であるという観察によって。これらの七カ国のうちの五カ国がその研究書で研究されているし、それに加えて七カ国の新しく民主化された諸国が考察されてもいるという点で、デュヴェルジェの観察がなお正確であるとみなすことは驚くにあたらない。実のところ、一組の半大統領制においてきわめて多様な政治的実際が存在する。とはいえ、その多様な半大統領制の実際についてのデュヴェルジェの観察が確認できるとすれば、これらの体制で見られるリーダーシップの諸類型の彼の分類が再考されることを要する。デュヴェルジェは自分の八〇年論文で次のように主張する。即ち、半大統領制の実際には三大類型（名目上の大統領職、強力な大統領職、及び大統領が首相と権力を共有するもの）があると。ポルトガルの経験を加える前の事例研究での諸観察に向けることで、それは次の如く論証できる。即ち、デュヴェルジェの三分類は時の経過を経るいくつかの半大統領制の転換を捉え得ず、最近のリーダーシップ類型の本質的な多様性を捉え得ないと。本項の残りは欧州の半大統領制に見出し得る基本的なリーダーシップ類型を明らかにする（5）。

図５・３－１　半大統領制におけるリーダーシップ類型

体制の開始以来の一つの支配的リーダーシップ形態		ある支配的形態から他の支配的形態への移行		支配的リーダーシップ形態なし
首相主導型	大統領主導型	大統領から首相への移行	大統領・首相型から首相主導型への移行	
オーストリア ブルガリア アイスランド アイルランド スロヴェニア	ロシア	フィンランド	ポルトガル	フランス[a] リトアニア[b] ポーランド[c] ルーマニア[d] ウクライナ[b]

[a] 大統領型と首相型　[b] 大統領、首相、議会型　[c] 大統領、首相、および大統領・首相型
[d] 大統領と大統領・首相型

エルジーは次の三点が半大統領制における政治的実際についてなし得るという。即ち、半大統領制の創設以来の一つの支配的リーダーシップ類型、一支配的リーダーシップ類型から他の類型へと移行するもの、何らの支配的リーダーシップ類型も存在しないものと。

エルジーは以下のような［図五・三－一］で半大統領制の実際の多様性を肯定する（6）。

［2］　半大統領制リーダーシップの多様性の説明

〈1〉　その創設的文脈

いかなる場合にも、ある国が半大統領制形態を採用した文脈と、その後すぐにあらわれたリーダーシップ類型との間には明確な相関関係が存在する。実のところ支配的リーダーシップ形態（それが首相であれ大統領であれ）があらわれており、かつ多様な大統領・首相及び議会のリーダーシップ類型が生じている場合には特に明確な相関がある（7）。

〈2〉　憲法上の権限

丁度半大統領制リーダーシップの創設的文脈と諸類型との間での多くの場合で相関がある如く、ある場合に憲法上の権限とリーダーシップの実際との相関が存在する。しかし、憲法は政治的実際の弱い予言者達がいると直接的に記されるべきである。デュヴェルジェが自らの古典的論文で記した如く「その憲法が大統領権限の適用にある役割を果たすけれども、この役割は…他の媒介変数……の役割と比較して第二次的なままに残る」。予期される如く、エルジーの著書における諸章はデュヴェルジェの観察を確認する。ある場合には大統領の法律上の権限と大統領の実際上の役割との間にはほとんど何らの関係もない。これは特にアイスランドにあてはまる。即ち、そこでは大統領は決して使われぬある重要な憲法上の大権をもち、それはオーストリアにも事実であり、そこでは再びいくつかの大統領権限は休眠状態にとどまっている。しかしそれらの三組の場合には大統領権力と政治的実際との相関はより強固である。これは憲法状況が必然的にいきわたるリーダーシップ類型の原因であるということではない。それは、大統領の憲法上の権限とその制度の実際上の権限の範囲が主に一致すると簡明に言い得る(8)。

〈3〉　政党政治

デュヴェルジェの半大統領制研究において彼は、政治的リーダーシップの性質を決定する政党政治を熱心に強調した。事実、デュヴェルジェは政党政治がこの点で最も重要な要因であると合意した。特に彼は政党政治が憲法権限と現実上の実際との微妙な相違を説明すると論じた。彼は議会の多数をもたぬ諸国では、大統領と首相が権力を分有するところの状況で結果として生じる、憲法と実際との間の最大の一致があるように思えると述べた。デュヴェルジェは次のようにも述べた。即ち、安定多数をもつ諸国である場合には象徴的大統領をつくり、かつある場合にはきわめて強力な制度をつくる憲法と実際との不均衡が存在するように思えると。エルジーらの著作における証拠は実のところ、政党政治が半大統領制リーダーシップの実際を決定するのに重要な役割であり得ると示唆する(9)。

〈4〉 他の諸要因

歴史的・憲法的・政党政治的理由の重要性に加えて、以前に観察された特定の半大統領制リーダーシップ類型を説明するのに役立つ他の諸要因がある。とはいえ、これらの諸要因の十全にして包括的なリストを与えようと試みることはむしろ実のない実践であろう。これは、こうした何らかのリストに対して少しも発見的価値もないであろうゆえである。それがこの著作で検討された諸国とは別に諸国にあてはめられるや否や、新しい一組の特殊的な諸要因があらわれよう。その結果この際通常達し得る全ては、考察される必要のある諸領域の類のしるしを与えるために現在まで、その事例研究の中で明確にあらわれている諸要因のいくつかを確認できる(例えば個人的要素(10))。

[3] 半大統領制と比較制度設計

今までのところエルジーらの研究は半大統領制政治について次の二つの基本的観察をうみ出している。その第一は、半大統領制が広範に多様である政治的実際によって特徴付けられる。この多様性はデュヴェルジェによる最初の半大統領制研究において明らかにしるされた。とはいえその研究は、政治的実際の多様性がデュヴェルジェが述べたよりも一層大きいことを示している。実のところ次のように示唆することは理にかなっている。即ち、もしこのエルジーらの研究が南アジア、東南アジア、アフリカ、南米などにおける半大統領制を含むまでに拡大されるならば、リーダーシップ類型の多様性はなお一層大きくなると示されようと。第二の観察は、半大統領制の多様性が広範に多様な諸要因への参照によって説明されるしかない。再び、これらの諸要因のうちで最も重要なものは、デュヴェルジェの古典的研究において明らかにされた。とはいえエルジーらの研究は以前に事実であるよりもこれらの諸要因にむしろ異なった強調を置いている。実のところ、それは一般的にも個々の諸国の場合においてともにそう為している(11)のである。

この項の最後の諸節でそれは以下の如く論じられよう。即ち、「これらの諸観察は単に半大統領制政治のみに反映するばかりでなく、比較立憲制設計についてのより広範な学術的議論にも反映する(12)」と。特にそれらは最近のこの議論について問うものである。それらは次の二つの仕方でそうされる。即ち、第一に、半大統領制の多様性はどのように体制類型が定義付けられ、かつどのように著者達が特定の体制類型の事例として異なった諸国を分類することを広めるのかの仕方の重要性を例示する。第二に、ただ広範に多様な諸要因が半大統領制政治の多様性を説明し得るという事実は、特定な体制類型の長所と短所についての諸議論がこうした諸要因に関してなされなければならぬことを例示する(13)という。

〔4〕結　論

エルジーは「半大統領制はいつも論争された体制類型のままであって、かつそうあり続けよう」と述べる。しかし彼らの著書は、半大統領制研究を更に一段階を進めている。それは半大統領制概念と、一連の欧州諸国における半大統領型の実際を検討している。それ自体これは明確な革新を記し、この比較政治学の部分についての知識の蓄積にかなりなものを付け加えるものである。しかしながら行くべき遠い道のりが存在する。欧州の舞台外での半大統領制政治を検討するより大きな必要性がある。大統領制、議院内閣制などの政治と半大統領制の政治とをより厳密に比較する必要性がある。最後にその概念の理論的合意と、その選択肢をより詳細に探究する必要があり、「この意味から本研究は単に半大統領制研究と半大統領制体制の政治とに控え目な貢献を与える[14]」ものであるとエルジーは結んでいる。

（1） R. Elgie（ed.）, *Semi-Presidentialism in Europe*, Oxford U.P., 1999, p.281.
（2） R. Elgie（ed.）, *op. cit.*, pp.281-2.
（3） *Ibid.*, p.282.
（4） *Ibid.*
（5） *Ibid.*, pp.282-283.
（6） *Ibid.*, pp.283-286.
（7） *Ibid.*, pp.286-287.
（8） *Ibid.*, p.289.
（9） *Ibid.*, p.291.
（10） *Ibid.*, p.293-294.
（11） *Ibid.*, pp.294-295.

（12）　*Ibid.*, p.295.
（13）　*Ibid.*, pp.295-296.
（14）　*Ibid.*, pp.298-299.

おわりに

政治機構理論史の潮流を理想主義的な共産主義的理論と現実主義的な自由民主主義的理論の系譜に大別するならば、半大統領制理論は後者の系統に属するであろう。即ち、前者はプラトンの哲人政治とその経済的な共有制を支柱とする傾向を示すものであり（1）、近世のピューリタン革命期の急進主義なディッガーズやマルクス・レーニン主義から「スターリン型社会主義」、或いは「平等主義的な権威主義（共産主義）システム（2）」がそれに属する。それは人間存在の合理性をきわめて高く位置付け、人間の非合理的側面を捨象して政治機構をつくろうとするものであろう。たとえそれが一九世紀における自由放任型資本主義の批判として高く評価されているものであっても、マルクス主義を唱道するものはそういった傾向を示すと考えられる（社会正義としての社会主義概念は今日でも有効性をもっているけれども）。

後者（自由主義と民主主義の合成）の系譜には古代アテナイのアリストテレスやローマの共和制の称賛者であるポリビオスの混合政体論がその傾向を示すものである。それは近代のマキアベリ、英国の古典的共和主義者達の政治機構論、更にそれと並行的に発展していく立憲君主型議院内閣制もあてはまる[3]。米国の共和制的大統領制は古代と近代の共和主義の系譜（混合政体の基礎）を示しながら、新しい共和制型として発展したものと考えられる[4]。われわれが検討してきたものはフランスの第五共和制下の政治機構を原型とし、フランスにおけるその政体史での議院内閣制と大統領制との欠点を補いつつ発展したものとみなされる。特にG・サルトーリが看破した如く、その以前の政治機構を機能しない「純粋な議院内閣制」であって、より現実に則し、有効に機能させようと誕生したもの[5]である。

さてわれわれは、エルジーの半大統領制政治機構研究の評価に移らなければならない。それはデュヴェルジェの古典的研究に基盤を置きつつ、幅広いこの枠組みの議論を広範に検討し、より広く適用可能な概念枠組みを提示しようと努めている。更にそれを使って特にヨーロッパにおける一二カ国に焦点をあて、近接比較型の事例研究を彼らは試みている。特にその野心的な試みの中に共産主義以後の七カ国を組み込んだことは、この分野の研究を一歩進めたものと評価できる。

とはいえ、問題もある。例えば、それは半大統領制諸国の「多様性」と説明している点である。これは程度にもよるが、それが「概念の拡張」とか、「失敗の表明[6]」とか批判される余地も残すことになる。またこうした事例研究では不可避的な側面かもしれぬが、それぞれの事例研究の質の面が十分でないことも紙幅の制約があるとはいえ、課題を残す。

（1）例えば、拙稿「J・ハリントンの政治機構理論」（『法学紀要』第四一巻）五〇八頁など。

（2）例えば、Jean Blondel, *Comparative Government*, Prentice Hall, 1995, pp.37-38.

（3）例えば、Zera Fink, *The Classical Republicans*, Evanston, 1945, etc.

（4）例えば、D.V. Verney, *The Analysis of Political Systems*, 1956.

（5）例えば、G. Sartori, *Comparative Constitutional Engineering*, 1994.

（6）例えば、G.Sartori, `*Comparing and Miscomparing*', etc.

［二〇〇〇年四月三〇日脱稿］

あとがき

筆者は、二〇〇一年四月から翌年の四月一日までの間、勤務する大学での研究休暇（特別研究員資格で）としてケンブリッジ大学社会科学・政治学部（客員研究員資格で）を中心に滞英した。日本の研究者達の滞在期間は一年半から二年間以上に及ぶときく。筆者の場合はきわめて短期間の滞在に入るかもしれぬ。その研究成果については構成中であるが、筆者の研究人生にとってこの期間は現実の英国政治を実感できるこの上ない機会でもあった。

既に我々は「序文」において二〇〇一年の英国政治についての総括「論文」をとりあげてきた。この最後の部分において、それに続く二〇〇二年の「英国政治」に関する『フィナンシャルタイムズ』紙の総括に関わるもので「あとがき」にかえたい。

筆者があわただしくケンブリッジを離れる二〇〇二年の三月末から四月の初めにかけての英国メディアが伝えるニュースは、百歳を超える女王の母親の死去とその葬儀に関するものであふれていた。筆者には、そうした余韻を残しながら二〇〇二年を終えた一年でもあった。

その高級紙は四月以来から一二月までの英国政治を回顧して、次のような見出しによって「論評と分析」欄を飾っている。

「［イラクとの］戦争・［消防士組合員達による］ストライキ等・不十分な公共サーヴィス・［統一通貨］ユーロ［加盟といった諸問題にブレア労働党政権が直面している］。ブレアの最も困難な年は単なる［その］出発に過ぎぬかもしれない」。そして「世論調査における現政権のリードは打ち勝ちがたいように思えるが、国内における緊張の増大はブレア政権にとって試練の時をこれから先、招くことになろう（1）」と。

ケンブリッジ大学のJ・ダン教授はブレアを「大衆迎合的（2）」と皮肉るが、その逆境において彼の真価が問われることになろう。また「序文」での二〇〇一年総括「部分」と異なり、かなり生々しく現実の問題を浮き彫りにしている。最近の日本は情報化が高度化し、特に各メディアはそれぞれの立場から現地特派員達が競って特徴のある報道を伝えている。それらはそれなりの意味をもつが、今我々が引用した見出しはより直接的インパクトをもつものとみなしたい。なぜなら地元紙は「英国政治」を自分達の問題として考えているからである。日本の各種メディアの報道は、それを補う形で受けとめるならば、それなりの意味をもつものと我々は考えたい。

当然ながら、客観的評価に関する問題が、こうした記事には残るが、差し当り我々はその限界を認めつつ、時々の短期的判断をする必要もでてこよう。いずれにせよ、こうした現状を一方において念頭に置きつつ、我々は「現代英国政治」について客観的に考察しなければならないであろう。

本書は、第五章（初出は二〇〇〇年『日本法学』第39巻第4号）を除き、二〇〇二年に書いたものである（第三章は『法学紀要』第44巻、第四章は『政経研究』第39巻、第4号が初出）。ただし、最初から統一した形で執筆されたものではないので、本文にある如く三部構成で整えることとした。

本書を出版するに際し、日本大学法学部の諸先生をはじめ、数多くの方々にお世話になっている。ここに心から謝意を申し上げる。最後に、筆者の編集方針を受け入れ、実行して戴いた三和書籍の高橋考氏に対してお礼を申し上げたい。

二〇〇三年一月五日

（1）James Blitz,"British Politics", in *Financial Times*（23 December,2002）.

（2）ダン教授の近著は次のものである。John Dunn, *The Cunning of Unreason*（Harper Collins, 2000）.

（著者紹介）

倉島　隆（くらしま・たかし）

一九四六年、新潟県で生まれる。

一九七六年、日本大学大学院（修士課程）修了（政治学専攻）。

一九七六年から日本大学副手、助手、専任講師、助教授を経て、一九九九年より現職に至る。

一九九三年四月から一九九四年五月まで、及び二〇〇一年四月から二〇〇二年三月までケンブリッジ大学で客員研究員。

現在、日本大学法学部教授。

著書として、『政治学の課題と展望』（共著、三和書房、一九八二年）
『現代政治の基本知識』（共著、北樹出版、一九八五年）
『現代政治機構理論』（単著、サンワコーポレーション、一九九七年）

訳書として、『プーフェンドルフの政治思想』（クリーガ著、時潮社、一九八四年）
『比較政治学』アーモンドら、共訳、時潮社、一九八六年）
『アメリカ政治学の形成』（セイデルマンら、共訳、三嶺書房、一九八七年）

論文として、「壮年期A・シドニーの共和主義理論」（『政経研究』一九九七年）
「A・シドニーの政治機構理論についての再検討」（『政経研究』二〇〇〇年）
「R・フィルマー卿の家父長制理論についての再考察」（『法学紀要』二〇〇一年）など。

現代英国政治の基礎理論

2003年　4月　8日　第1版第1刷発行

著　者　　倉　島　　隆

発行所　　三　和　書　籍

発行者　　高　橋　考

〒112-0013　東京都文京区音羽2-2-2
TEL 03-5395-4630　FAX 03-5395-4632
sanwa@sanwa-co.com
http://www.sanwa-co.com/

印刷・製本　新灯印刷株式会社

ISBN4-916037-55-3　C3031